dtv
premium

Teja Fiedler • Marc Goergen

Die Geschichte der Deutschen

Von den Germanen bis zum Mauerfall

Unter Mitarbeit von Steffen Gassel, Ruth Hoffmann, Stephan Maus, Eva-Maria Schnurr, Swantje Strieder und Sascha Szebel

Zusätzlich finden Sie unter www.stern.de/deutschegeschichte:
· Wissenstests
· Literaturtipps
· Reisetipps

Originalausgabe
Mai 2008
Deutscher Taschenbuch Verlag GmbH & Co. KG,
München
www.dtv.de

Umschlagkonzept: Balk & Brumshagen
Umschlagbild: *stern*-Montage von Franz Epping unter Verwendung von Bildern von Corbis (Karl der Große und Hitler), BPK (Maria Theresia und Martin Luther), Akg-Images (Friedrich II. und Bismarck), Ullsteinbild (Albert Einstein) und Agentur Huber (Brandenburger Tor)
Layout: Susanne Bremer
Satz: Firmengruppe APPL, aprinta druck, Wemding
Druck und Bindung: Firmengruppe APPL, aprinta druck, Wemding
Gedruckt auf säurefreiem, chlorfrei gebleichtem Papier
Printed in Germany · 978-3-423-24674-3

Inhalt

Die Geschichte der Deutschen

DER REICHSGRÜNDER

Kanzler Otto von Bismarck in Paradeuniform und mit der typischen Pickelhaube seiner Zeit

Neue Ahnen braucht das Land

Wir lieben das Mittelmeer und die Brücken von Prag. Wir fühlen uns als Europäer – kein Wunder, genau das waren wir schon immer.

Zum Beispiel Franz Kafka. Der Versicherungsjurist, Sohn einer jüdischen Familie, der an der Deutschen Universität Prag studiert hatte, war erst österreichischer, ab 1918 tschechoslowakischer Staatsbürger. Seine Werke – er war einer der größten Dichter des 20. Jahrhunderts – schrieb er auf Deutsch. Ist er Deutscher?

Und wie steht es um Karl den Großen, den Prototyp eines deutschen Kaisers? Die Franzosen nennen den Frankenherrscher Charlemagne und sehen ihn mit Recht als Ahnherrn auch ihrer Nation.

Oder der Staufer Friedrich II., war er Deutscher? Es ist gesichert, dass er fließend Arabisch, Griechisch, Italienisch parlierte, aber nicht, ob er Deutsch beherrschte. Dabei war er gekrönter deutscher Kaiser, obschon er sich lieber in Italien als nördlich der Alpen aufhielt. Auch so ein Mann schrieb nationale Geschichte.

UND HEUTE GERALD ASAMOAH, aufgewachsen bis zum 12. Lebensjahr in Ghana und das Gegenteil eines blonden, blauäugigen Germanen. Ist der Nationalspieler deswegen etwa kein richtiger Deutscher?

Es wird schnell spannend und widersprüchlich, wenn man fragt, wer eigentlich ein Deutscher ist, was überhaupt Deutschland ist. So spannend und widersprüchlich, wie es die Geschichte dieser Nation im Herzen Europas ist.

Eine Geschichte, die um Christi Geburt mit dem Sieg germanischer Heerhaufen über römische Legionen in den Wäldern und Sümpfen Norddeutschlands beginnt und unsere Vorfahren zwar frei, jedoch ein paar Jahrhunderte zivilisatorisch minderbemittelt und hoffnungslos zerstritten zurücklässt.

Als im Mittelalter ein christliches Reich entsteht, das sich politisch und sprachlich grob mit dem deckt, was heute Deutschland ist, heißt es Heiliges Römisches Reich. Seine Herrscher wollen mehr sein als deutsche Könige und mit dem Besitz Italiens das Erbe des antiken Imperiums antreten. Sie übernehmen sich, und das geschwächte Reich fällt allmählich auseinander. Die Religionskriege zwischen Katholiken und Protestanten beschleunigen den Zerfall. An deutschen Gemeinsamkeiten bleiben die Sprache, ein schwacher Kaiser und sonst nicht viel mehr übrig.

DIE SCHWÄCHE DES REICHS HAT IHRE VORTEILE: Der Flickenteppich aus Hunderten mehr oder minder souveräner Staaten und Herrschaften ist zu Großmacht-Gehabe gar nicht fähig. Und Nationalismus ist ihm fremd: Die Tschechen im Königreich Böhmen gehören zur Reichsfamilie wie lange Zeit die französischen Lothringer. Die Hugenotten, aus Frankreich vertrieben, werden in Preußen integriert.

1806 stirbt das alte Reich. Napoleon siegt in Europa und mit ihm die Idee des Nationalstaats. Erst danach fängt man bei uns an, „Deutschland, Deutschland über alles“ zu singen. „Von der Maas bis an die Memel. Von der Etsch bis an den Belt.“ Doch als es 1871 dann klappt mit dem ersten deutschen Nationalstaat, ist er ein erweitertes Preußen. Österreich, nach Bismarcks Willen in einem Bruderkrieg besiegt, ist draußen, und zwölf Millionen Deutsche sind es damit auch.

Das zweite Deutsche Reich ist wirtschaftlich erfolgreich und politisch laut. An der Schwelle zur Moderne – 1905 formuliert Albert Einstein die Relativitätstheorie – produziert es eine eigentümliche Mischung aus Vergangenheitsverklärung und Weltmachtstreben. Das Germania-Denkmal wird gebaut und eine hochgerüstete Schlachtschiff-Flotte. Kaiser Wilhelm II. gibt die Losung aus: „Wo der deutsche Aar seine Fänge in ein Land geschlagen hat: Das Land ist deutsch und wird deutsch bleiben!"

Zur geistigen Aufrüstung dient auch ein neues Geschichtsverständnis. Der Lauf der Dinge wird nun im Nachhinein so interpretiert, als hätten die Germanen schon unter Arminius für das Deutsche Reich gefochten. Die Nazis perfektionierten die Legende.

Die Frage nach der deutschen Schuld im Hitler-Staat hat völlig zu Recht seit 1945 unsere Auseinandersetzung mit der Vergangenheit beherrscht. Der Blick zurück öffnet aber noch weitere Horizonte. Aus dem wiedervereinigten Deutschland, in dem eine ehemalige FDJ-Funktionärin Bundeskanzlerin ist, das Absingen des Deutschlandlieds kein revanchistischer Akt mehr ist, und in dem ein ebenholzfarbener Fußballer zur Begeisterung aller für Schwarz-Rot-Gold Tore schießt, betrachten wir unsere Vorfahren nicht mehr nur als ewige Abfolge teutonischer Recken, ja selbst ihr Name ist nur ein Zufall der Geschichte. Denn wohl nur, weil es römischen Schreibern zu kompliziert war, zwischen Chatten, Cheruskern, Brukterern, Tenkteren und so weiter zu unterscheiden, gaben sie der ganzen Völkerschar den Namen eines der kleinsten Stämme: Germanen.

*

Arminius und seine Cherusker sprengen auf Rössern in die Reihen der Römer. Die Legionäre flüchten zu Fuß. Ein Holzstich von 1855 macht die Schlacht im Teutoburger Wald zum Heldenopus.

Germanen, die ersten Deutschen?

Sie konnten weder lesen noch schreiben, aber vertrieben im Jahre 9 die Römer aus ihren Wäldern. In den folgenden Jahrhunderten brachten sich die verschiedenen Stämme am liebsten gegenseitig um. Und noch Karl der Große regierte 800 Jahre später ein Vielvölkerreich.

Kernige Krieger, holde Frauen

Illustration für

VERKLÄRTES BILD VOM LEBEN DER GERMANEN

Die Männer haben mit ihren Lanzen einen Bären erlegt. Stolz präsentieren sie ihre Jagdbeute der blonden Mutter und den Kindern. Doch ganz so edel waren die Wilden nicht. Funde zeugen von brutalen Überfällen auf andere Stämme.

Ahnen mit Migrationshintergrund *In den ers*

EIN MUNTERER TROSS MACHT SICH AUF DEN WEG

Barbusige Frauen im Planwagen, nackte Knaben auf dem Zugochsen und ein Häuptling mit geflügeltem Helm. So sahen Historienmaler 1890 nach Gründung des Deutschen Reichs „Germanen auf der Völkerwanderung".

Was auf unserem heutigen Siedlungsgebiet geschah

9 n. Chr.
Varus-Schlacht – Germanen beenden den römischen Vormarsch. Rhein und Donau begrenzen jetzt das Imperium Romanum

69–96
Die Römer überschreiten Rhein und Donau, errichten den Limes als Reichsgrenze

260
Unter dem Druck alemannischer Angriffe geben die Römer den Limes als Reichsgrenze auf

482
Chlodwig I. wird König der Franken, um 500 lässt er sich zusammen mit seinem Heer in Reims taufen. Er ist der erste christliche König unserer Geschichte

Was anderswo geschah

64
Rom brennt. Kaiser Nero lenkt Verdacht auf Christen. Erste Christenverfolgung

120
Bau der Sonnenpyramide von Teotihuacán, des größten Bauwerks Amerikas

391
Das Christentum wird Staatsreligion im Römischen Reich

en Jahrhunderten dringen germanische Stämme bis zum Mittelmeer vor

800
Karl der Große wird Weihnachten in Rom von Papst Leo III. zum Kaiser gekrönt

843
Der Vertrag von Verdun regelt die Aufteilung des Karolinger-Staates in ein Ost-, West- und Mittelreich unter den drei Enkeln Karls des Großen

870
Das Mittelreich nördlich der Alpen wird zwischen West und Ost aufgeteilt, etwa entlang der heutigen Sprachgrenze. Nur Italien bleibt davon übrig

575
Indische Mathematiker entwickeln das Dezimalsystem, definieren die Zahl Null

632
Mohammed stirbt. Um die Muslime zu einen, erklärt der Kalif in der Folge Ungläubigen den Krieg

845
Die Wikinger überfallen Paris und erobern Teile Englands

Von der Mitte des 2. Jahrhunderts bis 260 n. Chr. war die 550 Kilometer lange Anlage zwischen Rhein und Donau die nördliche Grenze des Römischen Reichs. Sie sollte das reiche Hinterland vor Raubzügen der germanischen Stämme schützen und verhindern, dass Personen und Waren die Grenze unkontrolliert passierten.

LAGERDORF

Um die Kastelle herum bildeten sich Lagerdörfer, in denen die Familien der Soldaten, Händler und Handwerker lebten. Auf dem Marktplatz direkt vor dem Haupttor tauschten Germanen und Römer ihre Waren. Bei der Ein- und Ausfuhr wurde bis zu 25 Prozent Zoll erhoben.

flügelt die Fantasie der Dichter

Der Limes
MAUER UND WACHTURM
Beim raetischen Limes markierte eine drei Meter hohe und 1,20 Meter breite Steinmauer die Grenzlinie. In anderen Abschnitten war der Limes ein Palisadenwall. Alle 400 bis 800 Meter stand ein dreistöckiger Wachturm, insgesamt 900. Nachrichten wurden per Laut- und Lichtsignal von Turm zu Turm übermittelt.
HAUPTTOR
RÖMISCHES KASTELL
120 dieser bis zu 6 Hektar großen Anlagen im Limeshinterland sicherten Übergänge und Fernstraßen. Einheiten von je 100 bis 1000 Fuß- und Reitersoldaten waren hier stationiert, am gesamten Limes rund 30 000 Mann.

Infografik: Igor Kuprin (HAW), Karte: Axel Kock. Quelle: Neuer Bildatlas zur deutschen Geschichte. Recherche/Text: Klaudia Thal

Die Feinde waren groß, blond und grausam. Die Wälder waren dicht, unheimlich und trieften vor Nässe. Hier konnten die Römer ihre Kriegskunst nicht entfalten. Die Germanen griffen in kleinen Gruppen an, schlugen, stießen und schossen die in Schlachtordnung angetretenen Legionäre nieder. Der durchweichte Heerwurm quälte sich ziellos und zermürbt durch das fast undurchdringliche Dickicht, in dem die Gegner nach jeder Attacke wieder verschwanden.

Drei Tage leisteten die Legionen des römischen Statthalters Varus dieser Guerilla-Taktik Widerstand. „Der Feldherr hatte mehr Mut zum Sterben als zum Kämpfen", schrieb der römische Historiker Velleius Paterculus. „Getreu dem Vorbild seines Vaters stürzte er sich in sein Schwert." Neben ihm versank ein Soldat mit seiner Standarte freiwillig im tiefen Sumpf.

Der geheiligte Legionsadler sollte nicht in die Hände der Barbaren fallen. Dem toten Varus ließ der Sieger Arminius den Kopf abschlagen und schickte ihn an einen Germanenfürsten – als makabre Aufforderung, beim Krieg gegen die Eindringlinge mitzumachen. 15 000 Römer blieben als Leichen auf dem Schlachtfeld. Verzweifelt stieß der greise Kaiser Augustus in Rom den berühmten Satz aus, der laut durch seinen Palast hallte: „Varus, Varus, gib mir meine Legionen wieder!"

DIE EROBERUNG GERMANIENS und seine Eingliederung ins Römische Weltreich war mit dieser Niederlage im Jahr 9 nach Christus gescheitert, ein Mythos geboren:

ANGSTGEGNER DER RÖMER

Mit wallendem Bart und Stierschädel auf dem Kopf, so zog der Bilderbuch-Germane in die Varus-Schlacht.

MÄNNERRUNDE FÜR RECHT UND GESETZ

Darstellung einer germanischen Ratsversammlung auf einem Steinrelief an der Siegessäule des römischen Imperators Marc Aurel

der von Hermann dem Cherusker, der durch seinen Sieg im Teutoburger Wald Deutschland rettete. (Auch wenn der Sieger nie Hermann genannt wurde, die Varus-Schlacht wahrscheinlich am Kalkrieser Berg bei Osnabrück stattfand und ewig lange niemand von Deutschland sprach.)

Mehr als 1800 Jahre später dichtete noch Heinrich Heine – nicht ohne Ironie: „Wenn Hermann nicht die Schlacht gewann, mit seinen blonden Horden, so gäb' es die deutsche Freiheit nicht mehr, wir wären römisch geworden." Für Europa wäre das wahrscheinlich einfacher gewesen. Denn es hätte weder die deutsche Freiheit noch überhaupt Deutschland – und die Deutschen – gegeben.

DENKMAL AM FALSCHEN ORT

Die Hermannstatue im Teutoburger Wald steht bei Detmold, gehört aber in die Nähe von Osnabrück.

Germanien – grob gesprochen damals das Gebiet zwischen Rhein, Elbe und Donau – wäre römische Provinz gewesen, und die „blonden Horden" hätten ihre Bärenfelle, ihre Sitten und ihre Götter langsam abgelegt. So wie es 50 Jahre zuvor die keltischen Gallier nach der Eroberung ihres Landes durch Cäsar getan hatten. Die Germanen wären in den Genuss der römischen Zivilisation gekommen: Städte, Bibliotheken, Theater, Thermen, gepflasterte Straßen, geordnetes Gerichts- und Münzwesen, aber auch Steuern und Steuereintreiber, Gladiatoren und Prostituierte. Die Weltsprache Latein hätte die einheimischen Stammessprachen bis auf wenige Reste allmählich verdrängt, wie es im heutigen Frankreich und auf der Iberischen

Von der Nordsee bis zur Adria *Das Frankenreich*

infografik Axel Kock Quelle: Großer Historischer Weltatlas, Putzger Historischer Weltatlas

Historische Situation
Vom Ansturm germanischer Völker zermürbt, bricht das Weströmische Reich gegen Ende des 4. Jahrhunderts zusammen. Es bilden sich germanische Kleinstaaten. Die Franken unter den Merowingern und später den Karolingern unterwerfen die germanischen Völker zwischen Rhein und Elbe, aber auch das römische Gallien.

Bevölkerung
Zu Beginn des 6. Jahrhunderts leben auf dem Gebiet des späteren Deutschland 650 000 Menschen – gerade mal 2 pro Quadratkilometer (heute sind es 230).

Lebenserwartung
Geburten sind riskant, Frauen sterben oft zwischen dem 25. und 45. Lebensjahr. Von den überlebenden Neugeborenen stirbt jedes Zweite, bevor es fünf ist. Männer werden 50 bis 60 Jahre alt.

Lebensverhältnisse
Wälder bedecken fast 80 Prozent des Siedlungsgebiets. Die Menschen leben in vereinzelten Höfen oder kleinen Dörfern. Typisch ist das rechteckige, hölzerne Pfostenhaus mit Giebeldach. Ackerland ist zunächst noch Gemeinschaftsgut.

Städte
Köln, Xanten, Neuss, Trier, Straßburg sind die größeren Städte links des Rheins. Nach dem Kollaps des Weströmischen Reiches verlieren sie ihre urbane Qualität und einen Großteil ihrer Einwohner.

Regierungsform
Die Thingversammlung spricht Recht und wählt für Kriegszüge aus dem Adel einen Heereskönig. Im 5. Jahrhundert entwickeln sich daraus Königtümer. Karl der Große regiert mit von ihm eingesetzten Grafen.

Bauwerke
Die Germanen bauen fast nur mit Holz. Erst ab dem 7. Jahrhundert setzt sich die Steinbauweise des Mittelmeerraums - vor allem für Kirchen, Königspfalzen und Klöster - durch.

Torhalle des Klosters Lorsch

Seite aus dem Johannesevangelium in „Karolinger Minuskeln"

Sprache

Während der Völkerwanderung bilden sich althochdeutsche Dialekte heraus – Bayrisch, Alemannisch, Fränkisch. Die wenigen schriftlichen Aufzeichnungen sind Mönchen zu verdanken.

Kulturelle Meilensteine

In der „Karolingischen Renaissance" beruft man sich auf antike Vorbilder. Die Geistlichen werden im 8. Jahrhundert zu Trägern von Wissenschaft, Lehre und Schrift. Die Arbeit von Gelehrten wie Alkuin, die Einführung des Lateinischen als Schriftsprache und die Kenntnis antiker Texte legen die Basis für die Kultur des Abendlandes.

Ethnische Besonderheiten

„Die Germanen" als einheitliche Gruppe oder gar als „erste Deutsche" hat es nie gegeben. Auf dem Gebiet des heutigen Deutschland lebte im ersten Jahrtausend der Zeitrechnung ein vielfältiges Völkergemisch, das römische Geschichtsschreiber Germanen nannten: zum Beispiel Cherusker, Bataver, Ubier, Chatten, Friesen.

Technische Errungenschaften

Erst im Laufe der Jahrhunderte setzt sich der Wendepflug durch, der die Erde – im Gegensatz zum primitiven Hakenpflug ohne Pflugschar – nicht nur aufreißt, sondern mit einem sogenannten Streichbrett auch wendet.

Waffen

Die Germanen sind gefürchtete Nahkämpfer, die ihren Feinden – das zeigen Skelettfunde – schwere Verletzungen und Verstümmelungen zufügen: mit der bis zu 700 Gramm schweren fränkischen Wurfaxt Franziska etwa, dem fast ein Meter langen, zweischneidigen Schwert Spatha oder den Lanzen mit widerhakenbesetzten Spitzen. Zu ihrem Schutz tragen die Germanen Schilde, Helme und Brustpanzer. Das 25 Zentimeter lange, einschneidige Kurzschwert Sax haben sie stets griffbereit am Gürtel.

Landwirtschaft und Ernährung

Angebaut werden vor allem Gerste und Roggen, dazu Dinkel, Hirse und Hafer, Erbsen, Saubohnen, Linsen, Kohl, Mohrrüben, Sellerie. Wenn die Felder keinen Ertrag mehr bringen, erschließt man mit Brandrodung neue Anbauflächen. Das Vieh (Schweine, Rinder, Schafe, Ziegen) lässt man im Wald grasen. Auf dem Speisezettel stehen Getreide- oder Bohnenbrei, Eintopf aus Gemüse und Fleisch, Käse, Wildfrüchte, manchmal Fisch.

Handel

Schon seit dem Altertum treiben die Germanen Handel mit dem Mittelmeerraum. Vor allem der Sklavenhandel setzt sich über die Jahrhunderte unvermindert fort. Aber auch an römischen Luxusgütern wie Silber, Gläser, Schmuck und Metallgeschirr finden die Germanen Gefallen. Während im Landesinnern noch der traditionelle Tauschhandel dominiert, handelt man in den grenznahen Gebieten schon wie die Römer mit Münzen. Die Römer importieren Getreide, Pelze, Bernstein, Federn, Seife und - als Modeartikel in Rom eine Sensation - blondes Frauenhaar.

Merowingische Haarnadeln und Broschen mit reicher Verzierung

Moorleiche eines Mädchens

Zeugnisse der Epoche

Moorleichen aus dem 1.–2. Jahrhundert, Schleswig-Holsteinisches Landesmuseum Schloss Gottorf, Schleswig

Die Torhalle von 772 im Kloster Lorsch bei Darmstadt

Pfalzkapelle im Aachener Dom

Hildesheimer Silberfund in der Antikensammlung der Staatlichen Museen, Berlin

Limesmuseum in Aalen, Württemberg

Rheinisches Landesmuseum, Bonn

BLUTBAD NACH DER SCHLACHT

Ein Kupferstich von Matthäus Merian um 1630 zeigt Folter und Hinrichtung gefangener Römer.

Halbinsel geschah. Dort, wo heute Deutschland ist, würde ein weiteres romanisches Volk leben.

Der Sieg des Arminius-Hermann hingegen bewahrte den Germanen die „angestammte Freiheit“ und die „ihre Heimat schirmenden Götter“, wie Tacitus lobend erwähnt – und machte sie zur Dauerbedrohung der zivilisierten Welt. Nicht bereit, in der romanischen Kultur aufzugehen, aber doch immer magisch angezogen vom Reichtum und vom Luxus ihrer Nachbarn im Westen und Süden. Und darum stets geneigt, mit Gewalt daran teilzuhaben: durch Überfälle, Beutezüge, Unterwerfung.

Sie blieben zurück in tiefen Wäldern ohne Weg und Steg. Laut Tacitus, der den Germanen durchaus Sympathie entgegenbrachte, „jener Teil der Erde, der so völlig ohne landschaftlichen Reiz ist, so rau im Kli-

wecken einen bösen Verdacht

FROMM FALTET DER KÖNIG DIE HÄNDE
Ein Wandteppich aus dem 16. Jahrhundert schildert die Taufe Chlodwigs I. in der Kathedrale zu Reims um 500. Nach ihm waren alle Frankenkönige Christen.

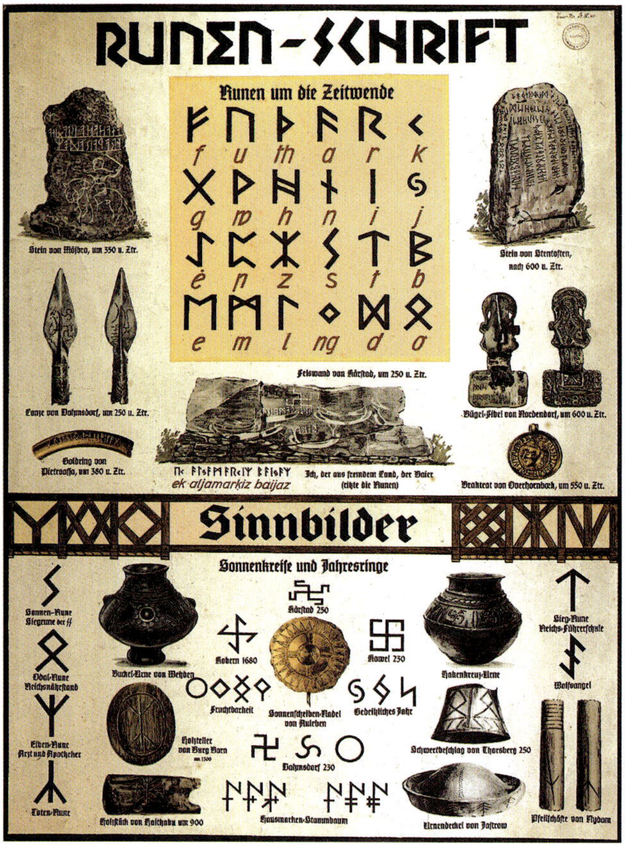

RUNEN-SCHRIFT
Runen um die Zeitwende
f u th a r k
g w h n i j
ė p z s t b
e m l ng d o
Stein von Möjbro, um 350 n. Ztr.
Stein von Stentoften, nach 600 n. Ztr.
Lanze von Dahmsdorf, um 250 n. Ztr.
Felswand von Kårstad, um 250 n. Ztr.
Bügel-Fibel von Nordendorf, um 600 n. Ztr.
Goldring von Pietroassa, um 380 n. Ztr.
ek aljamarkiz baijaz
Ich, der aus fremdem Land, der Baier (richte die Runen)
Brakteat von Overhornbæk, um 550 n. Ztr.
Sinnbilder
Sonnenkreise und Jahresringe
Sonnen-Rune Siegrune der ᛋᛋ
Odal-Rune Reichsnährstand
Eiben-Rune Arzt und Apotheker
Toten-Rune
Buckel-Urne von Wehden
Kårstad 250
Kobern 1680
Kowel 230
Hakenkreuz-Urne
Sieg-Rune Reichs-Führerschule
Wolfsangel
Fruchtbarkeit
Sonnenscheiben-Nadel von Auleben
Gedeihliches Jahr
Holzteller von Burg Born um 1300
Dahmsdorf 230
Schwertbeschlag von Thorsberg 250
Holzstück von Haithabu um 900
Hausmarken-Stammbaum
Urnendeckel von Jastrow
Pfeilschäfte von Nydam

NAZIS MISS-BRAUCHEN DAS KULTURELLE ERBE

Ein Schulwandbild aus den 30er Jahren erklärt die Runenschrift. Hitlers Ideologen bedienten sich der germanischen Symbole.

ma, trostlos zum Leben und trostlos zum Anschauen für jeden, dem er nicht gerade die Heimat ist".

Urbanem Leben standen diese germanischen Bauern höchst misstrauisch gegenüber. Städte waren zum Plündern und Brandschatzen da. Leben wollten sie dort auf keinen Fall. Sie hausten in Einzelgehöften oder winzigen Dörfern. Untereinander waren die einzelnen Stämme meist heillos zerstritten. Gemeinschaftsgefühl, das über die Zugehörigkeit zum eigenen Stamm hinausging, eine Art frühdeutsches Nationalbewusstsein, gab es nicht.

Oft kämpfte bei den zahlreichen Grenzkriegen entlang dem Rhein ein germanischer Stamm als Verbündeter des Römischen Reichs gegen seine germanischen Nachbarn. Sogar der Bruder des Arminius verdingte sich im römischen Heer und verlor für Kaiser und Reich ein Auge. Und Arminius selbst war wegen seiner Verdienste als Befehlshaber germanischer Hilfstruppen im Solde Roms mit dem Ehrentitel „Ritter" bedacht worden, bevor er zum Freiheitshelden mutierte.

Doch wo heute Deutschland ist, gab es nicht nur das römerfreie Germanien nach dem Sieg des Arminius. Geschützt vom Limes bestanden links des Rheins und im Donauraum bis ins 5. Jahrhundert römische

Provinzen mit allen Annehmlichkeiten der lateinischen Zivilisation vom Amphitheater bis zur Villa mit Fußbodenheizung. Dort wohnte ein buntes Bevölkerungsgemisch aus Kelten, Germanen und römischen Militärveteranen aus den verschiedensten Winkeln des Imperiums. Trier an der Mosel war in der Spätantike sogar für mehrere Jahrzehnte Hauptstadt eines Teilreichs im Römischen Imperium.

Und im Osten des heutigen Deutschlands siedelten zwischen Elbe und Oder slawische Völker, die erst im Lauf der Jahrhunderte verdrängt wurden – oder assimiliert. Auch deswegen wäre es falsch, das Germanien des freiheitsliebenden Hermann als die alleinige Wiege der deutschen Nation anzusehen, wie es das national überschäumende Bismarck-Reich später gern tat. Deutschland, einig Vaterland, hatte zum Teil sehr ungermanische Wurzeln.

TACITUS VERKLÄRTE DIE GERMANEN zu edlen Wilden, zivilisatorisch leicht zurückgeblieben, doch moralisch obenauf. Damit wollte er nur dem korrupten und verderbten Rom seiner Tage einen Spiegel vorhalten. So lobte er die Feinde im Norden etwa dafür, „dass sie ihr Blut nicht durch Heiraten mit Fremden befleckt haben, sondern eine rassenreine Volkseinheit geblieben sind. Sie haben alle das gleiche Aussehen: die blauen Augen mit dem trotzigen Blick, das rötlichblonde Haar und die hoch gewachsenen Körper“.

Er pries ihre Sittenstrenge: „Eine Frau, die ihre Keuschheit preisgegeben hat, findet kein Erbarmen; nicht Schönheit, noch Jugend, noch Reichtum verschafft ihr einen zweiten Mann. Denn in Germanien lacht niemand über Laster, verführen und sich verführen lassen, heißt dort nicht, dem Zeitgeist huldigen.“ Und er lobte ihre Solidarität: „Je mehr Blutsverwandtschaft einer hat, je größer die angeheiratete Verwandtschaft ist, desto liebevollerer Verehrung erfreut er sich im Alter.“

Doch Hermann und seine Kampfgenossen waren nicht unbedingt die Wunschvorfahren für ein „Deutschland, Deutschland über alles“-Geschichtsbild. Ausgrabungen in jüngerer Zeit belegen, dass unsere germanischen Ahnen sich gegenüber unseren keltisch-römischen Vorfah-

Christenheit in Gefahr

Die Heere der Araber dringen

ins Zentrum Europas vor

KARL DER HAMMER STOPPT DIE ARABER

Auf seinem Schimmel über das Kampfgetümmel erhoben schwingt er die Streitaxt. In der Schlacht von Tours und Poitiers 732 besiegt der fränkische Feldherr Karl Martell, genannt „der Hammer", mit seinem Heer die von Spanien her einfallenden Mauren.

ren auf der anderen Seite des Limes ausgesprochen brutal benahmen. In zwei Brunnenschächten einer römischen Villa bei Regensburg fand man Schädel, abgehackte Glieder und andere Körperteile von 13 Männern, Frauen und Kindern. Die Bewohner des Gutshofes waren bei einem germanischen Überfall im 3. Jahrhundert skalpiert, gemartert und schließlich erschlagen worden. Aufgrund der Spuren an den Knochen schließen die Archäologen nicht einmal Kannibalismus aus.

GESCHWÄCHT DURCH ENDLOSE BÜRGERKRIEGE konnte das Römische Imperium an seinen Grenzen dem Druck der Germanen auf Dauer nicht standhalten, die raues Klima, schlechte Böden und die Aussicht auf Beute aus ihren Wäldern nach Süden und Westen trieb. Die Bevölkerung südlich des Limes und der Donau flüchtete in der Spätantike vor den ständigen Angriffen. Germanische Stämme sickerten ein. Die Alemannen etwa setzten sich im heutigen Schwaben fest, die Bajuwaren in Bayern. Die römischen Städte verödeten oder schrumpften zu bescheidenen Siedlungen, Gestrüpp überwucherte deren langsam zerfallende Bauten.

Am mittleren Rhein verdrängten Franken die Römer aus ihren Besitzungen. Lange Zeit hatte dieser Germanenstamm einen der verlässlichsten Bundesgenossen Roms abgegeben und für den Kaiser die Rheingrenze gehalten. Im 5. Jahrhundert aber fühlten sich die Franken stark genug, ein eigenes Großreich zu gründen. Dieses Reich war nicht nur das Ur-Deutschland. Es war auch das Ur-Frankreich, also Vorläufer zweier Nationen, die sich später gegenseitig als total verschieden und oft sogar als Erbfeinde begriffen.

In ihrem Expansionsdrang kannten die Könige aus dem Geschlecht der Merowinger keine Rücksicht: Sie eroberten, was sie kriegen konnten, egal, ob es sich um das Land germanischer „Brüder“ oder ehemals römische Provinzen handelte. Mit Feuer und Schwert unterwarfen sie im Westen fast ganz Gallien und im Osten die Alemannen, die Thüringer, die Burgunder und die Bayern. Auch die Sachsen gerieten in Abhängigkeit.

Bei Hof sprach man Fränkisch. Da aber kein Adeliger lesen und schreiben konnte und die wenigen Mönche, die keine Analphabeten wa-

ZWEI WOCHEN RAUB UND ZERSTÖRUNG

Die Plünderung Roms durch die Vandalen im Jahr 455 auf einem kolorierten Holzstich des 19. Jahrhunderts

ren, nur Latein benutzten, wissen wir nichts über diese Sprache. Unserem Deutsch stand es sicher ziemlich fern. Fast so fern wie das Gotische, die einzige germanische Sprache, die wir aus jener Zeit genauer kennen: „atta unsar thu in himina, weihnai namo thein, qimai thiudi nassus theins“ (Vater unser, der du bist im Himmel, geheiligt werde dein Name, zu uns komme dein Reich).

Verwaltungsbeamte übernehmen die Ma

EINE KLEINSTADT WIRD ZENTRUM DES REICHS

Karl der Große deponiert im Dom seiner Lieblingsresidenz Aachen Christus-Reliquien. In den Thermen der Stadt lindert der Kaiser seine Gichtbeschwerden.

Seit sich ihr König Chlodwig Ende des 5. Jahrhunderts hatte taufen lassen, sahen sich die Franken als das von Gott auserwählte Volk ihrer Zeit. Eine Gesetzessammlung der Merowinger drückt das so aus: „Der Franken erlauchtes Volk, von Gott selbst geschaffen, tapfer in Waffen ... körperlich edel, kühn, rasch und ungestüm, zum katholischen Glauben bekehrt, frei von Ketzerei ..."

Es fällt schwer, auf diese Ahnherren besonders stolz zu sein. Die Geschichte der Merowinger ist bei allen machtpolitischen Erfolgen ein ewiges Morden, Schänden, Verstümmeln. Da werden Bischöfe in der Kirche erdolcht. Eine Königinmutter wird zwischen vier Pferde gespannt und in Stücke gerissen, der Oberkämmerer als Wilderer im königlichen Forst ertappt und gesteinigt. Ein aufrührerisches, doch reuiges Paar lässt der König „zwischen Pfähle spannen und hart geißeln". Ihm schneidet man dann die Ohren ab, ihr „verbrennt man das Gesicht mit glühendem Eisen".

STAMMBAUM DER KAROLINGER

Pippin der Ältere und Arnulf von Metz begründen um 600 die Dynastie, der auch Karl Martell und Karl der Große entstammen.

RIVALEN UM DEN THRON, bevorzugt aus der eigenen Familie, werden routinemäßig umgebracht. „Als Sigibert nach dem Hof kam, sammelte sich um ihn das ganze Heer der Franken, hob ihn auf den Schild und machte ihn zum König." Zwei Dienstleute der Königin Fredegunde meuchelten ihn mit vergifteten Dolchen. Das war im Jahr 575. (Siehe auch Kasten Seite 40.)

Auch mit unbotmäßigen Untertanen gehen die Frankenkönige unbarmherzig um. Unter Chilperich I. rebellieren die Einwohner von Limoges gegen eine Steuererhöhung. Daraufhin, so schreibt der Chronist Gregor von Tours, „ließ der König das Volk auf das Härteste heimsuchen, machte es durch harte Strafen mürbe und tötete viele. Man sagt, dass damals selbst Äbte und Priester an Pfähle gespannt und allen möglichen Foltern ausgesetzt wurden, weil die königlichen Sendboten sie fälschlich anschuldigten, sie seien bei dem Aufstand beteiligt gewesen. Auch wurden darauf dem Volk noch drückendere Steuern auferlegt."

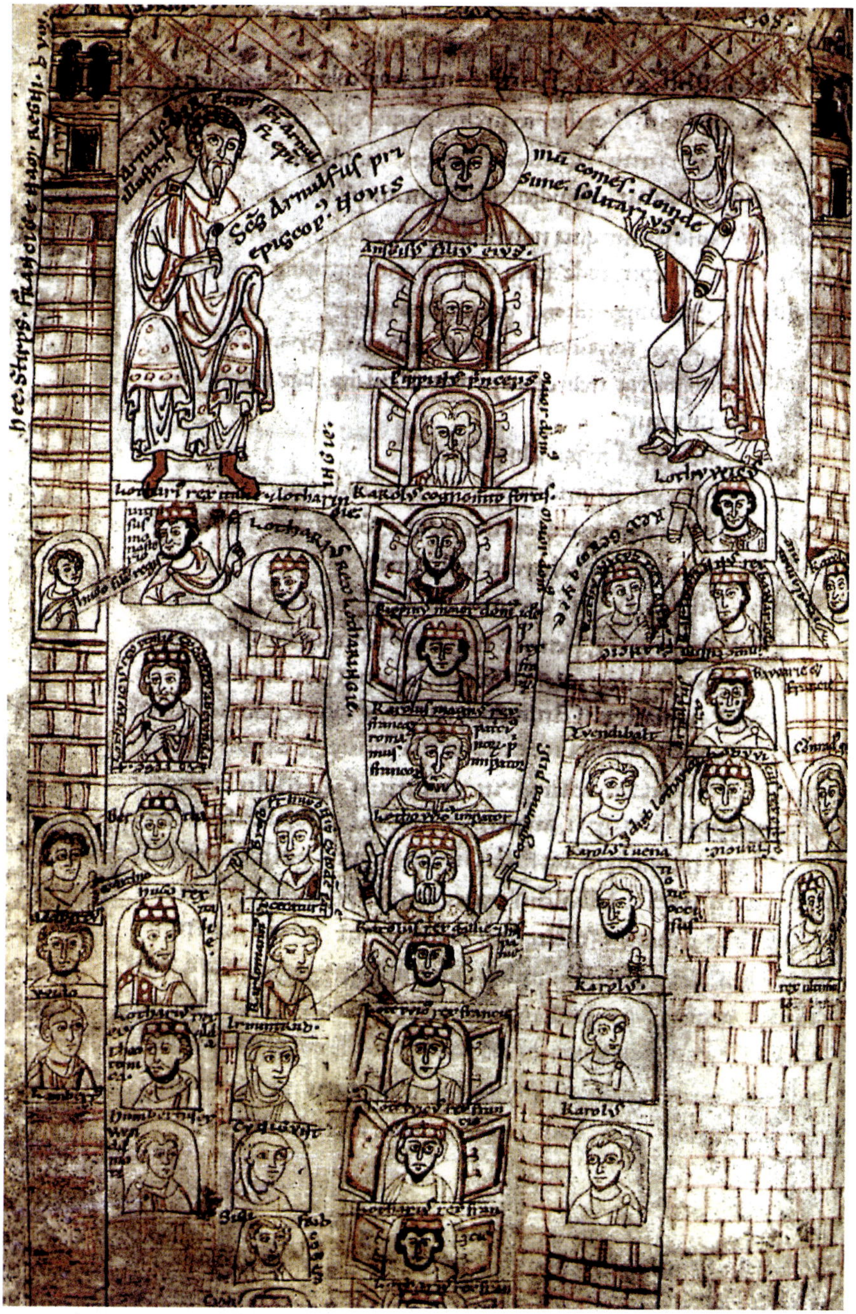

SATTELZEUG
Ein Stück gebogenes Metall verändert die Welt. Endlich haben bewaffnete Reiter festen Halt auf dem Pferd.

Der Steigbügel
Das Geheimnis der Ritter

Erfunden haben ihn entweder die Chinesen oder das Reitervolk der Awaren: den Steigbügel. In der Spätantike kam er nach Europa. Für die fränkischen Reiter im frühen Mittelalter wurde diese Fußstütze aus Metall zur entscheidenden Neuerung. Vor ihrer Einführung im 8. Jahrhundert waren die arabischen Heere, die vor allem aus berittenen Bogenschützen und mit Krummsäbeln oder leichten Lanzen bewaffneten Kriegern zu Pferde bestanden, ihren Gegnern weit überlegen: stark gepanzert und schwer bewaffnet, saßen die einfach zu unsicher und schwerfällig im Sattel, um die schnellen und wendigen Angreifer abwehren zu können, die sie mit einer Attacke nach der anderen überzogen. Erst der Steigbügel gab den „eisernen Männern“ – so eine zeitgenössische Quelle – festen Halt. Nun konnten sie sich im Sattel aufrichten und mit schweren Schwertern oder Streitäxten zuschlagen. An den fränkischen Panzerreitern unter Karl Martell brachen 732 n. Chr. die Angriffswellen der islamischen Kavallerie bei Tours und Poitiers, die vom zuvor eroberten Spanien aus versuchten, ins Herz des Frankenreichs vorzudringen. Der abendländische Ritter hoch zu Ross war geboren.

Während sich die Merowinger durch zwei Jahrhunderte mordeten und plünderten, begannen die West- und die Osthälfte des Reiches auseinanderzudriften, von den Zeitgenossen anfangs wahrscheinlich unbemerkt.

Im Ostteil behielten die Germanen die Oberhand. In den angrenzenden Regionen ließen sich fränkische Siedler in großer Zahl nieder, die romanische Restbevölkerung passte sich ihnen in Sprache und Lebensweise an. Im Westen hingegen hatte zwischen der Seine und den Pyrenäen nur eine dünne fränkische Herrenschicht eine neue Heimat gefunden. Die Dominanz der lateinischen Umgangssprache, die sich allmählich zu Altfranzösisch wandelte, blieb hier ungebrochen. Auch die neuen Herren nahmen das fremdartige Idiom an.

Die Romanisierung der Eroberer im Westteil des Merowingerreichs wurde durch die überlegene Zivilisation der Besiegten gefördert. Doch überall setzte sich ein bäuerlich geprägtes Gesellschaftsmodell durch, das auf Landbesitz und dem persönlichen Abhängigkeitsverhältnis Knecht – Herr, Herr – Oberherr beruhte. Als Lehenswesen wird es das gesamte europäische Mittelalter prägen.

ÜBERALL SCHRUMPFTEN UND VERFIELEN zwischen dem 5. und 8. Jahrhundert die Städte. Trier war mit gerade mal 5000 Einwohnern eine der größten Städte im östlichen Teil des Reichs. In der Antike waren es noch mehr als 50 000 gewesen. Im Westen nutzte man die römischen Kolossalbauten als Steinbrüche für die Errichtung von Burgen und Kirchen, spezialisiertes Handwerk und der Fernhandel lagen darnieder. Die gepflasterten römischen Fernstraßen verrotteten.

Dennoch blieb vom antiken Leben mehr erhalten als weiter östlich. Die fränkischen

GLANZVOLLER MONARCH

Eine goldverzierte Büste Karls des Großen aus dem Aachener Domschatz, gestiftet 1349 von Karl IV.

Adeligen machten es sich in den verlassenen römischen Landhäusern bequem. Fast alle Münzstätten des Reichs lagen im heutigen Frankreich. Die meisten Schreiber – die Intellektuellen der Epoche – kamen aus der einheimisch-römischen Bevölkerung. Und in den Städten setzte man sogar die eine oder andere römische Arena notdürftig wieder instand. Nun kämpften allerdings keine Gladiatoren mehr auf Leben und Tod. Die Franken begnügten sich damit, zur Volksbelustigung wilde Tiere aufeinanderzuhetzen.

RECHTS DES RHEINS, WO HEUTE DER GRÖSSTE TEIL Deutschlands liegt, gab es wenig mehr als dunklen Wald. Entsprechend eng und düster war diese Welt, die Dörfer darin winzige Siedlungsinseln mit selten mehr als zehn Häusern. Jeder neue Wohnplatz musste dem Wald mühsam abgerungen werden. Die Menschen, zu 90 Prozent Bauern, hausten in armseligen Hütten aus Holz oder mit Lehm ausgefülltem Flechtwerk unter einem Stroh- oder Rohrdach, oft in einem Raum zusammen mit dem Vieh. Fenster gab es nicht, nur Löcher in den Wänden. Das englische Wort window – abgeleitet vom germanischen Windauge – zeugt noch davon. Geschlafen wurde auf Strohschütten oder Wandbrettern. Herdfeuer und Talgleuchten waren die einzigen Lichtquellen.

Die Kindersterblichkeit lag bei 50 Prozent, Erwachsene wurden kaum älter als 50 Jahre, und die Wirren der fränkischen Eroberungen und Bruderkriege hatten die ohnehin schon spärliche Bevölkerung noch einmal heftig ausgedünnt.

Der Ertrag der Felder war kärglich, ein Saatkorn brachte bestenfalls drei Körner Ausbeute. Die Äcker wurden mit einem primitiven Hakenpflug bestellt, geerntet wurde mit der Sichel, die Sense war vierlerorts noch nicht eingeführt. Mehl war für die Bauern Luxusnahrung, meist lebten sie von einem Brei aus Hirse, Gerste oder Bohnen. Wenn Fleisch auf den Tisch kam, dann meistens vom Schwein. Rinder und Pferde schlachtete man erst, wenn sie alt und schwach wurden, falls man sie überhaupt besaß. Sie waren als Zugtiere viel zu wertvoll.

Der Wald, in dem für die Menschen des Frühmittelalters neben wilden Tieren und Räubern auch böse Geister hausten, hatte aber auch seine guten Seiten. Das Harz der Bäume war der einzige Klebstoff, aus Bucheckern und Haselnüssen gewann man Speiseöl, in hohlen Bäumen produzierten wilde Bienen Honig, den universalen Süßstoff jener Zeit. Selbst die Tinte war ein Waldprodukt, sie wurde aus Eichen-Galläpfeln hergestellt. Doch dieser schwarze Saft war für die Bauern bedeutungslos. Sie konnten weder lesen noch schreiben, wussten nicht einmal, in wel-

DER KAISER WIRD PATE SEINES GEGENSPIELERS

Widukind, der Herzog der Sachsen, lässt sich 785 taufen und erwirkt auf diese Weise einen Friedensvertrag mit Karl dem Großen, gegen den er jahrzehntelang Krieg geführt hatte.

Es war ein Hauen und Stechen

MÄTRESSE
Fredegunde dingt Männer, die ihren Schwager, König Sigibert, meucheln sollen.

PRINZESSIN
Die feine Westgotin Brunhilde heiratet König Sigibert und gerät damit in einen mörderischen Clan.

Der Kampf der Königinnen

Vom Verrat bis zum Mord schrecken sie vor keiner Niedertracht zurück, Brunhilde und Fredegunde bringen es damit zu frühem literarischem Ruhm.

Es war der grausamste Zickenkrieg des frommen Mittelalters. Die eine, Königin Brunhilde, war eine vornehme westgotische Prinzessin. Sie hatte das Pech, in den mörderischen Clan der Merowinger einzuheiraten. Die andere, Fredegunde, war eine hübsche rothaarige Magd mit Talent zur Massenmörderin. Sie hatte sich ins Bett des Königs von Westfranken hochgeschlafen und tat alles, um ihrer Schwägerin Brunhilde die Augen auszukratzen. In der Wahl der Waffen waren die Damen ebenbürtig: Erpressung, Verführung, Folter, Dolch, Gift. Der Kampf der Königinnen, der zwischen 575 und 613 tobte, kostete zehn fränkische Royals den Kopf und beschleunigte den Untergang der Merowinger.

Das Frankenreich war damals unter drei Brüdern aufgeteilt, Brunhildes hehrer Gatte Sigibert besaß den Ostteil. Dessen Bruder, König Chilperich, heiratete Brunhildes Schwester, wollte seine Dauergeliebte Fredegunde aber behalten. Als die junge Königin ihn zu verlassen drohte, erdrosselte er sie kurzerhand. „Die Tote nur wenige Tage beweinend", wie Gregor von Tours schreibt, heiratete Chilperich nun seine Mätresse Fredegunde und besiegelte damit die Todfeindschaft der Schwägerinnen. Wie eine Hyäne trieb Brunhilde ihren Gatten Sigibert in den Bruderkrieg, den dieser auch gewann. Doch Fredegunde schickte zwei Killer aus, die ihrem Schwager Sigibert „in jede Seite ein tüchtiges Messer" stießen, „das auch noch in Gift getunkt war", so Gregor von Tours. Brunhilde wurde vom bösen Schwager gefangen genommen, schaffte es aber, ihren fünfjährigen Sohn in einen Sack gepackt aus dem Fenster zu reichen. Ein Gefolgsmann brachte den kleinen Thronfolger in Sicherheit. Später konnte auch sie fliehen, und fortan regierte die couragierte Königinmutter erst für ihren Sohn und nach dessen frühem Tod, Ursache unbekannt, für die Enkel.

In der Zwischenzeit hatte sich First Lady Fredegunde in Sachen Mord einen Namen gemacht. Gemeinsam mit König Chilperich ließ sie Dutzende von Widersachern foltern, verbrennen, vergiften und einem als Killer gescheiterten Priester Hände und Füße abhauen. Sie verübte Anschläge auf die eigenen Kinder. Ihre Stiefsöhne, von denen einer es gewagt hatte, seine Tante Brunhilde zu heiraten – ihre Erzfeindin –, brachte sie um. Sogar ihren Gatten ließ sie erdolchen, weil Chilperich von einem ihrer vielen Liebhaber Wind bekommen hatte. Die Frau, die noch weniger Skrupel hatte als eine Lady Macbeth, kämpfte, von schwerer Krankheit gezeichnet, nur noch für ein Ziel: Brunhildes Tod. Ihre letzte tödliche Waffe hieß Clothar, ihr jüngster Sohn. Anfangs gelang es Brunhilde noch, ihre zwei Enkel gemeinsam gegen den fiesen Clothar in Stellung zu bringen. Doch dann beging die alleinerziehende Großmutter den größten Fehler ihrer Königinnenkarriere, die Enkel zum Bruderkrieg aufzuhetzen, worauf „unter beiden Heeren ein solches Morden anbrach … dass die Körper der Toten keinen Platz fanden, wo sie hätten hinfallen können". Nachdem ein Königsspross den anderen umgebracht hatte, versuchte Brunhilde, ihren erst zehnjährigen Urenkel auf den Thron zu hieven.

Doch dazu reichte die Kraft der über 70-Jährigen nicht mehr. Clothar ließ Brunhilde drei Tage lang foltern, auf einem Kamel durchs Heerlager treiben und schließlich mit Haaren, Arm und Fuß „an den Schweif des wildesten Pferdes" binden und zu Tode schleifen. Der Mythos der wilden, bis aufs Blut hassenden Königinnen lebt im Nibelungenlied fort, Brunhild und Kriemhild heißen sie dort.

chem Jahr sie geboren waren, geschweige denn, welches Jahr seit Christi Geburt man zählte.

Wichtig war das Wetter, der Wechsel der Jahreszeiten, Auf- und Untergang der Sonne. Politik bedeutete für sie die Art, wie ihr adeliger Herr im Alltag mit ihnen umging und wie er sie vor Übergriffen anderer Mächtiger schützte. Als Gegenleistung für diesen Schutz mussten sie für ihn die Felder bestellen, ihre Frauen hatten die Spinn-, Web- und Wascharbeit zu verrichten. Erst dann durften sich die Bauern ihren eigenen kümmerlichen Äckern widmen.

Und so bekamen die einfachen Leute im Frankenreich nur langsam oder gar nicht mit, dass im 8. Jahrhundert die Merowinger abgewirtschaftet hatten. Der letzte König aus diesem Geschlecht wurde 751 fast geräuschlos entsorgt. Childerich III. verschwand bis zu seinem Lebensende hinter Klostermauern. Die Karolinger wurden die neuen Frankenkönige. Als „Hausmeier", engste Mitarbeiter und Vertraute der Merowinger-Herrscher, hatten sie schon seit mehr als 50 Jahren das Sagen.

768 KOMMT KARL AN DIE MACHT, dem schon die Zeitgenossen den Beinamen „der Große" geben. Er regiert ein Reich, das inzwischen sprachlich zweigeteilt ist; im Westen dominiert Französisch, im Osten ein germanischer Dialekt. Weil Franken, Alemannen und Baiern unter der karolingischen Herrschaft enger zusammenrücken, gleichen sich diese germanischen Regionalsprachen einander an. Als letztes Germanenvolk kommen die heidnischen Sachsen zwischen Weser und Elbe dazu – nachdem Karl sie in jahrzehntelangen Kriegen zwangsbekehrt und endgültig eingemeindet hat. Dabei schreckt er nicht davor zurück, an einem Tag in Verden an der Aller 4500 Aufständische köpfen zu lassen.

GOLDKÄSTCHEN

Mit Edelsteinen geschmückter Schrein, gestiftet von Pippin II. aus dem Geschlecht der Karolinger

Doch Karl fasst das „Regnum Francorum", das Fränkische Königreich, noch immer als übernationales Gebilde auf. Für seine Großmachtpläne spielen Sprachgrenzen und Kulturgefälle keine Rolle. Karl stützt seine Herrschaft nicht mehr auf das Volksheer aus Fußsoldaten von einst, sondern auf eine Elitetruppe schwer gerüsteter Panzerreiter, deren Anblick allein schon Angst und Schrecken verbreitet. Diese „eisernen Männer" auszurüsten ist enorm teuer – eine historische Quelle nennt als Gegenwert für einen Panzerreiter 45 Ochsen.

Ein einfacher freier Mann, egal, ob Romane oder Germane, kann sich diese Ausrüstung nicht leisten. Nur Großgrundbesitzer sind in der Lage, sich selbst und ihre Gefolgsleute derart zu bewaffnen. So entmischt sich unter den Karolingern die Gesellschaft immer mehr: Auf der einen Seite steht eine relativ kleine Schicht berittener, schwer bewaffneter Krieger, die als Ritter das gesamte Mittelalter prägen werden. Auf der anderen Seite die Masse der waffen- und wehrlosen Bauern, die sich unter den Schutz der Ritter begeben müssen und so ihre Freiheit verlieren.

MIT SEINER ARMEE KÄMPFT KARL gegen die Araber, die von Spanien aus sein Reich bedrohen, wie gegen die Slawen, die er tributpflichtig macht. Er wirft Aufstände des romanisierten fränkischen Hochadels in Aquitanien ebenso nieder wie die des treugermanischen bairischen Herzogs Tassilo. Er zieht über die Alpen, besiegt die Langobarden und ist damit Herr von halb Italien. Karl lässt sich im Jahr 800 in Rom vom Papst zum Kaiser krönen, zum legitimen Erben der römischen Cäsaren und gleichzeitig zum Schutzherrn der gesamten Christenheit. Sein Gefolgsmann, der gelehrte Angelsachse Alkuin, schwärmt: „Unser Herr Jesus Christ hat dich als Herrscher über die Christen eingesetzt, an Macht dem Papst und dem Kaiser in Konstantinopel überlegen." Dieser Universalanspruch geht weit über die Schaffung eines germanischen Reiches hinaus. Und daher können die Franzosen diesen Herrscher als „Charlemagne" genauso für sich zum Stammvater nehmen wie wir ihn als „Karl den Großen".

Dabei fühlt sich Karl selbst durchaus als Germane. Er spricht Fränkisch und kleidet sich nach Väter Sitte. Am liebsten hält er sich im germanischen Teil seines Reiches auf, wo er sich eifrig abmüht, selbst lesen und schreiben zu lernen, wenn auch nur mit mäßigem Erfolg. „Doch er ließ die uralten volkssprachlichen Lieder, in denen die Heldentaten der alten Könige besungen werden, aufschreiben und der Nachwelt überliefern. Auch eine Grammatik seiner Muttersprache ließ er in Angriff nehmen und gab den Monaten Namen in seiner eigenen Sprache. Und zwar nannte er den Januar Wintarmanoth, den Februar Hornung ...", notiert sein Biograf Einhard. Leider soll Karls Sohn Ludwig, mit Beinamen „der Fromme", nach dem Tod seines Vaters befohlen haben, diese Sammlung als gottlos und heidnisch zu vernichten. Ihr Inhalt ist verschollen.

BEI ALLEM INTERESSE am germanischen Erbe ist Karl der Große noch kein deutscher Kaiser. Seine Nachfolger sind es ebenso wenig. Wenn das Reich aufgeteilt wird, haben sie in erster Linie die Machtverhältnisse im Lande und die fränkischen Erbfolgegesetze im Auge, die vorsehen, dass jedem der legitimen Söhne ein Teil zusteht. Sprachliche oder ethnische Gemeinsamkeiten interessieren sie nicht. 843 treten die drei Enkel Karls des Großen ihr Erbe an, folgerichtig entstehen auch drei Königtümer: eins im Westen, eins im Osten, eins in der Mitte.

Erst als ein paar Jahre später das Mittelreich zerfällt und sich die beiden Herrscher im Westen und im Osten aus der Konkursmasse bedienen, kommt es 870 eher zufällig zur Teilung in etwa entlang der Sprachgrenze. Niemand kann heute schlüssig beantworten, wie weit dabei eine Rolle spielte, dass die Mächtigen rechts des Rheins sich dem ostfränkischen König Ludwig näher fühlten, da sie alle Althochdeutsch sprachen, während die linksrheinischen für Karl den Kahlen waren, weil sie Altfranzösisch parlierten. Wahrscheinlich zog man den Trennstrich einfach dort, wo er zwei ungefähr gleich große Königreiche schuf.

So werden zwar Deutschland und Frankreich geboren. Nur merkt es niemand. Ebenjener König Ludwig, dem die Geschichtsschreibung später romantisierend den Beinamen „der Deutsche" gibt, findet nichts dabei, dieses „deutsche" Ostreich gleich wieder unter drei Söhnen aufzuteilen.

Allein der frühe Tod von zwei der Erben verhindert die Zersplitterung.

Dafür ist den Zeitgenossen inzwischen bewusst: Das Ostreich versteht das Westreich nicht mehr. Schon in den „Straßburger Eiden“, einem Bündnisvertrag von 842 zwischen den Herrschern der Reiche, schlägt sich das erstmals schriftlich nieder. Sie sind sowohl in Altfranzösisch als auch in Althochdeutsch abgefasst, damit jeder begreifen kann, worauf er schwört. So fängt der althochdeutsche Text für die Soldaten des Ostreichs an: „Oba Karl then eid then er sinemo bruoder Ludhwuig gesuor geleistit indi Ludhwuige min herro then er imo gesuor forbrihchit …“ (Falls Karl den Eid, den er seinem Bruder Ludwig schwor, wahrt, und Ludwig, mein Herr, was er ihm schwor, bricht …)

DREI BURGEN, DREI LÄNDER

Karl der Große will 806 das Reich unter seinen drei Söhnen Pippin, Karl und Ludwig aufteilen.

„Diutisc“ ist für die Zeitgenossen diese Sprache, auf die Franken, Bayern, Alemannen, Thüringer und Sachsen im Ostreich schwören. Deutsch. „Diutisc“ bedeutet wörtlich nichts weiter als „volkstümlich, die Sprache, des gemeinen Mannes“. Im Gegensatz zum gelehrten Latein. Und so ist das entstehende Deutschland eigentlich nur das Land, wo man so spricht, wie einem der Schnabel gewachsen ist. Ein hübsches Understatement, wie schon das kommende Jahrhundert beweisen sollte.

*

Auf dem Wagen segnet ein Priester die Hostie. Die Ritter neigen ihre Häupter, selbst die Zugochsen scheinen innezuhalten. Kaiser Friedrich I. Barbarossa bittet bei seinem Italien-Feldzug 1176 um himmlischen Beistand. Ein Gemälde von Gaetano Previati aus dem Jahr 1916.

Das Heilige Römische Reich der deutschen Kaiser

Während die Städte langsam zu wachsen beginnen, entwickelt sich das Reich zu einer Art mittelalterlicher EU. Es ist ein loser Verbund von Fürstentümern, den der Kaiser mit Mühe zusammenhält. Erst 1356 wird seine Stellung in der Goldenen Bulle geregelt – dem ersten deutschen Grundgesetz.

Angst vor dem Weltuntergang *Zur „Zeitenwende*

DER KAISER ÖFFNET DAS GRAB SEINES IDOLS

Auf dem Rückweg von einer Pilgerfahrt im Jahr 1000 steigt der damals erst 19-jährige Otto III. an Pfingsten mit seinem Gefolge in die Gruft Karls des Großen. Der Besuch in der Krypta des Aachener Doms erregte noch 850 Jahre später die Fantasie der Historienmaler.

Was im Reich geschah

919
Der Sachse Heinrich I. wird König des Ostfränkischen Reiches und begründet die Dynastie der Ottonen

1075
Papst Gregor VII. postuliert im „Dictatus Papae" die Vormachtstellung des Papsttums. Kaiser Heinrich IV. setzt sich bei der Berufung des Mailänder Bischofs darüber hinweg, wird exkommuniziert und muss bei seinem Gang nach Canossa 1077 vor dem Papst zu Kreuze kriechen

1122
Wormser Konkordat. Der Vertrag zwischen Papst und Kaiser Heinrich V. regelt endgültig die Einsetzung der Bischöfe im Reich

Was anderswo geschah

950
Erste Schwarzpulver-Raketen in China

1054
Spaltung der Kirche. Byzanz löst sich von Rom

1066
Schlacht bei Hastings, Normannen erobern England

Ab 1095
Beginn der Kreuzzüge. Bis 1270 brechen siebenmal Heere ins Heilige Land auf

im Jahr 1000 zittert die Christenheit in Erwartung des Jüngsten Gerichts

„ALLER FÜRSTEN LEITSTERN"

So besang Walther von der Vogelweide die Reichskrone. Goldschmiede fertigten sie vermutlich um 962 für Otto I.

1161
Kaufleute im Ostseeraum schließen sich zusammen. Daraus entwickelt sich die Hanse, der 250 Jahre später etwa 200 Städte angehören, vom Niederrhein bis zum Baltikum

1348
In Prag entsteht die erste Universität im Reich. Wien folgt im Jahr 1365, Heidelberg 1386

1348
Die Pest wütet im Reich. Oft werden Juden beschuldigt, Brunnen vergiftet zu haben, in vielen Städten kommt es zu Pogromen

1356
Die Goldene Bulle bestimmt die sieben Kurfürsten zum Wahlgremium, das den Kaiser kürt

1401
Der Freibeuter Klaus Störtebeker wird in Hamburg hingerichtet

1206
Ein mongolischer Stammesfürst wird Dschingis Khan – „Weltherrscher"

1339
„Hundertjähriger Krieg" zwischen England und Frankreich. Johanna von Orléans wird Symbolfigur des französischen Widerstands

1453
Osmanen erobern Byzanz

1492
Kolumbus entdeckt Amerika

Die „Fürnehmste des Reiches" *Nürnberg ist im*

Nürnberg, die Stadt, in der Karl IV. 1356 die Goldene Bulle verkündete, war eine der größten und reichsten Städte des Mittelalters. Kaiserliche Privilegien förderten Gewerbe und Handel. Hochspezialisierte Handwerker produzierten Spitzenprodukte, die von Großunternehmern über ein Handelsnetz in ganz Europa vertrieben wurden. Ein bürgerlicher Rat sicherte die langfristigen Interessen der Stadt. Erst mit der Entdeckung der Neuen Welt verlor Nürnberg wirtschaftlich an Bedeutung.

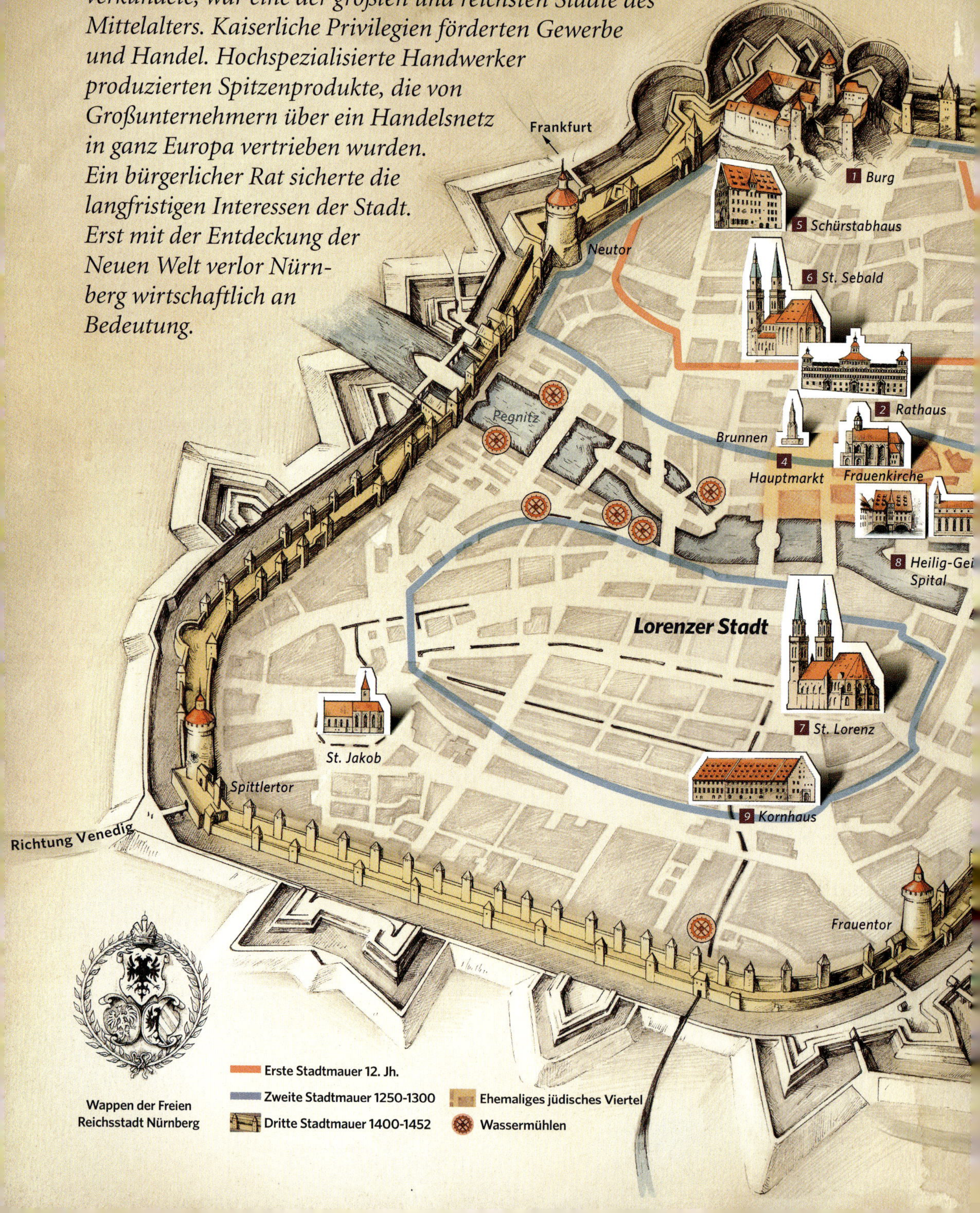

Mittelalter Verkehrsknoten und Machtzentrum

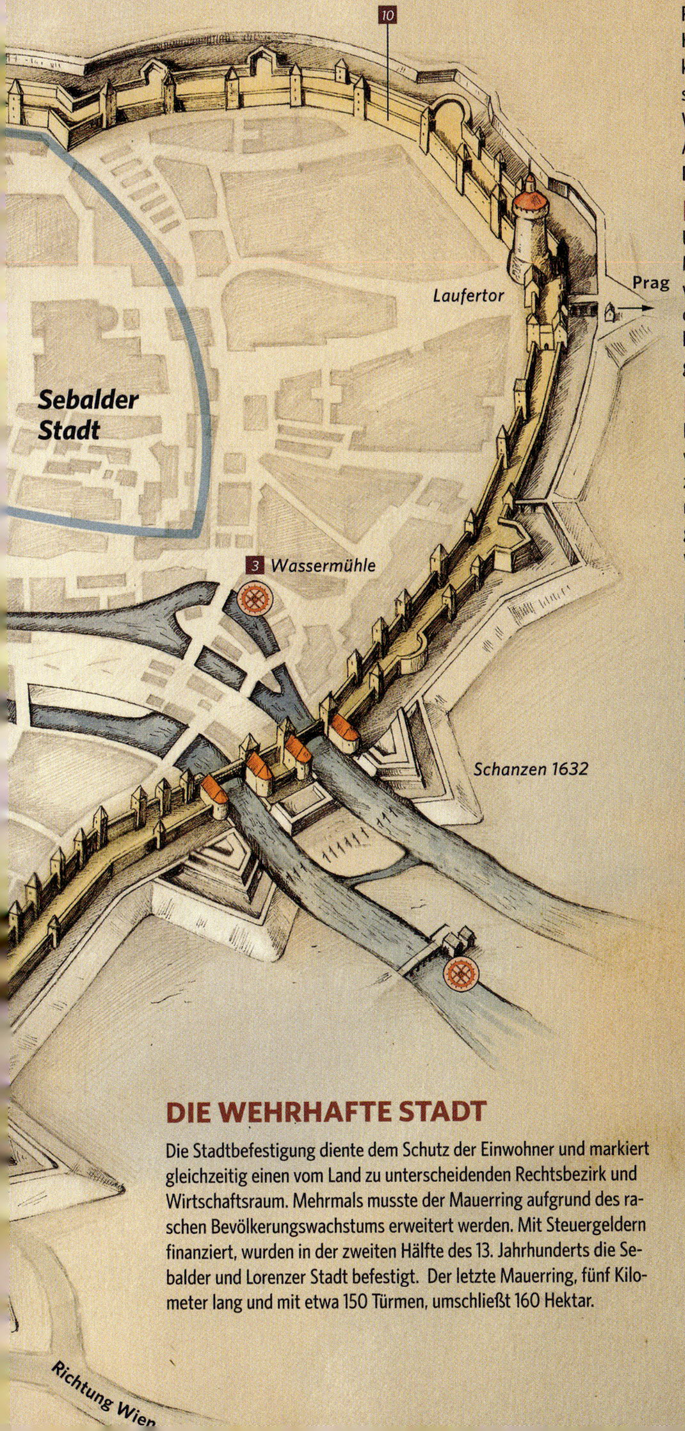

REICHSUNMITTELBARE STADT

Ursprung Nürnbergs war eine salische Befestigung von zirka 1040 auf dem Norenberc, einem 50 Meter hohen Sandsteinfelsen am Ufer der Pegnitz. Später wurde die Burg 1 von den Staufern zur Reichs- und Kaiserburg ausgebaut. Da die mittelalterlichen deutschen Herrscher keine Hauptstadt hatten, waren sie auf ein Netz fester Plätze angewiesen, an denen sie Hof- und Reichstage abhalten konnten. Aus zwei Wirtschaftshöfen entwickelten sich die Siedlungen Sebald und Lorenz. Als kaiserliches Eigentum war die Stadt reichsunmittelbar, das heißt in Rechtsprechung und Steuerabgaben nur von ihm abhängig.

DIE BÜRGERSTADT

Unter den Staufern erhielt die Siedlung zahlreiche Privilegien, etwa Markt-, Münz- und Zollrechte. Ab 1300 stellte eine bürgerliche Elite von rund 40 reichen Patrizierfamilien einen 34-köpfigen Inneren Rat, der Gesetze erließ und Steuern festlegte. Zünfte gab es nicht, der Rat kontrollierte die Handwerksbetriebe. 1332 entstand das Rathaus 2 gegenüber der Sebaldkirche als Sitz städtischer Macht.

HANDWERK

Das Metall- und Textilhandwerk war führend. In den Wassermühlen 3 wurden Tuche gewalkt, Bleche geschlagen und Draht mechanisch gezogen (erstmals 1415). Waffen, Messer, Löffel, Scheren, aber auch feinmechanische Waren wie Zirkel und Kompasse gingen von hier nach ganz Europa. Mehr als die Hälfte der Einwohner lebte vom Handwerk, vor allem in der südlichen Stadthälfte.

HANDEL

Nürnberg lag an der Schnittstelle bedeutender Fernhandelsrouten. 1349 entstand auf dem Areal des niedergerissenen Judenviertels ein zentraler Hauptmarkt 4. Nürnberger Großunternehmer organisierten Massenproduktion über Zuliefererbetriebe, zahlten Stück- statt Tagelohn und vertrieben ihre Waren mit Mustern über ein weit verzweigtes Handelsnetz. Ihren wirtschaftlichen Erfolg zeigten sie durch den Bau repräsentativer Wohnhäuser 5, die gleichzeitig als Warenhäuser dienten.

KIRCHE

Die wirtschaftliche Leistungskraft belegten die beiden Pfarrkirchen St. Sebald 6 und St. Lorenz 7, die hauptsächlich durch Spenden der Bürger finanziert wurden. Die Ausstattung von Kirchen entsprach der angestrebten Bedeutung der selbstbewussten Stadtgemeinde. Reiche Familien beerdigten hier ihre Mitglieder und hängten Totenschilde und Wappen auf.

WOHLFAHRT

Der christliche Glaube verpflichtete zur Nächstenliebe, die reiche Bürger zu umfangreichen Schenkungen an das Gemeinwesen veranlasste. Konrad Groß, reichster Mann der Stadt und Geldgeber von Kaiser Karl IV., stiftete 1339 das Heilig-Geist-Spital 8. Rund 200 Kranke, Alte und Mittellose wurden hier versorgt.

VERSORGUNG

Die Grundversorgung der Bürger sicherte der Rat der Stadt durch den Bau von 10 Kornkammern 9 und rund 100 öffentlicher Brunnen. Wasserleitungen wurden durch Felsen geschlagen, Entwässerungsrinnen wurden gebaut und bereits 1368 die ersten Straßen gepflastert.

DIE WEHRHAFTE STADT

Die Stadtbefestigung diente dem Schutz der Einwohner und markiert gleichzeitig einen vom Land zu unterscheidenden Rechtsbezirk und Wirtschaftsraum. Mehrmals musste der Mauerring aufgrund des raschen Bevölkerungswachstums erweitert werden. Mit Steuergeldern finanziert, wurden in der zweiten Hälfte des 13. Jahrhunderts die Sebalder und Lorenzer Stadt befestigt. Der letzte Mauerring, fünf Kilometer lang und mit etwa 150 Türmen, umschließt 160 Hektar.

Infografik Torben Kuhlmann/HAW Hamburg; Recherche/Text: Klaudia Thal
Wissenschaftliche Beratung: Rudolf Käs

Um 1150 gibt es im Reich 200 Städte

Infografik: Axel Kock, Recherche: Klaudia Thal Quelle: Putzger, historischer Weltatlas

Die meisten haben weniger als 2 000 Einwohner

Historische Situation

Das Heilige Römische Reich ist ein loser Staatenverbund, es verkörpert im 12. Jahrhundert die Einheit von weltlicher und kirchlicher Herrschaft. Die Kaiser erweitern ihren Machtbereich durch Diplomatie, Kolonisation, Kriege - und Heiraten. So etwa der aus dem schwäbischen Geschlecht der Staufer stammende Heinrich VI., der 1186 durch seine Ehe mit der normannischen Königstochter Konstanze das Königreich Sizilien hinzugewinnt. Im Reich wächst der Einfluss der Fürsten - eine der Grundlagen für den heutigen Föderalismus.

Bevölkerung

Um 800 leben im heutigen Deutschland etwa 5 Menschen pro Quadratkilometer, 1150 bereits 15, 1350 schon 25 (heute 230). Erst die Pest stoppt die Entwicklung: Die Bevölkerungszahl sinkt und stagniert bis Ende des 15. Jahrhunderts bei etwa 18 Einwohnern pro Quadratkilometer. Insgesamt etwa 4,5 Millionen.

Lebenserwartung

Aufgrund der hohen Kindersterblichkeit liegt die durchschnittliche Lebenserwartung bei 30 bis 40 Jahren. Männer werden oft 60 Jahre oder älter. Der Markgraf Albrecht I. von Brandenburg zum Beispiel stirbt um 1170 mit 70 Jahren.

Lebensverhältnisse

90 Prozent der Bevölkerung sind „Unfreie", sie müssen Abgaben an ihren Grundherrn leisten und dürfen nur mit dessen Einverständnis heiraten. Hunger und Krankheiten sind eine ständige Bedrohung. Soziale Stiftungen und Spitäler kümmern sich um Bedürftige.

Städte

Der Begriff „Stadt" taucht im 12. Jahrhundert erstmals auf, die Zeit der Stadtgründungen beginnt. Stadtluft macht frei: Wer sich ein Jahr dort aufgehalten hat, auf den hat sein Herr keinen Anspruch mehr. Um 1150 gibt es im Reich etwa 200 Städte. Köln ist mit 20 000 Einwohnern die größte, die meisten haben weniger als 2000.

Regierungsform

Der Kaiser wird von den mächtigen Fürsten des Reiches gewählt und vom Papst gekrönt. Seine Herrschaft beruht auf dem Feudalsystem: Er vergibt Land und Ämter (Lehen) an Fürsten und Adelige, die ihm im Gegenzug Treue und Gefolgschaft sowie Kriegsdienste leisten mussten. Der Kaiser reist mit seinem Gefolge von Pfalz zu Pfalz, er muss seine Macht vor Ort demonstrieren. Nur seine direkten Lehnsleute sind seine Untertanen. Ab dem 11. Jahrhundert wandelt sich dieser Personenverbandsstaat langsam zum Territorialstaat: Lehen werden erblich.

Der Dom zu Speyer

Bauwerke

Holz oder Fachwerk mit Lehm sind die Materialien der meisten Häuser. Nur Kirchen, Burgen oder etwa Rathäuser baut man aus Stein. Zu Beginn des Mittelalters noch mit kleinen Fenstern und dicken Mauern. Das größte dieser romanischen Bauwerke auf deutschem Boden ist der Dom von Speyer, der 1061 geweiht wird. Um 1200 wachsen die Bauwerke dann in die Höhe (siehe Kasten „Gotik", Seite 64).

Sprache

Es gibt keine einheitliche Sprache, man spricht - und schreibt - regionale Mundart. Die Gelehrten des Vatikans unterscheiden Niederdeutsch (im Norden), Oberdeutsch (später „Hochdeutsch", in der Mitte und im Süden) und Böhmisch. Ab dem späten 14. Jahrhundert entwickelt sich langsam eine einheitliche hochdeutsche Schriftsprache.

Kulturelle Meilensteine

Um 1200 entstehen die ersten weltlichen Dichtungen in (mittelhoch-) deutscher Sprache. Im 14. Jahrhundert sind Renaissance (Rückbesinnung auf die Antike) und Humanismus Ausdruck eines kulturellen Aufschwungs. Der Mensch, so die revolutionäre Theorie, ist aus eigener Kraft in der Lage, das Leben grundlegend und dauerhaft zu verbessern. Die bekanntesten Vertreter sind Leonardo da Vinci, Niccolò Machiavelli oder Nikolaus von Kues (Cusanus) in Deutschland.

Ethnische Besonderheiten

Das Heilige Römische Reich vereint unter seinem Dach verschiedene kleine und mittelgroße Territorien, zum Beispiel die Grafschaft Tirol, die lothringischen Herzogtümer oder die Grafschaft Savoyen. Im

Reich gibt es ein buntes Gemisch verschiedener Völker und Sprachen. Um 1300 gehört sogar die Provence mit dazu, im Osten das heutige Slowenien, Tschechien und ein Teil Polens. Im Süden reicht das Reich bis zum Kirchenstaat.

Technische Errungenschaften

Die Energieausnutzung wird immer besser: Wassermühlen mahlen nicht nur Getreide, sondern treiben auch Eisenhämmer und Sägewerke. Ab 1200 kommen Windmühlen hinzu, in Deutschland steht die erste in Köln auf dem alten Römerwall. Um 1100 bringen italienische Kaufleute das Papier von China nach Europa. Die ersten deutschen Papiermühlen entstehen um 1390 in Nürnberg. Das Handspinnrad mit Tretantrieb und der breite Zwei-Mann-Tritt-webstuhl steigern die Textilproduktion erheblich. Zur Metallgewinnung setzt man mit Kohle befeuerte Hochöfen ein, Eisen wird jetzt verzinkt, um es gegen Rost zu schützen.

Kettenhemd,
15. Jahrhundert

Waffen

Die Ritter und ihr militärisches Gefolge ziehen mit Kettenhemden oder Schuppenpanzer, Helmen und großen Schilden in die Schlacht. Das zweischneidige Schwert mit etwa ein Meter langer Klinge ist die Hauptwaffe der Ritter im 12. Jahrhundert. Soldaten haben Streitäxte, später auch Schwerter und Spieße. Als Fernwaffen dienen Armbrust, Pfeil und Bogen und die „Blide", eine riesige Steinschleuder, die Stadtmauern brechen kann. Die ersten Feuerwaffen tauchen um 1325 in Europa auf.

Landwirtschaft und Ernährung

Die Dreifelderwirtschaft mit Fruchtwechsel setzt sich durch. Seit dem 14. Jahrhundert wird außerdem mit Kalk gedüngt. Immer mehr Wälder werden gerodet; das heutige Landschaftsbild - abwechselnd Äcker, Weiden, Dörfer, Wälder - entsteht. Auf den Tisch kommen vor allem Getreidespeisen und Milchprodukte, das haltbare Sauerkraut und Obst. Brot wird zum Massenprodukt. Im späten Mittelalter verzehrt die Bevölkerung pro Kopf 100 Kilo Fleisch pro Jahr (heute 60), in den Städten gibt es sogar für Arbeiter und Knechte zwei Fleischmahlzeiten am Tag. Das Getränk der Bayern ist im 13. Jahrhundert noch nicht Bier, sondern Birnenmost. Ansonsten gibt es Wein und Met.

Handel

Neben dem Kleinhandel zur Versorgung der Städte gewinnt der Fernhandel an Bedeutung. Auf inzwischen festen Routen werden Tuche, Schmuck, Eisenwaren, Wein, Getreide, Salz und Schiffe exportiert. Importiert werden Gewürze, Pelze, Wachs, Teer, Holz. Die Kaufleute und Städte der Hanse kontrollieren den Handel im Nord- und Ostseeraum.

Zeugnisse der Epoche

Mittelalterliche Städte wie Regensburg oder Quedlinburg

Kaisergräber im Dom zu Speyer, im Magdeburger Dom oder im Dom von Bamberg

Die Reichsinsignien (Kaiserkrone, Reichsapfel und Zepter) in der Schatzkammer der Wiener Hofburg oder, als Replikat, auf der Burg Trifels in der Pfalz

Kaiserpfalzen, z. B. in Goslar, Kaiserswerth, Bad Wimpfen

Die Gutenberg-Bibel im Gutenberg-Museum Mainz

Folterinstrumente und Henkerswerkzeug im Kriminalmuseum in Rothenburg ob der Tauber

Die „Poeler Kogge“ im Hafen der Hansestadt Wismar

Folterkammer in Rothenburg/Tauber

Der Kaiser kommt zu spät. Am 25. November 1355 steht Karl IV. mit seinem Gefolge endlich vor den Stadtmauern Nürnbergs – zehn Tage nach der geplanten Eröffnung seines Reichstages. In der Handelsstadt, dem Zentrum zwischen Ost und West, Nord und Süd, will er sein ehrgeizigstes Projekt verabschieden. Sein Reich braucht eine Verfassung. Die Königswahl muss klar geregelt werden, kein Herrscher soll sich mehr mit Gegenkönigen abmühen müssen, und vor allem: Nie wieder soll ein deutscher König gezwungen sein, nach Rom zu pilgern, um vom ungeliebten Pontifex zum Kaiser gesalbt zu werden.

KAISER DER „DEUTSCHEN"

In der Zeit Heinrichs IV. benutzen Chronisten zum ersten Mal die Begriffe „diutsche lant" und „diutschi liuti".

DIESE DEMÜTIGENDE TORTUR hat der 39-Jährige aus dem Hause der Luxemburger gerade hinter sich. Auf Trampelpfaden hatte er sich über die Alpen gequält, die italienischen Fürsten bestochen, endlich Rom erreicht, dort inkognito als Pilger verhandelt – caput mundi, das Haupt der Welt, war zwischenzeitlich arg heruntergekommen. Schließlich, am Ostersonntag, man schrieb den 5. April im Jahre des Herrn 1355, hatte er die Kaiserweihe vom Papst empfangen, bevor er sich nach einem üppigen Gelage auf den Weg nach Norden machte.

Und wer, wenn nicht er, sollte nun die dringend notwendigen Reformen durchsetzen? Unangefochten steht Karl an der Spitze des Heiligen Römischen Reiches, jenes riesigen mitteleuropäischen Staatsgebildes, in dem die deutschen Nationen leben. Karls Residenzstadt Prag blüht auf. Der Palast auf dem Hradschin wird erweitert, der Bau einer weiteren Burg ist begonnen – später werden hier die Reichsinsignien Reichsapfel, Krone, die Lanze mit dem Nagel vom Kreuze Christi aufbe-

SCHLACHT AUF DEM LECHFELD

Bei Augsburg besiegt Otto I. im Jahr 955 die Ungarn. Er gilt heute als Begründer des Reiches.

wahrt, Karl hat sogar eigenhändig im März 1348 vor versammelter Fürstenschaft den Grundstein zum Bau einer neuen Stadtmauer gelegt und damit Prag flugs um das Dreifache erweitert. Jeder, der in den neuen Vierteln ein steinernes Haus baut, erhält zwölf Jahre Steuerfreiheit.

Nur einen Monat später gründet er in Prag die erste Universität nördlich der Alpen – und damit auch die erste deutsche Hochschule: Junge Männer aus Böhmen, aus Mähren, aus Bayern studieren hier Theologie oder die Rechte. Karl ist der mächtigste deutsche Herrscher seit Jahrzehnten. Auf dem Reichstag in Nürnberg will er diese Stärke zu Pergament bringen.

Die Stadt ist gerüstet. Seit Wochen strömen die Gesandten an die Pegnitz: die mächtigen Erzbischöfe aus Trier, Mainz, Köln; der Pfalzgraf

rühmen die Verdienste Ottos I.

KATHEDRALEN WACHSEN IN DEN HIMMEL
Der Aufschwung im Kirchenbau beflügelt im 15. Jahrhundert auch die Entwicklung des Handwerks und der Zünfte.

bei Rhein, der Herzog von Sachsen und der Markgraf von Brandenburg, alle mit prächtigen Standarten und mehreren Hundert Mann starkem Gefolge. Allein bei einem Treffen der Erzbischöfe von Trier und Köln wenige Tage vor Beginn des Reichstags werden zwei Ochsen, zwei Kälber, vier Hammel, zwei Schweine, 26 Hähnchen und 450 Liter Wein vertilgt. Dazu versammeln sich die Vertreter der Städte von Konstanz bis Lübeck, die Schreiber, Diener, Boten und Köche, die Handwerker, Händler, Huren – kurz: alle, die sich von den weit gereisten Gästen ein gutes Geschäft versprechen. Man bezieht Quartier. Am 25. November 1355 beginnen die Verhandlungen.

Hier also, in der Stadt, die er selbst die „fürnehmste des Reichs" nennt, will Karl die Rechte des Königs stärken, will er die Querelen mit Papst und Fürsten beenden, die immer wieder den Bestand des Heiligen Römischen Reiches gefährden. Seit 400 Jahren leben Franken, Bayern, Schwaben, Sachsen und andere Völker in diesem Staatsverbund, dem Vorläufer Deutschlands. Und seit 400 Jahren stellen sie seine Existenz infrage.

AM ANFANG DES REICHES stand ein bärtiger Hüne: König Otto I. Es war das Jahr 962, Karl der Große seit 150 Jahren tot, das fränkische Reich vom Atlantik bis zur Elbe, von Italien bis zur Nordsee zerbrochen, Karls mühsam erworbene Kaiserkrone seit Jahrzehnten verwaist. Otto herrschte seit

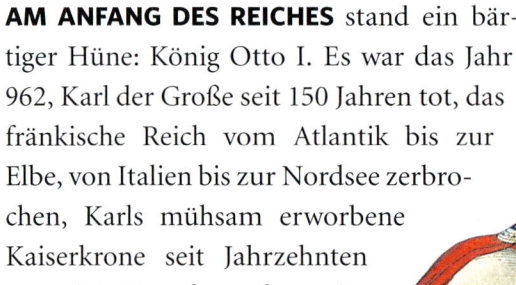

EIN KAISER, DEN SIE „IDIOTA" NENNEN

Wie so viele Herrscher kann Konrad II. weder lesen noch schreiben. Nur das drückt das lateinische Beiwort aus.

936 in Ostfranken, und spätestens seit er bei Augsburg ein Heer der Ungarn niedergemetzelt hatte, „unter so großem Blutvergießen", wie die Annalen berichten, „dass niemals ein solcher Sieg bei den Unsrigen erhört oder geschehen ist", feierte ihn sein Heer als „Vater des Vaterlandes", und Chronisten bezeichneten ihn als „leuchtendste Sonne nach der Dunkelheit". Anders gesagt: Otto galt als einer, der das Reich nach vorn bringen würde.

Allein sein Aussehen nötigte den Zeitgenossen Respekt ab: Sein Haupt sei bedeckt gewesen mit ergrautem Haar, schreibt sein Chronist Widukind, „die Augen funkelnd und gleißend wie ein Blitz, der plötzlich aufleuchtet, das Gesicht rötlich und der Bart reichlich niederwallend. Die Brust war wie mit einer Löwenmähne bedeckt, der Bauch nicht zu dick. Sooft er aber die Krone tragen musste, bereitete er sich, wie man für wahr versichert, stets durch Fasten vor".

SO ERNST NAHM ES OTTO aber mit der Schmalkost wohl nicht, denn sein Hof verzehrte, glaubt man den Schilderungen eines Zeitgenossen, jeden Tag 1000 Schweine und Schafe, 1000 Malter Getreide, acht Ochsen, zehn Fuder Wein und Bier, dazu Hühner, Ferkel, Fische und Gemüse.

Das alles hatten die Städte und Klöster zu stellen, die der königliche Tross auf seinen Reisen von Pfalz zu Pfalz durchquerte. Eine Hauptstadt gab es nicht, aber Städte seiner sächsischen Heimat wie Magdeburg oder Quedlinburg fühlten sich durch die häufigen Besuche Ottos ein wenig wichtiger. Der König regierte das Reich aus dem Sattel. Nur durch eigene Anwesenheit konnte ein Herrscher seine Macht durchsetzen. Mit Tausenden von Soldaten, Handwerkern, Schreibern, Priestern, Köchen und Stallboten wälzte sich der königliche Lindwurm durchs Land – eine beschwerliche Angelegenheit.

Die noch in der Römerzeit gepflasterten Straßen waren längst zerfallen und überwuchert; wann immer möglich, nutzte der König Flüsse und Seen zur Reise, etwa auf dem Mittelrhein oder auf dem Po zwischen Pavia und Ravenna. Konnte man an Land höchstens 30 Kilometer pro Tag vorankommen, waren flussabwärts schon mal 150 Kilometer möglich. Allerdings nicht im Winter. Selbst mächtige Ströme wie der Rhein froren im Mittelalter noch regelmäßig zu.

Auf einer seiner Reisen erreichte Otto ein Hilferuf des Papstes. Der Pontifex suchte Unterstützung gegen aufständische Lokalfürsten – die perfekte Gelegenheit für Otto, endlich Kaiser zu werden. Ohnehin waren die Päpste des 10. Jahrhunderts, später werden es Geschichtsschreiber das „dunkle" nennen, Schwächlinge mit einem Hang zum Morbiden. Da wurden Leichen wieder ausgegraben und in vollem Ornat auf den Thron gesetzt, da wurde gehurt, gemordet, bestochen, herrschten ungebildete Teenager über die Christenheit.

Zur Vorsicht machte Otto seinen Sohn zum Mitkönig, dann brach er auf gen Rom. Am 2. Februar 962 wurde er dort vom Papst zum Kaiser gekrönt, „mit wunderbarer Pracht und ungewöhnlichem Aufwand". Otto, der deutsche König, war nun römischer Kaiser. Fortan nannte er sich „Durch Gottes günstige Gnade erhabener Kaiser". Das Heilige Römische Reich, wie man es später nennen wird, war geboren. Bis 1806 sollten Ottos Nachfolger den Kaisertitel gegen alle Anfechtungen behaupten.

ABER ENTSTAND DAMIT AUCH DEUTSCHLAND? Nein. Noch sahen sich die Adeligen als Bayern, Sachsen oder Alemannen. Die Bauern scherten solche Gedanken eh wenig. Das mittelalterliche Reich war quasi eine Frühform der heutigen Europäischen Union: ein loser Verbund mit mehreren Sprachen ohne starke eigene Identität. Wenn es den gemeinsamen Interessen entsprach, raufte man sich zusammen. Ansonsten waren jedem Fürsten seine Ländereien die nächsten.

Ohnehin sprach noch keiner von „Deutschland" oder den „Deutschen". Erst Jahrzehnte nach Otto kam das Wort „teutonicus" als lateinischer Sprachimport aus Italien in die Regionen nördlich der Alpen, und es sollte noch ein Jahrhundert dauern, bis sich der Begriff „regnum teutonicum", also das „deutsche Reich", beispielsweise in päpstlichen Urkunden etabliert hatte. Wichtiger war Otto wie seinen Nachfolgern ohnehin der römische Kaisertitel. Die Kaiserwürde machte ihn zum Schutzherrn über die Christenheit, stellte ihn über die anderen europäischen

DER KAISER IM BÜSSERGEWAND

1077 muss Heinrich IV. in Canossa vor Papst Gregor VII. zu Kreuze kriechen.

Monarchen – und vor allem: schob das Jüngste Gericht ein wenig hinaus. Denn damaligem Glauben zufolge drohte nach dem Untergang des vierten Weltreiches der Antichrist die Erde zu betreten. Babylon, Persien und Griechenland waren vergangen. Existierte das römische Reich samt Kaiser aber fort, konnte dieser unangenehme Besuch erst einmal vermieden werden.

OTTO STARB 973, noch seine Zeitgenossen befanden, er sei „der Große". Die Stabwechsel an Sohn und schließlich Enkel (beide ebenfalls auf Otto getauft, daher später „Ottonen") ging mehr oder minder problemlos vonstatten, doch schon bald zeigte sich das Manko des Reichs: Es war eben kein Nationalstaat, und es gab auch keine dominierende Sippe wie etwa in Frankreich. Als einer der Mannen aus dem Hause Otto kinderlos blieb, griff eine neue Herrscherdynastie nach Zepter und Krone.

AUFSTREBENE LINIEN
Die Kombination von Kreuzrippengewölbe und Pfeilern bringt Licht in die Kirchen.

Die Gotik

Gottesnähe und Bürgerstolz

Französischen Baumeistern gelingt 1140 beim Chorneubau der Klosterkirche von Saint-Denis bei Paris eine Neuerung, die die Baukunst revolutionieren wird: Unter Anleitung des Abtes Suger kombinieren sie den burgundischen Spitzbogen mit dem normannischen Kreuzrippengewölbe und erschließen der Architektur damit ungeahnte Möglichkeiten: Statt wie bisher auf niedrige Rundbögen und dicke Mauern kann die Last von Gewölben nun auf Pfeiler abgeleitet werden. Diese Verfeinerung der Statik ist Grundlage eines neuen Baustils: der Gotik.

Von Frankreich aus erobert sie nach und nach Europa. Kathedralen mit hohen, von Fenstern durchbrochenen Wänden, lichten Innenräumen und aufstrebenden Türmen lösen die dunklen, gedrungenen Trutzkirchen der Romanik ab. Frühe Ikonen des gotischen Kirchenbaus wie die Kathedralen Notre-Dame in Paris (Baubeginn 1163) und Chartres (Baubeginn 1194) sind prägend. Die rasche Ausbreitung der Gotik ist den Mönchsorden zu verdanken, allen voran den Zisterziensern. Sie führen die neue Bauweise im frühen 13. Jahrhundert in Deutschland ein. In den folgenden zweieinhalb Jahrhunderten entstehen nach französischem Vorbild Prachtbauten wie das Freiburger Münster, der Dom zu Halberstadt und die Lübecker Marienkirche.

Gesellschaftlich markiert die Gotik den Übergang vom Mittelalter zur Neuzeit. Wohlhabende Bürger werden zu Stiftern: Im gotischen Stil errichtete Kirchen, Rathäuser und Hospitäler sind Ausdruck neuen Selbstbewusstseins. Steinmetzen und Bildhauer schließen sich zu Bauhütten zusammen.

Nach ihrer Herkunft aus dem Stamm der Salfranken im Südwesten wurden sie später als „Salier“ bekannt.

Erst einmal änderte sich wenig. Konrad II., ein Recke von zwei Metern, galt seinen Mitmenschen als „idiota“. Das war wenig erstaunlich, bedeutete es doch schlicht, dass der neue Herrscher ähnlich wie viele seiner Vorgänger weder lesen noch schreiben konnte. Ihn plagten drei altbekannte Sorgen. Erstens: die Macht sichern, wo es keine abgegrenzten Territorien gab, sondern nur persönliche Loyalitäten. Zweitens: den Papst in Schach halten, der sich immer einmischen wollte. Und vor allem drittens: einen männlichen Erben zeugen und ihn anschließend irgendwie zum König wählen zu lassen.

KONRAD GELANG DAS NOCH ohne größere Umstände, doch schon sein Nachfolger Heinrich III. mühte sich während 15 seiner 17 Regierungsjahre vergebens, einen Sohn zu präsentieren. Schenkungen an den Mariendom zu Speyer und Bittgebete an die Mutter Gottes, selbst der flehende Aufruf des Erzbischofs von Köln, doch bitte für einen männlichen Nachfolger zu beten, fruchteten nicht: Dem König wurden immer wieder nur Töchter geboren – am Ende waren es derer fünf. Erst 1050 kam der ersehnte Filius zur Welt. Man nannte ihn nach dem Vater: Heinrich.

Dieser Heinrich IV. sollte einer der bekanntesten Herrscher des Mittelalters werden. Auch weil er der erste König war, unter dem sich die Gemeinschaft der Deutsch Sprechenden langsam als ein Volk zu verstehen begann. Vor allem aber, weil unter ihm der schon lange schwelende Streit mit den römischen Oberhirten eskalierte.

Dort, im Lateran, regierte seit 1073 der einstige Mönch Hildebrand alias Gregor VII. Ein machtbewusster Mann. Er diktierte im März 1075 sein vollmundiges Regierungsprogramm, den sogenannten Dictatus papae. Kern des Pergaments: Der Papst steht über allem. Unzweideutig ließ er festhalten, „dass ihm erlaubt sei, Kaiser abzusetzen“, und nur er dürfe Bischöfe absetzen und wieder einsetzen.

Das konnte Heinrich nicht gutheißen. Der war schon als Sechsjähriger zum König erhoben worden. Mit sieben entkam er knapp einem

Mordkomplott, mit elf wurde er entführt und fortan fernab der Mutter erzogen. Später kämpfte er gegen aufbegehrende Fürsten, gegen die ewig widerspenstigen Sachsen, ja er musste sogar einmal aus einer Burg heimlich fliehen, Zepter und Reichsapfel im Gepäck, und sich drei Tage lang wie ein Landstreicher durchs Unterholz schlagen. Kurzum: Heinrich hatte wenig Macht, aber mächtige Sorgen.

Sollte er da noch die Demütigung aus Rom hinnehmen? Insbesondere sein Recht der Investitur – der Einsetzung der Bischöfe – wollte Heinrich ohne Dreingerede ausüben. Im 12. Jahrhundert standen die meisten Lese- und Schreibkundigen im Dienst der Kirche. Den Einfluss auf diese Elite, die zudem eine funktionierende Verwaltung aufgebaut hatte, wollte der König nicht aufgeben. Er forderte Gregor auf, den Stuhl Petri zu räumen.

DER PAPST DACHTE ÜBERHAUPT NICHT DARAN und belegte Heinrich mit dem Kirchenbann. Nun drohten die Fürsten, dem König endgültig die Gefolgschaft zu verweigern. Was blieb Heinrich anderes übrig, als sich dem Papst zu unterwerfen? Mit Frau und Kind schleppte er sich im bitterkalten Winter 1076/77 – selbst der Tiber war bis nach Ostern von Eis bedeckt – über die Alpen. „Wenn ihr Fuß auf dem glatten Boden ausglitt", schreibt Chronist Lambert, „fielen sie hin und rutschten ein ganzes Stück vorwärts." Am 25. Januar erreichten sie schließlich die Burg Canossa im nördlichen Apennin. Dort erwartete ihn Gregor. Reumütig harrte der Kaiser drei Tage barfuß und im weißen Büßerkostüm vor der Feste aus, bis ihn der Papst schließlich vom Bann löste. Rom hatte erst mal gewonnen.

Was aber bekam das Volk von dieser Schlüsselepisode deutscher Geschichte mit? Wohl erschreckend wenig. Sechs Millionen Menschen lebten damals auf dem Gebiet des Reiches, noch immer waren 90 Prozent davon einfache Bauern, ohne wirkliche Ahnung von dem Konflikt zwischen ihrem Herrscher und dem Oberhirten im fernen Rom.

Einzig in den Städten begann sich langsam so etwas wie politisches Bewusstsein zu regen. Die von Römern gegründeten Siedlungen waren im Laufe der Jahrhunderte zerfallen, ihre Aquädukte dienten als billige Steinbrüche. Trier etwa, in der Spätantike als „Augusta Treverorum" prunkvoller Kaisersitz mit rund 50 000 Einwohnern – man badete in Thermen, frönte den Spielen –, war im Laufe der Jahrhunderte auf einige Tausend Einwohner geschrumpft. Jetzt aber bauten die Menschen wieder auf dem römischen Erbe auf, gründeten neue Siedlungen wie Freiburg im Breisgau oder Lübeck. Um 1150 gab es im Reich etwa 200 Städte. In den meisten lebten weniger als 2000 Menschen, lediglich Köln hatte mit seinen 20 000 die Anmutung einer Metropole.

Der Alltag zeigte wenig urbanen Chic. Man hauste in Holzhäusern. Die winzigen Fenster wurden mit Tierblasen, gegerbter Haut, Pergament, geöltem Papier oder einfach durch Holzläden verschlossen. Glas, importiert aus Venedig, war teurer Luxus. Neben Truhen, Tischen und Bänken waren Betten die einzigen Möbel – allerdings so kurz, dass die Menschen fast im Sitzen schlafen mussten. Um den knappen Platz auf der Parzelle besser zu nutzen, ragte das Obergeschoss häufig über das Erdgeschoss hinaus und nahm den engen Gassen Licht und Luft.

DORT STANK ES BESTIALISCH. Der Müll wurde einfach auf die Straße gekippt. 1319 musste der Zürcher Rat einem Wundarzt sogar verbieten, seine mit Blut und Eiter getränkten Verbände einfach auf die Gasse zu werfen. Die

ROTES MARKENZEICHEN
Sein Rauschebart trägt Friedrich I. den Beinamen Barbarossa ein.

Er schrieb die schönsten Liebeslieder des Mittelalters. Doch Walther von der Vogelweide beließ es nicht dabei, die Frauen nur mit Worten zu umgarnen.

Meistersinger mit Spesenkonto

Seinen Namen hat der Meistersinger wohl von einem jener Wiesengründe vor den Burgen und Dörfern, auf denen man Raubvögel für die beliebte Falkenjagd und Singvögel für die Wohnstube fing. Walther von der Vogelweide war beides: politisch kämpferischer Falke im Dienste seines jeweiligen Gönners und schalkhafter Singvogel, immer bereit, ein „herzeliebez frouwelîn" mit frivolen Versen zu umgarnen. Und er beließ es nicht bei der entrückten Minne, sondern wagte es auch, bei Nacht und Nebel über die Zugbrücke zu klettern. Er zögerte nicht, seinem Rapunzel die Frisur durcheinanderzubringen und davon freimütig zu singen. Während seine Dichterkollegen entweder ihre Triebe sublimierten und in der „hohen Minne" einer unnahbaren Herrin das Liebeslied sangen oder sich an der Küchenmagd vergriffen und dann von ihren erotischen Abenteuern in der „niederen Minne" prahlten, entwickelte Walther von der Vogelweide die „ebene Minne". So treten in seinen „Mädchenliedern" die Liebenden als Gleichberechtigte auf, die eine erfüllte Leidenschaft erleben. Von der Vogelweide hat einer hoch ritualisierten höfischen Kunstform Leben eingehaucht. Sein Humor und sein Sinn für dadaistische Albernheiten halfen ihm, die Konventionen einer modischen Gesellschaftsliteratur zu überwinden. Aber bevor ein erotisches Gedicht in Schlüpfrigkeit abglitt, stimulierte er lieber die Fantasie seiner Zuhörer mit einem vielsagenden Scherzwort: „Küsste er mich? Wohl tausendmal! Tandaradei!"

Auch wenn Walther von der Vogelweide als einer der ersten freiberuflichen Dichter von Hof zu Hof zog, musste er nicht als armer Poet im zugigen Turmzimmer verhungern. Schon zu Lebzeiten kam ihm der Ruhm zu, der ihm gebührte. Kaiser Friedrich II. schenkte ihm um 1220 ein Lehen bei Würzburg. In einer Reisekostenabrechnung des Passauer Bischofs Wolfger von Erla gibt es eine Kostenstelle, die von einem gut gekleideten Troubadour kündet: „Für Walther den Sänger von der Vogelweide fünf Schilling für einen Pelzmantel." Ansonsten hat der Dichter kaum private Spuren hinterlassen. So bleiben uns nur mehr als 100 Lieder und Sprüche und eine Illustration in der berühmtesten Liedsammlung des Mittelalters, um uns ein Bild von dem Phantom im Pelzmantel zu machen. In seinem bekanntesten Gedicht „Under der linden" heißt es, nur ein Vögelein sei Zeuge der zärtlichen Momente gewesen, die ein Liebespaar im Gras verbrachte. Was der Minnesänger nicht ahnen konnte: Noch heute singt uns dieses „vogellîn" von den Freuden erwiderter Liebe. Tandaradei.

Wege waren ungepflastert und von einer zähen Schlammschicht überzogen. Um überhaupt gehen zu können, bauten die Bewohner Bettersteige, manchmal halfen auch in Schrittlänge aufgestellte breite Steine. Nützlich waren Holztreter, die man unter die Schuhe schnallte, um das Leder nicht der ätzenden Brühe auszusetzen.

Denn auch der Nachttopf wurde einfach aus dem Fenster entleert. Das große Geschäft erledigte man häufig in Verschlägen über stinkenden Kanälen und Flüssen. Wohl nicht ohne Grund nannten die Stuttgarter ihren Nesenbach schlicht „Weltzentrekh“ (Wälz den Dreck). Toilettenpapier war unbekannt. Man griff zu Blättern, Gras, Mooszöpfen oder Stroh. Letzteres war billig, kratzte aber erbärmlich. Daher auch ein Vers über landfahrende Leute, die „verer“, die sich auf ihren Reisen nichts Besseres leisten konnten: „Den ars wischet man auch mit stro/des werden die verer selten fro.“

Dreck, Gestank, Enge – und dennoch waren die Städte die Zentren des Fortschritts. Hier spezialisierten sich die Handwerker (zum Beispiel auf den Verkauf von Fellen, die zuvor von Metzgern verschachert worden waren), hier schlossen sie sich zu Zünften zusammen, hier etablierten sich die ersten Dienstleistungsbetriebe wie Badehäuser oder Pensionen. Und natürlich Bordelle, leicht zu erkennen an Namen wie „Schönefrau“.

DIE FREUDENHÄUSER ZOGEN allerlei zwielichtige Gestalten an, sodass sich zum Beispiel der Rat von Nürnberg genötigt sah, dort jedwede Waffe zu verbieten. „Angesichts der Totschläge, Lähmungen, Verwundungen und des Aufruhrs, die sich ereigneten, hat der ehrbare Rat entschlossen, dass in Zukunft niemand hier in der Stadt irgendeine Waffe, ausgenommen einfache, ungefährliche Brotmesser, bei sich tragen soll. Auch in das Frauenhaus solle keiner solche Waffen und auch kein spitzes Brotmesser mitnehmen.“ Gewaltlosigkeit war keine verbreitete Tugend. Selbst Nonnen wie die Augsburger Dominikanerinnen wurden handgreiflich, als ihnen die Sprechgitter zur Klosterklausur zugemauert werden sollten „und luefen herfür mit stangen und mit pratspießen und stachen zu den maurern und zu den werkleuten“.

DER TODESENGEL SCHLÄGT ZU

Ein Historiengemälde von 1869 schildert die Schrecken der Pest im 14. Jahrhundert. Ein Drittel der Europäer starb.

Nach und nach entzogen sich die Städte der Fürstenherrschaft. Hatten sich anfangs oft Bischof und Graf die Macht geteilt – was dazu führen konnte, dass der bischöfliche Beamte einem Dieb das Beil auf die abzuschlagende Hand setzte, während der städtische Diener mit einem Hammer draufschlug –, gaben sie, vor allem um die Wirtschaft zu fördern, bald Rechte an die Bürger ab. Daraus entwickelte sich gegen Ende des Mittelalters eine begrenzte Eigenregierung. Stadtluft machte tatsächlich frei.

Am Ende des 11. Jahrhunderts, als der trübselige Heinrich von Canossa nach Hause trottete, war man davon aber noch weit entfernt. Die Städte standen am Anfang ihrer Entwicklung. Und ein „Deutschland" war noch immer nicht in Sicht.

Schon Friedrich I. aus dem Hause der Staufer, Kaiser von 1155 bis 1190 und später wegen seines roten Bartes als Barbarossa verklärt, engagierte sich gern weit außerhalb der heutigen Grenzen. Er kämpfte immer wieder gegen die abtrünnigen italienischen Städte und ließ sich noch mit 70 zu einem Kreuzzug ins Heilige Land überreden. Ein verhängnisvoller Fehler: Im anatolischen Hochland mussten sich die Kreuzfahrer aus Wassermangel mit Blut und Urin ihrer Pferde begnügen, und im Juni 1190 schließlich ertrank Barbarossa im armenischen Fluss Saleph.

Sein Enkel Friedrich II. kehrte den deutschen Landen fast vollständig den Rücken. Er herrschte im sonnigen Palermo und ordnete lieber die Verwaltung seines sizilianischen Königreichs als den nordalpinen Fürstenzank. Um eine klare Regelung, wie denn der deutsche Kaiser zu wählen sei, welche Rechte er habe, kümmerte sich keiner, und nach Friedrichs II. Tod entzweiten sich die Herren vollends. Die Fürsten konnten sich auf keinen Nachfolger einigen, wählten Könige und Gegenkönige, und das ohnehin nur lose zusammengehaltene Reich drohte zu zerfallen. Die „kaiserlose, schreckliche Zeit", wie sie Schiller nannte (Historiker bezeichnen sie als „Interregnum"), währte von 1254 bis 1273.

Und es stand immer noch nicht gut ums Einswerden der Nation, als Karl IV. 1346 an die Macht kam. Er selbst haderte erst einmal mit einem bayerischen Konkurrenten, und kaum hatte sich diese causa durch einen Jagdunfall erledigt, verheerte 1348 die Pest das Land. Sie raffte jeden Dritten dahin, in den Gassen stapelten sich die Leichen, ganze Dörfer verwaisten, Überlebende irrten traumatisiert oder sich selbst mit Lederriemen geißelnd durch die Wälder – oder feierten das Überleben. So „hub die Welt wieder an zu leben und lustig zu sein", vermerkt die Chronik von Limburg, „die Kleider waren so enge, dass ein Mann nit darinnen schreiten konnte, und die Frauen trugen weite Ausschnitte, also dass man ihre Brust beinahe halbe sah".

LEICHENTANZ, PEST UND TOD, ein jahrhundertelanger Kampf um die Krone und eine Nation auf der Suche nach ihrem Staat – das also ist die Lage, als Karl für November 1355 zum Reichstag nach Nürnberg lädt.

Der Kaiser bezieht sein Quartier mitten in der Stadt: im Bürgerhaus einer reichen Kaufmannsfamilie in der Schildgasse, nur wenige Schritte entfernt vom einstigen Judenviertel. Sechs Jahre zuvor hatten die Nürnberger mit Karls Billigung mehr als 550 Juden ermordet. Ihre Häuser wurden abgerissen und machten Platz für einen neuen Marktplatz.

Im herrschaftlichen Saal seines Patrizierhauses, zwanzig auf vier Meter groß, diskutiert Karl mit den Großen die Misere des Reiches. Unter

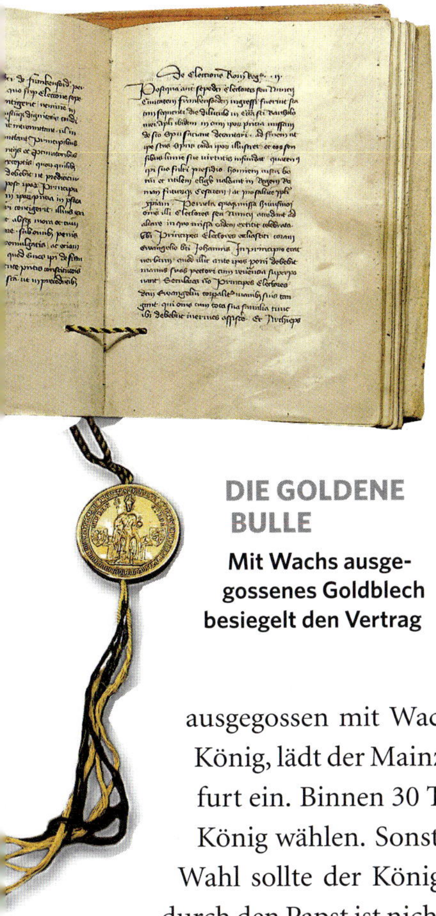

DIE GOLDENE BULLE

Mit Wachs ausgegossenes Goldblech besiegelt den Vertrag

Glockengeläut betet man um Gottes Segen, auf üppigen Festmahlen stärkt man des Leibes Kraft.

Langsam schreiten die Verhandlungen voran. Die Fürsten beraten über Zölle, die Münzpolitik, die Rechte der Städte und schließlich auch über des Kaisers großes Projekt: die Regelung der Wahl. Das neue Jahr kommt, und schließlich, kalter Wind fegt durch die Gassen der Reichsstadt, es ist der 10. Januar Anno Domini 1356, kann Karl in einer Kirche feierlich die Einigung verkünden lassen: Das Reich hat ein Grundgesetz. 31 Kapitel lang, mit einem Siegel aus Goldblech, ausgegossen mit Wachs. Die „Goldene Bulle". Fortan gilt: Stirbt ein König, lädt der Mainzer Erzbischof die sieben Kurfürsten nach Frankfurt ein. Binnen 30 Tagen müssen sie hier mit Mehrheit einen neuen König wählen. Sonst droht Einschluss bei Wasser und Brot. Mit der Wahl sollte der König zugleich als Kaiser gelten. Von einer Salbung durch den Papst ist nicht die Rede. Dennoch pilgern auch Karls Nachfolger weiter nach Rom, um Kaiser zu werden. Erst ab 1530 krönt man den Kandidaten in Frankfurt gleichzeitig zu König und Kaiser.

DIE GOLDENE BULLE REGELT DIE HERRSCHERKÜR bis zum Ende des Heiligen Römischen Reiches 1806. Das zumindest hat Karl geschafft. Doch einem deutschen Nationalstaat ist man nicht näher. Ja, kaum 150 Jahre später, scheint die Einheit sogar ferner denn je, als ein einfacher Augustinermönch aus dem sächsischen Wittenberg genug hat von kirchlichem Ablasshandel und Verschwendungssucht, von all dem Protz und Prunk seiner Heiligen Katholischen Kirche, 95 Thesen niederschreibt, sie ans Portal eines Gotteshauses schlägt und damit nicht nur die Christenheit spaltet, sondern ganz Deutschland.

✶

Das religiös und politisch gespaltene Deutschland

Martin Luther liest auf der Wartburg aus der Bibel vor, die er ins Deutsche übersetzt hat. Alle, von der Magd bis zum Ritter, lauschen ergriffen – so stellt es sich der Historienmaler Hugo Vogel im 19. Jahrhundert vor.

Ein Mönch aus Wittenberg schreibt 95 Thesen zum beklagenswerten Zustand der Kirche und verändert damit sein Land für immer. Die neue Lehre entzweit Deutschland. Der Hass zwischen Protestanten und Katholiken mündet in den größten Religionskrieg der Geschichte.

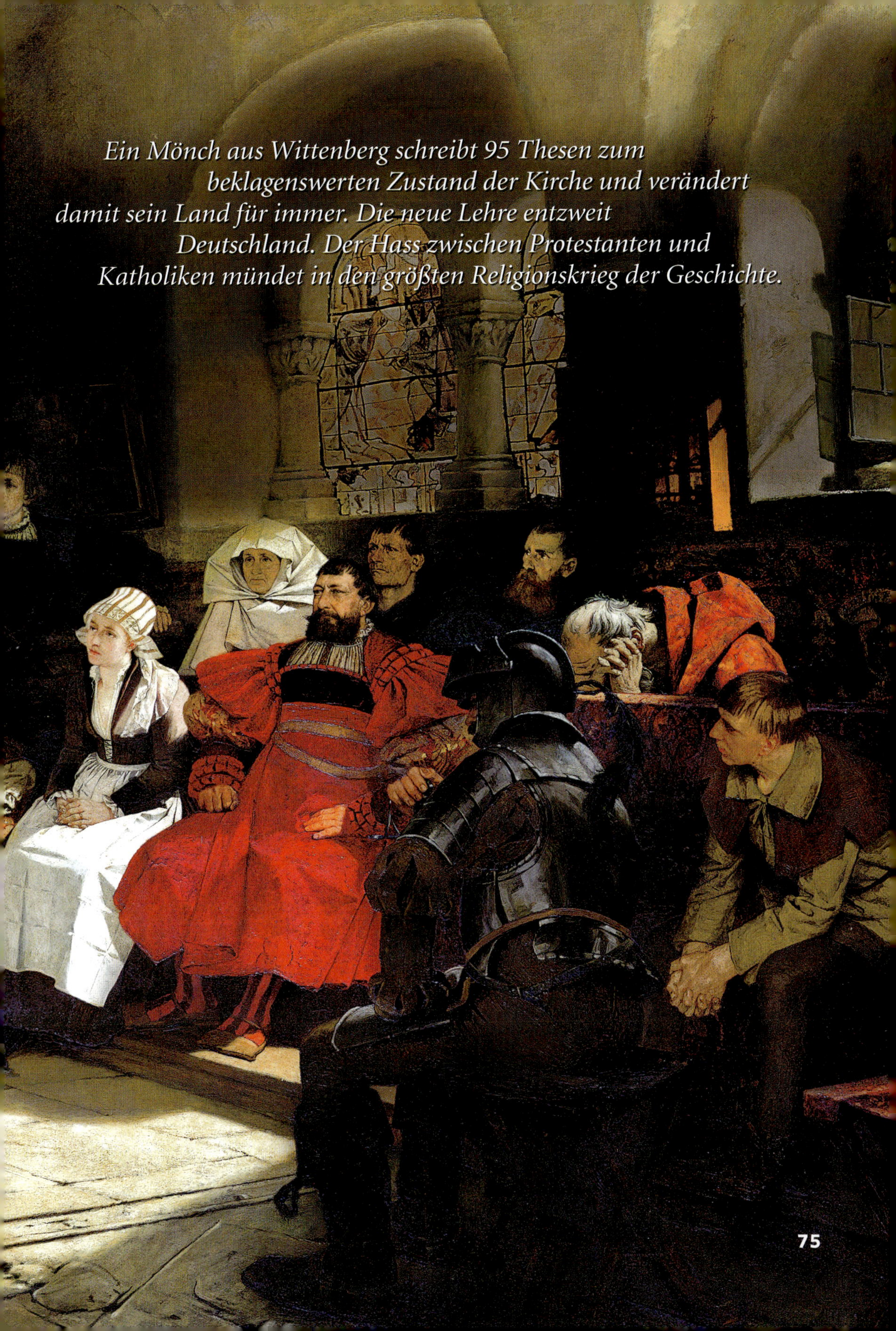

Ein Jahrhundert der Kriege *Vom Aufstand der Bauer*

KAMPF UND TOD IM NAMEN DES HERRN
An den Ästen baumeln die Gehängten, unten an der Leiter lässt sich noch eine arme Seele bekehren. Im Hintergrund sind große Heere aufmarschiert. Der zeitgenössische Maler zeigt in allen Einzelheiten die „Schrecken des Krieges", so der Titel des Bildes.

Was im Reich geschah

1517
Luther veröffentlicht seine 95 Thesen gegen Ablasshandel und für ein neues Verständnis von der „Gerechtigkeit Gottes"

1521
Wormser Edikt: stellt Luther und seine Anhänger unter Reichsacht

1525–1526
Im Bauernkrieg kämpfen Unfreie vor allem in Süddeutschland um mehr Rechte. Die politische und soziale Ordnung soll nach den Vorgaben der Bibel umgestaltet werden. In zahlreichen blutigen Schlachten lassen Fürsten die Aufstände niederschlagen

1529
Die Osmanen unter Führung Suleimans belagern Wien

Was anderswo geschah

1507
Amerigo Vespucci erkennt, dass das von Kolumbus entdeckte Land ein Kontinent ist. Der wird nach ihm „America" benannt

1519
Der Portugiese Fernão de Magalhães (Magellan) bricht zur ersten Weltumsegelung auf

1534
Die Reiche der Azteken und Inkas in Südamerika sind unterworfen. Sklaven aus

525 bis zum dreißigjährigen Krieg ab 1618 – Europa kommt nicht zur Ruhe

1540–1650
Die schlimmsten Jahrzehnte der Hexenverfolgung, die sich seit dem späten 15. Jahrhundert in Europa ausbreitet. Insgesamt fallen ihr im Reich 15 000 bis 20 000 Menschen zum Opfer, überwiegend Frauen

1543
Nikolaus Kopernikus begründet das heliozentrische Weltbild: Die Schrift, mit der er beweist, dass sich die Erde um die Sonne dreht, wird gedruckt

1555
Im Augsburger Religionsfrieden wird der Protestantismus reichsrechtlich anerkannt. Von nun an bestimmen die Landesherren die Konfession ihrer Untertanen

1618
Der Dreißigjährige Krieg entzündet sich am Versuch der böhmischen Stände, ihre Unabhängigkeit gegenüber Kaiser und König zu sichern. Dänemark, Schweden und Frankreich greifen ein

1648
Der Westfälische Frieden beendet den Krieg

Afrika werden in die Gold- und Silberbergwerke und auf die Zuckerrohr- und Tabakplantagen geschafft

1600
Die Engländer gründen erste Handelskompanien – Grundlage für ihr späteres Kolonialreich

1643
In Frankreich wird Ludwig XIV. König

1620 wird zum ersten großen Gemetzel im Kampf der Konfessionen

STRENG ORGANISIERTES HAUEN UND STECHEN

8. November 1620: Bei der Schlacht am Weißen Berg in der Nähe von Prag kämpfen 21 000 Soldaten der böhmischen Stände mit 28 000 Mann der Katholischen Liga. Die Knechte beider Seiten rücken in der sogenannten Spanischen Aufstellung vor, in Karrees mit vier Meter langen Spießen.

Das gespaltene Reich *Dem Papst oder Luther folgen?*

Konfessionen im Heiligen Römischen Reich um 1547
Heiliges Römisches Reich
mehrheitlich katholisch
mehrheitlich lutherisch
mehrheitlich reformiert (zwinglianisch und calvinistisch)
Hussiten
Abkürzungen
Ehzm. Erzherzogtum
Kfsm. Kurfürstentum
Hzm. Herzogtum
Mgft. Markgrafschaft
Lgt. Landgrafschaft
Gft. Grafschaft
10° Öst. L. v. Greenw.
14°
18°
54°
52°
50°
48°
46°
250 km
KÖNIGREICH DÄNEMARK
OSTSEE
NORDSEE
Danzig
Kiel
Stralsund
Rostock
Hzm. Holstein-Gottorp
Lübeck
Hzm. Mecklenburg
Stettin
Hzm. Pommern
Emden
Hamburg
Bremen
Lüneburg
Hzm. Braunschweig-Lüneburg
Celle
Kfsm. Brandenburg
KÖNIGREICH POLEN
Weichsel
Bistum Münster
Bentheim
Hannover
Berlin
Spree
Elbe
Münster
Wittenberg
Maas
Hzm. Brabant
Brügge
Antwerpen
Dortmund
Erfurt
Eisleben
Leipzig
Lützen
Saale
Kfsm. Sachsen
Mgft. Lausitz
Hzm. Schlesien
Oder
Breslau
Gft. Flandern
Brüssel
Kfsm. Köln
Kassel
Eisenach (Wartburg)
Dresden
Frankenhausen
Hzm. Sachsen
Gft. Artois
Gft. Hennegau
Aachen
Rhein
Kfsm. Trier
Frankfurt
Kfsm. Mainz
Prag
Pilsen
KGR. BÖHMEN
Mgft. Mähren
Moldau
Hzm. Luxemburg
Darmstadt
Worms
Kurpfalz
Nürnberg
Reims
Verdun
Metz
Seine
Hagenau
Pforzheim
Hzm. Württemberg
Augsburg
Isar
Hzm. München
Ehzm. Österreich
Wien
KÖNIGREICH FRANKREICH
Rottweil
Bayern
Salzburg
Konstanz
Basel
Zürich
St. Gallen
Dijon
Saône
Bern
Innsbruck
Gft. Tirol
Erzstift Salzburg
Hzm. Steiermark
ÖSTERREICHISCH-UNGARN
Chur
EIDGENOSSENSCHAFT
Bozen
Drau
Hzm. Kärnten
Genf
Rhône
Trient
Hzm. Krain
Hzm. Savoyen
REPUBLIK VENEDIG
Triest
Hzm. Mailand
Mailand
Venedig
Po
ADRIA

Infografik: Axel Kock, Recherche: Klaudia Thal Quelle: Putzger, historischer Weltatlas

Die Glaubensfrage macht aus Nachbarn Feinde

Historische Situation
Luthers Reformation spaltet das Land in Katholiken und Protestanten. Das Recht der Landesfürsten, die Religion ihrer Untertanen zu bestimmen, erhöht das Gewicht der Fürsten gegenüber Kaiser und Reich. In Europa gewinnen Frankreich, Schweden, Dänemark und Spanien an Einfluss; ihre Rivalität und der Streit um den rechten Glauben münden in den Dreißigjährigen Krieg. An dessen Ende steht ein europäisches Staatensystem mit mehreren gleichgestellten Staaten.

Bevölkerung
Um 1500 leben auf dem Gebiet, das dem heutigen Deutschland ungefähr entspricht, rund 15 Menschen pro Quadratkilometer, insgesamt neun Millionen (im Reich: 16 Millionen). 1600 sind es schon 17 Millionen (im Reich: 20 Millionen).

Lebenserwartung
Jedes vierte Kind stirbt während des ersten Lebensjahres, nur jedes zweite erreicht das Erwachsenenalter, kann dann 50 bis 60 Jahre alt werden. In der Krisenzeit zwischen 1555 und 1618 geht die Lebenserwartung deutlich zurück.

Lebensverhältnisse
Missernten, Seuchen, vor allem aber die Verwüstungen der großen Kriege führen zu einem nie gekannten Ausmaß an Armut. Die Kluft zwischen Arm und Reich wächst stetig. Während Adlige und Großgrundbesitzer ein immer luxuriöseres Leben führen, schuften viele ihrer Untertanen als schollengebundene Leibeigene. Sie dürfen den Grund und Boden ihres Herrn nicht verlassen, müssen ihre Kinder als Gesinde zur Verfügung stellen.

Dreißigjähriger Krieg 1618–48

Städte

Mehr als drei Viertel der Bevölkerung leben auf dem Land, doch die Städte wachsen. 21 haben bereits über 10 000 Einwohner (darunter Bremen, Hamburg, Rostock, Regensburg, Ulm). Zu den größten des Reiches zählen Köln, Augsburg und Nürnberg mit bis zu 60 000 Einwohnern.

Regierungssystem

Der frühmoderne Staat mit obrigkeitlich geregeltem Handel, Rechtswesen, Gewerbe, Verkehr, Beamtenwesen, Armenfürsorge und Militär bildet sich heraus. Ende des 15. Jahrhunderts verbietet der Ewige Reichslandfrieden die Fehde, an ihre Stelle treten geordnete Gerichtsverfahren. Der „Gemeine Pfennig" ist erstmals eine allgemeine Reichssteuer; alle Reichsangehörigen über 15 Jahre werden für steuerpflichtig erklärt.

Bauwerke

Statt Burgen lässt sich die Oberschicht nun prächtige, von Parks umgebene Schlösser und Villen bauen mit getäfelten Wänden und bemalten Decken. Auch in den Städten entstehen repräsentative Wohnhäuser mit den typischen, aufwendig ornamentalen Fassaden der Renaissance.

Sprache

Es gibt noch immer zahlreiche Mundarten und Dialekte. Dank des Buchdrucks bildet sich jedoch allmählich eine einheitliche neuhochdeutsche Schriftsprache heraus, vor allem durch die Verbreitung von Luthers Übersetzung des Neuen Testaments.

Kulturelle Meilensteine

Naturwissenschaftliche Entdeckungen revolutionieren das mittelalterliche Bild des Menschen und der Welt. Kopernikus begründet 1543 sein heliozentrisches Weltbild, Johannes Kepler veröffentlicht 1609 seine Berechnungen über die elliptischen Umlaufbahnen der Planeten (siehe Kasten Seite 88). Künstler wie Albrecht Dürer studieren die Perspektive und die naturgetreue Darstellung des menschlichen Körpers. Der Buchdruck führt zu einer Medienrevolution.

Ethnische Besonderheiten

Das Heilige Römische Reich Deutscher Nation ist Anfang des 16. Jahrhunderts noch immer das größte politische Gebilde Europas: Es reicht von der Ost- und Nordsee bis zum Mittelmeer und besteht aus mehreren Hundert einzelnen Territorien. Kaiser Karl V. herrscht zudem über das Königreich Spanien und dessen Kolonien. Doch am Ende des Dreißigjährigen Krieges ist das Reich geschrumpft: Die Schweiz und die Niederlande haben sich ihre Unabhängigkeit erkämpft. Im Osten halten die mittelalterlichen Grenzen. Noch gehören beispielsweise das Königreich Böhmen, das Herzogtum Schlesien oder Hinterpommern ebenso dazu wie das Herzogtum Krain im heutigen Slowenien.

Technische Errungenschaften

Um 1490 revolutioniert ein neues Kommunikationssystem Europa: die Post, bei der feste Stationen den Briefverkehr erstmals auf festen Routen und zu festen Zeiten möglich machen. 1505 entwickelt der Nürnberger Uhrmacher Peter Henlein die Taschenuhr. 1569 erscheint die Weltkarte des Duisburger Geografen Gerhard Mercator, der erstmals die Breiten- und Längengrade des Globus auf eine flache Ebene projiziert und damit die Navigation erheblich erleichtert. Um 1600 entsteht die Kutsche mit geschlossenem Wagenkasten als Luxusgefährt.

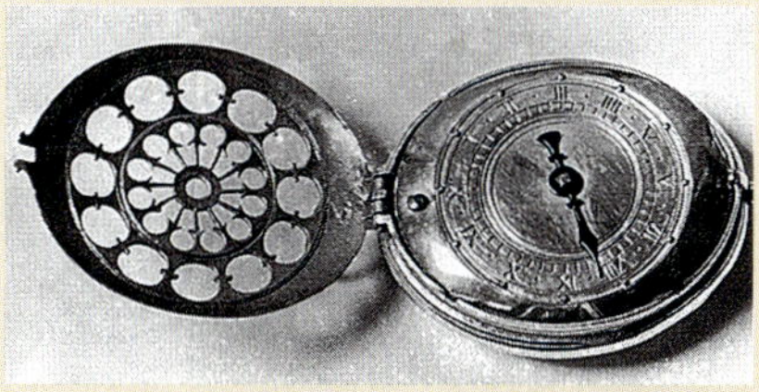

Taschenuhr aus dem 16. Jahrhundert

Waffen

Hauptwaffe des Fußvolkes ist der „Pike“ genannte Langspieß. Neu ist die Kartätschgranate: mit Nägeln, gehacktem Blei und Eisenstückchen gefüllte Kugeln, die am Ziel zerplatzen – Vorläufer des Schrapnells.

Landwirtschaft und Ernährung

Die Nahrungsmittelproduktion kann mit der wachsenden Bevölkerung nicht Schritt halten. Der Fleischkonsum geht stark zurück, auch Getreide ist knapp. Es gibt Sauerkraut, Erbsen und Kohl, meist in Suppen und breiartigen Gerichten, selten Käse und Eier. Die Preise steigen. Die Zahl der Unterernährten und Hungernden wächst. Die Oberschicht protzt mit üppigen Gelagen. Drei Doctores der Universität Köln beispielsweise lassen ihren Gästen 1591 bei einem Fest Unmengen servieren: einen Ochsen, drei Hirsche, 106 Feldhühner, 106 Hennen, 106 Kapaune, 16 junge Hühner, zwei Schwäne, zwei Pfauen, 62 Pfund Salm, 55 Pfund Karpfen, 42 Pfund Stör und 50 Pfund Hecht. Als Besteck kennt man auch in feinen Kreisen nur Messer und Löffel, meist isst man mit den Fingern. Die Gabel taucht erst Ende des 16. Jahrhunderts auf.

Zeugnisse der Epoche

Jesuitenkirche St. Michael in München, erste im Stil der Renaissance erbaute Kirche Deutschlands

Fuggerei in Augsburg, älteste Sozialsiedlung der Welt. Erbaut von Jakob Fugger dem Reichen im 16. Jahrhundert

Hameln und Lemgo, Beispiele für typische Stadtbilder der Zeit

Ratskammer im Rathaus Münster, hier wurde der Westfälische Frieden geschlossen

Wartburg mit Lutherstube und Kunstwerken der Zeit

Museum des Dreißigjährigen Krieges in Wittstock

Der sittenlose Dämon kommt im Triumph. Vor zwei Wochen, Anfang April Anno Domini 1521, hat Martin Luther in Wittenberg einen kleinen Wagen bestiegen, das Zehrgeld seiner Universität in die Kutte gesteckt und sich auf den Weg gemacht, die wichtigste Frage seines Lebens zu beantworten. Auf dem Reichstag zu Worms soll er seine Lehren widerrufen – oder eben nicht. Im offenen Wagen rumpelt er durch Leipzig, durch Naumburg, durch Weimar. Hohe Herren empfangen ihn in geschmückten Häusern, Männer und Frauen stehen an den Straßen, jubeln, drängen ihn zu predigen. Wider die Laster Roms, wider die Prunksucht der Bischöfe, wider die ganze katholische Kirche, die sich mit ihrem Geld Paläste und Kurtisanen erkauft.

BESORGT BERICHTET DER REICHSHEROLD NACH WORMS, dass „überall, wo er durchkomme, alle Welt dem Doktor Luther entgegenströme". Die päpstlichen Gesandten in Worms wollen den „sittenlosen Dämon", wie sie ihn nennen, zumindest ohne Aufsehen in die Stadt hineinbringen – vergebens. Als Luther am 16. April vor den Stadtmauern von Worms erscheint, bläst der Türmer die Trompete, drängen sich die Menschen um seinen Wagen, ein Priester berührt dreimal verzückt sein Gewand, als wäre es eine Reliquie. Acht Reiter bahnen ihm den Weg zu seinem Quartier. Nachmittags lässt er sich seine Tonsur nachscheren. Am nächsten Tag um 16 Uhr hat er sich vor dem Kaiser einzufinden.

LUTHERS NEUES TESTAMENT

Denkmal des Reformators auf dem Marktplatz in Wittenberg mit der Bibel in deutscher Sprache

Schuldgefühle als Kassenfüller

Karl V. ist schon seit ein paar Tagen in der Stadt, um sich endlich der Querelen anzunehmen, die da seit vier Jahren die Stammlande des Heiligen Römischen Reiches verwirren. Ohnehin hat er, der sich meist in Spanien aufhält, mit dem deutschen Reichsteil des Imperiums wenig zu tun. Das Habsburger Weltreich erstreckt sich auch über Iberien, gerade ist man dabei, neue Gebiete in Lateinamerika für sich zu reklamieren, und da hat nun er, der Kaiser des Heiligen Römischen Reiches Deutscher Nation, König von Spanien und Sizilien, Herr über die Neue Welt, sich eines renitenten Mönchleins anzunehmen. Dabei spricht er noch nicht einmal dessen Sprache!

KARL IST ERST 21 JAHRE ALT und hat noch nichts von dem mächtigen Herrscher, in dessen Reich die Sonne nicht mehr untergeht. Er ist schmächtig, mehr Knabe als Kaiser. Wie anders da die Großen des Reiches, die Fürsten und Bischöfe! Trinkfeste Gestalten mit mächtigen Rauschebärten. Auch sie wollen Klarheit über diesen Wittenberger Aufrührer.

Am nächsten Tag wird Martin Luther von Soldaten abgeholt. Er geht aufrecht, „mehr nach hinten als nach vorne sich neigend, das Gesicht gen Himmel aufgehoben", schreiben Beobachter. Aus dem einst hageren Mönch ist ein stattlicher Mann geworden, die Nase mächtig, die Gesichtsfarbe „gesund und lebhaft".

Zwei Stunden lässt man ihn warten, dann rufen ihn die Wachen hinein. 300 Große des Reiches haben sich im Saal versammelt, es ist laut und stickig, und auf der Empore drängen sich Hunderte von Zuschauern. Auf einem Thron sitzt der Kaiser. Vor ihm liegen Luthers Schriften.

Ein Beamter des Erzbischofs von Trier tritt vor. Er stellt die entscheidende Frage: „Martin Luther, die kaiserliche Majestät hat dich aus zwei Gründen hierher beschieden. Zunächst, um zu erfahren, ob du dich zu diesen Büchern bekennst, die unter deinem Namen verbreitet sind. Tust du dies, so sollst du zweitens erklären, ob du ihren Inhalt aufrechterhalten willst, ob du etwas davon widerrufen willst."

Luther antwortet – doch nicht wie der wortgewaltige Prediger, als der er bekannt ist. Er spricht leise, fast zaghaft. Erkennt seine Bücher an,

GESCHÄFT MIT DEM SEELENHEIL

Ablasshändler Tetzel verspricht Gläubigen gegen bare Münze die Rettung vor dem Fegefeuer.

ja, aber dann: Er bitte um Bedenkzeit, „damit ich, ohne das Gotteswort zu verletzen und meine Seele zu gefährden, die rechte Antwort auf die Frage geben möge".

Bedenkzeit? Hat Luther der Mut verlassen nach all den Jahren des Betens und Suchens, des Schreibens und Predigens, des Widerstands gegen die römisch-katholische Geldmacherei?

Zu Ende des 15. Jahrhunderts, als dieser Martin Luther im sächsischen Eisleben in eine aufstrebende Bergarbeiterfamilie geboren wur-

„Eine Natter im Acker des Herrn“

BESESSEN VOM WELTALL
Der Wissenschaftler berechnete die elliptischen Umlaufbahnen der Planeten.

Astronomie

Keplers neues Bild der Sterne

Vielleicht hat die Sehnsucht nach den Sternen Johannes Kepler tatsächlich in jener Herbstnacht 1577 gepackt, als der Fünfjährige zum ersten Mal einen hellen Kometen samt Schweif erblickt. Mit 22 jedenfalls wird er Mathematiklehrer in Graz und kann sich nun seinem Lieblingsthema widmen: den Umlaufbahnen der Planeten. Wenige Jahrzehnte zuvor hat Kopernikus behauptet, die Erde würde sich um die Sonne drehen – und nicht umgekehrt, wie es die Kirche lehrt. Kepler ist von der Theorie begeistert. Doch auf welchen Bahnen sich die Planeten bewegen, bleibt ein Rätsel. Gestützt auf die Berechnungen des dänischen Astronomen Tycho Brache gelingt Kepler im Sommer 1602 der Durchbruch: Die Planeten bewegen sich nicht auf einer kreisförmigen, sondern auf einer elliptischen Bahn um die Sonne. 1609 veröffentlicht er seine „Astronomia nova“. Das Werk wird ein Ladenhüter. Seinen Ruhm erlebt Johannes Kepler nicht mehr. Er stirbt 1630. Erst nachgeborene Wissenschaftler, etwa Newton, bauen auf seinen Gesetzen auf. Als korrekt gelten sie noch immer, selbst Satelliten bewegen sich heute so, wie Kepler es berechnet hat: auf elliptischen Bahnen.

de, stand es schlecht um die Kirche. Rom war verlottert. Keine Bischofsmitra, keine Abtei, die nicht gegen Gold zu haben gewesen wäre.

Schon Sixtus IV., Papst ab 1471, hatte etliche Söhne, vergab für 30 000 Dukaten pro Jahr Lizenzen an Bordelle und verdiente an einer Steuer für Priester, die sich an Mätressen erfreuen wollten. Sein Nachfolger Alexander VI. trank in Unmengen, hatte mindestens zehn Kinder, und wenn ihm eine Geliebte zu welk erschien, nahm er sich ein jüngere; wenn die erst 15 war, kümmerte auch das ihn wenig. Der Papst starb so ruchlos, wie er lebte: aus Versehen vergiftet von seinem eigenen Sohn.

Leo X. schließlich, der spätere Widersacher Luthers, beschied sich zwar bei den Mätressen – wohl, weil er homosexuell war –, trieb aber die anderen Genüsse auf die Spitze. Rom sah Stierkämpfe, Maskenbälle, Gelage mit 65 Gängen, bei denen Nachtigallen aus Kuchen entwichen und nackte Knaben aus Aufläufen.

UM ALL DAS ZU FINANZIEREN, versteigerte der Chef der Christenheit Kirchenämter. Mehr als 2000 waren zu haben. Rund 2,5 Millionen Goldgulden spülten die Geschäfte in die pontifikale Schatulle – zu wenig für des Papstes Protz. Leo beschloss, eine bewährte Finanzquelle stärker zu forcieren: den Ablass.

Seit dem 11. Jahrhundert verkaufte die Kirche Ablässe, eine perfekte Symbiose von Volksfrömmelei und Scholastik. Die theologische Erklärung war spitzfindig: Zwar erlöst die Beichte den Christen von seinen Sünden, übrig bleiben aber die sogenannten Sündenstrafen, die nach dem Tod im Fegefeuer abzusitzen sind. Erst dann öffnen sich die Pforten gen Paradies. Die Sündenstrafen kann der Gläubige durch Nächstenliebe verringern – oder durch einen Obolus an Mutter Kirche.

Jahrhundertelang funktionierte das Geld-oder-Fegefeuer-Spiel reibungslos auf niedrigem Niveau. Zu Beginn des 16. Jahrhunderts aber geriet der Ablass in die Spirale der entstehenden internationalen Finanzwirtschaft und des Größenwahns von Rom. Immer prachtvoller die Kirchen, immer tiefer die Verstrickung von Banken und Beichtstuhl – und immer skrupelloser die Machenschaften von Männern in Kutten, die die Münzen als Ablassverkäufer zu besorgen hatten.

Ein Vorspiel des Schreckens

Allen voran der Dominikanermönch Johann Tetzel. Anno 1517 sammelte Tetzel im Nordosten des Reiches. Offiziell sollte das Geld dazu dienen, den Petersdom weiterzubauen. Tatsächlich floss die Hälfte der Gulden in die Tasche des Erzbischofs von Mainz. Der brauchte das Geld, um den Papst für seine jüngst erworbenen Bischofsstühle zu entlohnen. Und Tetzel war der Mann, ihm dies zu verschaffen. Ein Marktschreier, der den Bauern sogar Erlösung versprach, wenn sie die Sünden noch gar nicht begangen hatten.

Im Herbst 1517 predigte Tetzel nahe einer kleinen Universitätsstadt namens Wittenberg, und bald kamen die windigen Geschäfte auch einem Augustinermönch zu Ohren, der an der Hochschule lehrte: Martin Luther.

WER WAR DIESER 34-JÄHRIGE DOKTOR LUTHER? Wohl ein Getriebener sondergleichen. 1507, nach Abbruch der Juristenkarriere, war er Priester geworden, bald darauf Professor. Luther schrieb nächtelang, fastete und kasteite sich, bis er zusammenbrach. Und fand doch keine Erlösung von den Sünden, derer er sich schuldig glaubte. In langen Nächten reifte in ihm dabei der Gedanke, der Deutschland für immer verändern sollte: Gott ist so allmächtig, dass der Mensch nicht durch Taten sein Seelenheil gewinnt. Allein die Gnade Gottes kann es ihm gewähren. Kein Papst, kein Priester – und schon gar kein Pergament, das Ablass-Schurken teuer verscherbeln!

Seit ein paar Jahren wetterte Luther nun schon vom Katheder gegen Rom, sprach von „Sautheologen“ und der „schrankenlosen Freiheit des Fleisches“, die in Rom herrsche; Luther hatte die Stadt 1510 als Pilger selbst besucht. Als ihm nun das skrupellose Wirken Tetzels zu Ohren kam, schrieb er, immer noch ganz Academicus, 95 lateinische Thesen nieder, die er an Tetzels Klienten schickte, Erzbischof Albrecht von Mainz.

Und er hielt sich nicht zurück. Es „wird der größte Teil des Volkes betrogen“, klagte Luther, „wenn man ihm schlankweg und mit hohen Worten verspricht, es sei die Strafe los“. Überhaupt: „Der Papst besitzt heute ein fürstlicheres Vermögen als der reichste aller Geldfürsten, Crassus. Warum baut er dann nicht wenigstens diese eine Basilika St. Peter mit seinem eigenen Geld?“

Ob er die Thesen auch an die Pforte der Schlosskirche von Wittenberg anschlug, ist umstritten. Zeugen gab es keine. Sicher indes ist: Seine Worte waren eine Kriegserklärung an eine Großmacht, und sie trafen den Nerv der Zeit. Binnen kurzem waren Luthers Worte ins Deutsche übersetzt. Was noch vor wenigen Jahrzehnten kaum über den Wittenberger Gelehrtenkreis hinausgedrungen wäre, fand dank der gerade erfundenen Druckerpresse Verbreitung im ganzen Reich.

Den Ablasspredigern brachen die Einnahmen weg, Tetzels flugs verfasste Antithesen blieben ohne Wirkung, Luther legte nach, schrieb weitere Pamphlete. Und schlimmer noch: Man konnte den Häretiker nicht nach alter Kirchenväter Sitte dem Scheiterhaufen übergeben. Zu bekannt war der Mönch geworden, und irgendwie fanden auch schon manche Fürsten Gefallen an des Doktors neuen Lehren. Schließlich wollte der die Macht der Kirche beschneiden, und wem außer ihnen sollte sie dann zufallen?

EIN JAHR VERGING, ZWEI, DREI, Luthers Lehren entzündeten das Land gleich einem Buschfeuer, Priester übten sich in passivem Widerstand gegen die Anweisungen der Zentrale, und selbst die Androhung des Kirchenbanns Papst Leo X. im Juni 1520 blieb ohne Wirkung. Leo wetterte gegen das

MEHR KNABE ALS KAISER

Karl V. unterschätzt die Kraft der Reformation.

„wilde Schwein, den Fuchs, der Gottes Weinberg verwüstet", die „schädliche Natter, die dem Acker des Herrn schadet". Aber Luther blieb bei seinen Lehren. Er verbrannte den päpstlichen Brief im Dezember 1520 vor den Toren Wittenbergs. Dabei „zitterte und betete" er, wie Chronisten bemerkten, wohl auch, weil er wusste, dass nun das Tuch zwischen ihm und Rom endgültig zerschnitten war.

CHAOS HERRSCHTE ALSO IM REICH, das Volk folgte Luther, der Papst verdammte ihn, die Fürstenschaft war gespalten, der junge Kaiser überfordert, und wo anders sollte die causa gelöst werden, wo anders sollte Luther widerrufen, wenn nicht vor der einzigen Institution, die alle Dynastien, Kriege, Spaltungen irgendwie überdauert hatte: dem Reichstag.

AUSLÖSER DES DREISSIGJÄHRIGEN KRIEGES
Böhmische Protestanten stürzen im Jahr 1618 kaiserliche Beamte aus dem Fenster der Prager Burg.

Es ist der 18. April 1521. Der von Luther erbetene Tag der Bedenkzeit ist verstrichen. Noch einmal wird er in den Bischofspalast geführt. Noch mehr Schaulustige drängen sich zu Kaiser, Fürsten und päpstlichen Gesandten. Der bischöfliche Beamte fragt Luther: „Willst du nun die von dir anerkannten Bücher alle verteidigen, oder willst du etwas widerrufen?"

Und der noch am Tag zuvor so Zaghafte erhebt seine kräftige Stimme, spricht vom Gewissen, davon, dass er sich nur von der Heiligen Schrift widerlegen lasse, und schließlich das entscheidende: „Und solange mein Gewissen durch Gottes Worte gefangen ist, kann und will ich nichts widerrufen, weil es gefährlich ist und die Seligkeit bedroht, etwas gegen das Gewissen zu tun. Gott helfe mir. Amen."

SCHWEIGEN IM SAAL. Plötzlich gibt Karl das Zeichen, Luther hinauszuführen, Murren und Tumult unter den Edelmännern. Soll Luther abgeführt werden? Aber der Wittenberger hat den Kaiser verstanden: Das Geleit geht zum Gasthof, nicht ins Gefängnis. Luther ist standhaft geblieben! Vor Kaiser und Fürsten! Er wird hinausgeschoben, den Arm nach oben gereckt, die Finger zum Triumphzeichen gespreizt. Dann schreit er: „Ich bin hindurch, ich bin hindurch!"

Luther hat es geschafft – der Kaiser steht zu seiner Zusage des freien Geleits –, doch auf Deutschland kommen die schwersten Prüfungen noch zu. „Konfessionelles Zeitalter" nennen Historiker das Jahrhundert, das auf Luther folgt. Es ist ein harmloses Wort für über 100 Jahre Leiden und Morden um des rechten Glaubens willen.

Der Wittenberger fährt zurück nach Sachsen und widmet sich versteckt in der zugigen Wartburg der Übersetzung der Heiligen Schrift. Verkleidet als Junker Jörg, übersetzt er die Bibel aus dem Griechischen ins Deutsche und wird damit zum Vater der einheitlichen deutschen Schriftsprache. Bislang sprachen die Gelehrten Latein, das Volk Dialekt – oft so unterschiedlich, dass der Allgäuer den Friesen kaum verstehen konnte. Nun gibt es so etwas wie einen kleinsten gemeinsamen Nenner.

Das Neue Testament wird ein Bestseller. Die ersten 3000 Exemplare sind sofort nach Erscheinen im September 1522 vergriffen, bis zu seinem

Sie sind die größte Geldmacht des 16. Jahrhunderts. Die Fugger handeln mit Gold, Silber und Kupfer und bestimmen darüber, wer die Macht hat im Reich.

BANKIER DES KAISERS
Jakob Fugger half der Krone mit Krediten aus der Klemme.

Der Mann, der den Kaiser kaufte

Der Tag der Entscheidung ist ein Dienstag. Die Kurfürsten des Heiligen Römischen Reichs haben sich im Dom zu Frankfurt versammelt. In der Wahlkapelle beraten sie, wer künftig die Kaiserkrone tragen soll. Zur Wahl stehen am 28. Juni 1519 Franz, König von Frankreich, und der spanische König Karl aus der Dynastie der Habsburger. Zwar unterstützen einige deutsche Fürsten und der Papst den französischen König. Hinter Karl aber steht der reichste Mann des Reichs: der Augsburger Unternehmer Jakob Fugger. 851 918 Gulden hat Fugger für die Wahl seines Favoriten aufgebracht, den Großteil als Bestechungsgeld. Das erleichtert den Kurfürsten die Entscheidung. Die Glocken läuten, die Orgel stimmt das „Te Deum" an, Karl ist Kaiser. Jakob Fugger ist auf dem Höhepunkt seines Erfolges angekommen, er

hat den Kaiser gekauft: „Wenn ich allein nicht gewesen wäre mit Darstrecken meines Geldes, Trauen und Glauben, es möchte vielleicht anders gehandelt worden sein."
Nur zwei Generationen hat es gedauert, bis aus dem Augsburger Webergeschäft Fugger ein Weltkonzern geworden ist. 1473 hatten die Fugger Geschäftsbeziehungen mit der Kaiserfamilie der Habsburger eingefädelt, die ständig pleite ist. Die Fugger gewähren den Habsburgern Kredite und lassen sich als Sicherheit Bergwerke, Handelsprivilegien oder Land überschreiben. Geradezu abhängig ist die Kaiserfamilie vom Augsburger Geld, bald leihen auch andere Fürsten und sogar der Papst bei den Fuggern. Die brechen schnell alle Rekorde: Sie sind einer der größten Grundbesitzer im Reich, die bedeutendsten Bankiers der Welt, das größte Handelshaus, sind Waffenproduzenten, Münzverwalter. Sämtliche Silbergruben des Alpenraumes unterstehen den Fuggern, und sie haben faktisch das Kupfermonopol in Europa. Ein Netz von Niederlassungen überzieht den Kontinent: in Lissabon, Hamburg, Kiew, Saragossa, Antwerpen, Helsingör, Danzig, Wien und mehr als 50 weiteren Orten.
Der Konzern ist eine politische Großmacht. An seinen Krediten hängt die Karriere vieler Fürsten. Auch die von Albrecht von Brandenburg, der 1515 Erzbischof von Mainz werden will, aber schon zwei Bischofstitel hat. Die päpstliche Genehmigung für die Ämterhäufung kostet Geld, die Fugger leihen 29 000 Gulden. Für die Rückzahlung aber sorgen die Gläubigen: Der Papst schreibt einen Ablassbrief aus, Prediger wie Johann Tetzel ziehen durchs Land, verkaufen mit Heilsversprechen und Drohungen das Dokument, das die Sünden erlassen soll, doch dabei die Kassen der Fugger füllt. Das ist der Funke, der Martin Luthers Wut auf das korrupte Kirchensystem explodieren lässt.
Jakob Fuggers Wahlhilfe für Karl V. zahlt sich nicht lange aus: Die Reformation schwächt die Habsburger. Die Augsburger bleiben auf ihren Schulden sitzen, die Verluste gehen in die Millionen. Mit den Religionskämpfen in Europa ist auch die Zeit der Fugger vorbei. Das Unternehmen gilt seit 1657 als erloschen.

Tod werden 200 000 Bibeln verkauft. Zum ersten Mal können die Deutschen, sofern des Lesens mächtig, selbst Gottes Wort studieren und sind nicht auf Priester und Bischöfe angewiesen. Und siehe da: kein Wort von Ablässen, keines von Frondiensten!

Luthers Thesen finden vor allem bei jenen Nährboden, die ohnehin nichts zu verlieren haben – den Bauern. Noch immer arbeiten rund 80 Prozent der etwa 16 Millionen Menschen des Heiligen Römischen Reiches auf den Äckern und Weiden, arm und oft als Leibeigene nicht einmal im Besitz der persönlichen Freiheit. Der neueste Export aus der Neuen Welt, die „indianische Zuckerwurz“ oder schlicht: Kartoffel, setzt sich erst zwei Jahrhunderte später durch und mildert die schlimmsten Nöte. Noch aber ist der Hunger Alltag.

Schon früher hatten sich Bauern gegen ihre Herren erhoben. Doch im Frühjahr 1525, angesichts dramatisch verfallender Preise für Getreide und Vieh, eskaliert die Lage: Ein Bauernkrieg bricht aus. Zunächst in Schwaben und am Oberrhein, später im gesamten Süden des heutigen Deutschland stürmen Bauern mit Dreschflegeln die Burgen des Adels. „Seit dem Anfang der Christenheit ist uff ein Jahr nie sovil Christenblut vergoßen worden“, entsetzt sich ein Pfarrer aus dem Zürcher Oberland und übertreibt nicht: Die ein Jahr währenden Aufstände sind ein gewaltiges Blutbad.

DA MORDEN BAUERN REICHE ADELIGE, gleich „Lucifer mit allen seinen Engeln“, wie ein Überlebender berichtet. Da rächen sich die Herren, so wie der Herzog von Lothringen, der im Mai 1525 in Straßburg und Umgebung 18 000 Aufständische niedermachen lässt.

Die Führer der Bauern, allen voran der Thüringer Lutherverehrer Thomas Müntzer, radikalisieren die Thesen des Wittenbergers. Spricht der nicht von der „Freiheit des Christenmenschen“? Also fordern sie etwa die Reduzierung der Abgaben. Doch gegen gepanzerte Reiterheere sind das hehre Worte. Am 15. Mai 1525 kommt es im thüringischen Frankenhausen zur Entscheidungsschlacht. Von den 7000 Bauern, die die Stadt verteidigen, sterben 5000. Die Fürsten zählen gerade einmal sechs Tote.

Thomas Müntzer wird enthauptet. Die „Revolution des Gemeinen Mannes“ ist gescheitert. 75 000 Bauern haben sie nicht überlebt.

Und doch ist der Bauernkrieg nur ein Vorspiel des Schreckens. Deutschland teilt sich in den folgenden Jahren immer mehr entlang der Konfessionen. Luthers Lehre gewinnt Anhänger unter den Fürsten, schon 1526 etwa macht Landgraf Philipp Hessen evangelisch, und auch außerhalb der Reichsgrenzen entstehen lutherische Gemeinden. Bald ist Mittel- und Nordeuropa zum größten Teil evangelisch oder, wie es nach einem Fürstenprotest gegen einen Reichstagsbescheid heißt: „protestantisch“.

Kaiser Karl V. steht zu Rom, schon, um sich nicht politisch zu isolieren. Gemeinsam mit den altgläubigen deutschen Fürsten versucht er, Luthers Lehren zurückzudrängen. Bald liefern sich Heere die ersten Scharmützel. Das Reich ist tief gespalten.

SOGAR AUFS DATUM KÖNNEN SICH PROTESTANTEN und Katholiken bald nicht mehr einigen. Papst Gregor XIII. ersetzt 1582 den Julianischen Kalender durch den „Gregorianischen“. Da sich aber nach neuer Zählung im Lauf der Jahrhunderte zehn Tage zu viel angesammelt haben, soll vom 4. Oktober 1582 direkt auf den 15. Oktober gesprungen werden. Dieses Diktat aus Rom wollen die Protestanten nicht hinnehmen, und so leben die Konfessionen bis 1700 mit zehn Tagen Unterschied nebeneinander her.

Luther stirbt 1546, als sechsfacher Vater, verheiratet mit der ehemaligen Nonne Katharina von Bora. Auf einen Zettel hat er seine letzten Worte geschrieben: „Wir sind Bettler. Das ist wahr.“

SÖLDNER DES KAISERS

Feldherr Albrecht von Wallenstein kämpft im Dreißigjährigen Krieg für Ferdinand II. auf Seiten der katholischen Liga.

Zehn Millionen sterben, keiner siegt

Auch nach dem Tod des Reformators bleibt die Lage gespannt. Noch einmal können Katholiken und Protestanten den großen Krieg abwenden. Auf dem Reichstag in Augsburg 1555 zementieren sie die Spaltung des Reiches. Fortan entscheidet der Landesherr, wie die Untertanen zu glauben haben – denn es gilt: „Cuius regio, eius religio" (wessen Land, dessen Religion).

ABER DER FRÜHNEUZEITLICHE GRUNDLAGENVERTRAG ist ein Friede auf Abruf. Zu sehr sind sich die Konfessionen fremd geworden, zu sehr hat sich auch die ökonomische Lage verschlechtert. Nachdem das milde Klima in der ersten Hälfte des 16. Jahrhunderts gute Ernten bescherte – der Winter 1540/41 etwa sei so mild gewesen, berichten Chronisten, dass Schaffhausener Burschen noch im Januar im Rhein gebadet hätten –, sinken die Temperaturen ab 1560 in Mitteleuropa beständig, wohl aufgrund des Verschwindens von Sonnenflecken. Die „Kleine Eiszeit" beginnt.

Die Gletscher rücken vor, Sturmfluten mehren sich, Seen und Flüsse frieren länger zu. Der Bodensee ist in den Wintern der zweiten Hälfte des 16. Jahrhunderts mehrmals komplett mit Eis bedeckt, 1572/73 ganze zwei Monate lang, und Fuhrleute fahren darauf von Bregenz nach Konstanz. Im Durchschnitt sind die Temperaturen etwa 150 Jahre lang zwei Grad niedriger als heute. Die Wachstumsperiode verkürzt sich, und die Erträge der Bauern sinken. Gleichzeitig wächst die Bevölkerung. Hunger gehört zum Alltag. Diese Krise bereitet dem Dreißigjährigen Krieg das Terrain.

DER ANLASS FÜR DEN KONFLIKT ist jedoch ein konfessioneller. Böhmen, Mai 1618. Der Kaiser will das protestantische Land für die Katholiken gewinnen. Dafür soll auch ein katholischer König sorgen. Die böhmischen Adeligen protestieren gegen den aufgezwungenen Herrscher, schließlich dringen sie in den Hradschin vor und werfen zwei kaiserliche Beamte aus dem Fenster. Die fallen 15 Meter tief in einen Misthaufen und schleppen sich mit leichten Verletzungen davon. Doch nach dem

ENDE EINES LANGEN KRIEGES

Gesandte von 194 Regenten handeln in Münster und Osnabrück mehr als drei Jahre lang den Westfälischen Frieden von 1648 aus.

„Prager Fenstersturz" ist zwischen Katholiken und Protestanten keine Einigkeit mehr möglich. Der Krieg um den rechten Glauben ist entbrannt.

Die Hauptrolle übernimmt zunächst ein Emporkömmling aus Böhmen: Albrecht von Wallenstein. Der General bietet dem Kaiser an, mit Söldnern gegen die Falschgläubigen loszuziehen. Maximilian willigt ein, und binnen weniger Monate hat Wallenstein eine Armee von 24 000 Soldaten aufgestellt. Er erweist sich als formidabler Schlachtenlenker: Bis 1630 schafft es Wallenstein, fast das gesamte Reich für die Katholiken zu gewinnen – und für sich selbst ein ansehnliches Herzogtum namens Friedland in der Nähe von Prag.

Dann aber, am 6. Juli 1630, betritt König Gustav Adolf II. von Schweden zusammen mit 10 000 Soldaten und 3000 Reitern auf der Insel Usedom die deutsche Bühne. Er ist die Hoffnung der Protestanten – und drängt die Katholiken zurück, zieht sogar im Mai 1632 ins urkatholische München ein.

Im Umgang mit Soldaten und Zivilisten geben sich Wallenstein und Gustav Adolf dabei wenig. Eine Einberufung auf schwedischer Seite ist kaum besser als ein Todesurteil. Aus dem nordschwedischen Dorf Bygdea etwa kämpfen 230 Männer in Gustav Adolfs Heer, 215 fallen und fünf kehren als Krüppel zurück. Eine Verlustrate von zehn Prozent im Monat ist nicht ungewöhnlich. Auch nicht, dass Schweden auf deutschem Boden an der Seite deutscher Fürsten marschieren. Der Religionskrieg ist ein internationales Söldnergefecht. In einem bayerischen Regiment etwa kämpfen von 1600 Mann nur rund 500 Deutsche, den Rest stellen Italiener, Griechen, Franzosen, Spanier, ja selbst 14 Türken dienen dem katholischen Kreuz.

SCHWERFÄLLIGE ARMEEN von mehreren zehntausend Mann ziehen durchs Land, gefolgt von einem riesigen Tross aus Frauen, Kindern, Mätressen, Mägden und Knechten. Und alle wollen essen und trinken – für einen Soldaten kalkuliert man pro Tag ein Kilo Brot, ein Pfund Fleisch und drei Liter Bier.

So sind es am Ende wieder die Bauern, die darben. Der Krieg muss sich selbst ernähren, und die Armeen hinterlassen Verwüstung. Wer nicht den plündernden Soldaten erliegt, stirbt an Hunger: Kaum ein Acker, kaum ein Speicher übersteht den Durchzug einer Armee. Eine englische Delegation berichtet von einem Dorf, das binnen zwei Jahren wohl achtzehnmal geplündert worden war. Der Tod herrscht im Land, nicht anders als zu Zeiten der Pest. „Wir Leut leben wie die Tier, essen Rinden und Gras", berichten Annalen von der Schwäbischen Alb. In den am schlimmsten betroffenen Gebieten, in Hessen etwa, überlebt mehr als die Hälfte der Menschen das Wüten nicht.

Am 16. November 1632 schließlich treffen in Lützen bei Leipzig die beiden Hauptdarsteller aufeinander. Auf der einen Seite: Gustav Adolf mit 19 000 Mann. Auf der anderen: Wallenstein mit etwa 16 000. Der kaiserliche Feldherr hat sich für die Entscheidungsschlacht sogar wieder auf sein Pferd gequält – ansonsten lässt sich der Gichtkranke gern in einer Sänfte tragen.

Die Schlachtordnungen sind mehrere Kilometer breit, nach neuester taktischer Mode in kleine Gruppen unterteilt. Um acht Uhr morgens lichtet sich der Nebel. Man betet. Dann beginnt die Schlacht. Mit ihren vier Meter langen Piken rennen die Fußknechte aufeinander zu, dann schießen die Musketiere, galoppieren die Reiter, hinten donnern Geschütze, immer wieder legt sich Nebel übers ohnehin rauchgeschwängerte Feld, und als schließlich die Dunkelheit hereinbricht, hat keine Seite einen klaren Sieg errungen – 9000 aber haben das Schießen, Schlagen und Stechen nicht überlebt. Einer von ihnen ist Gustav Adolf.

DER TOD DES PROTESTANTISCHEN FELDHERRN beendet das Morden nicht. Noch 16 weitere Jahre lang werden sich die Konfessionen bekriegen, werden Deutsche gegen Deutsche kämpfen, werden die europäischen Mächte versuchen, daraus Gewinn zu schlagen, werden Feldherren auftreten und wieder gehen, werden traumatisierte Menschen im Reich umherirren, werden sie hungern, leiden, sterben. Bis schließlich, es ist der 24. Oktober 1648, nach langen Verhandlungen in Münster und Osnabrück die 176 Gesandten von 194 Regenten ihre wächsernen Siegel unter den Frieden setzen, man nennt ihn den Westfälischen, und den deutschen Glaubenskrieg in seinem dreißigsten Jahr beenden.

Er hat über zehn Millionen Menschen das Leben gekostet.

*

Unterm strahlenden Kronleuchter in Schloss Sanssouci greift Friedrich der Große, begleitet vom Kammerorchester, selbst zur Querflöte. Der König verstand sich als Förderer der Künste. Ein Gemälde von Adolph von Menzel aus dem Jahre 1852.

Preußens Aufstieg und die Kulturnation Deutschland

Die neue Großmacht, protestantisch-nüchtern, fordert die katholisch-barocken Habsburger heraus. Preußen contra Österreich heißt es für die nächsten 100 Jahre. Das übrige Reich teilen sich Hunderte prunksüchtige Provinzfürsten. Über den politischen Stillstand trösten sich die Deutschen mit ihren Dichtern und Denkern hinweg.

Die großen Widersacher *Friedrich II. unterschätzt*

NACH SIEBEN JAHREN KRIEG GEHT SCHLESIEN AN PREUSSEN
Ein Historiengemälde von 1904 zeigt Friedrich II. als Bannerträger, der 1758 bei Zorndorf in den Kampf zieht. Der Preußenkönig kann verhindern, dass sich Österreichs Heere mit russischen Truppen verbinden.

Was im Reich geschah

1674
Frankreich erhebt Ansprüche auf Lothringen und das Elsass, 1688 auch auf die Pfalz. Es kommt wiederholt zu Kriegen, bis das Reich 1736 erst Lothringen, 1801 dann weitere linksrheinische Gebiete abtritt

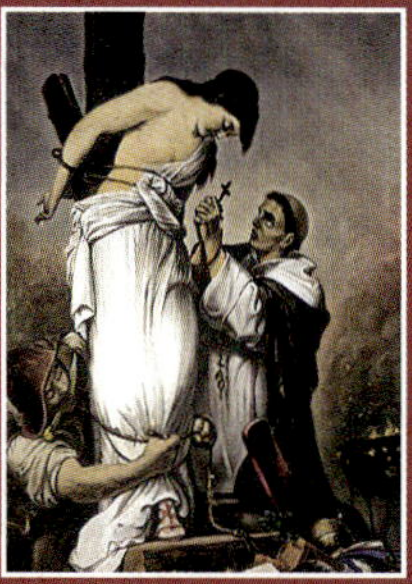

1714
Brandenburg-Preußen schafft das Delikt der Hexerei ab, 1740/55 Preußen die Folter

1740
Die Habsburgerin Maria Theresia tritt die Herrschaft in Österreich an, Friedrich II. (der Große) in Preußen. Die rivalisierenden Mächte bekriegen sich fortan in wechselnden Koalitionen

1772
Österreich, Preußen und Russland teilen Polen unter sich auf. Bis 1795 folgen zwei weitere Teilungen

Was anderswo geschah

1682
Ludwig der XIV. bezieht das Schloss von Versailles, ein Symbol des Absolutismus

1687
Isaac Newton veröffentlicht seine Studie zum Gravitationsgesetz

1689
„Bill of Rights“ – England wird zur ersten parlamentarischen Monarchie

die junge österreichische Herrscherin Maria Theresia

MIT 23 JAHREN KOMMT SIE AUF DEN THRON

Österreichs Herrscherin regiert 40 Jahre, sie sieht sich als „erste Mutter" ihres Landes und bringt selbst 16 Kinder zur Welt.

1779/1781
Zwei wichtige Werke der Aufklärung erscheinen: Gotthold Ephraim Lessings Drama „Nathan der Weise" und Immanuel Kants „Kritik der reinen Vernunft"

1783
Aufhebung der Leibeigenschaft in Baden

1794
In Preußen tritt das „Allgemeine Landrecht" in Kraft, das Rechtsstaat und Staatsbürgergesellschaft schaffen soll, jedoch die Gesellschaftsordnung nicht antastet

1799
Alexander von Humboldt startet zu seiner Expedition nach Süd- und Mittelamerika

1806
16 süd- und westdeutsche Fürsten treten aus dem Reich aus, gründen unter Protektorat Napoleons den Rheinbund. Damit ist das Ende des „Heiligen Römischen Reiches Deutscher Nation" nach 900 Jahren besiegelt

1765
James Watt erfindet die Dampfmaschine

1776
Die amerikanischen Kolonien sagen sich von England los, ihre Unabhängigkeitserklärung postuliert Selbstbestimmung und Menschenrechte

1789
Sturm auf die Bastille. Die Französische Revolution beginnt. Zehn Jahre später kommt Napoleon an die Macht

Inszenierung der Macht *Höfische Festkultur im*

August der Starke inszeniert im Zwinger Umzüge, Maskeraden, Theater- und Turnierspiele mit dem gesamten Hofstaat. Insgesamt 60 Tage im Jahr feiert er

AUGUST DER STARKE

Kurfürst von Sachsen und König von Polen (1670-1733)

POLITZIRKUS

Einfache Bürger erleben den Umzug nur in den Gassen Dresdens. In den Zwinger sind neben dem Hochadel auch Mitglieder des Landtags geladen, auf dass sie den immer neuen Steuerwünschen des Königs gewogen sind.

PULCINELLO

Graf Vitzthum von Eckstädt

ARLECCHINO

Herzog von Weißenfels

SCARAMUZZO

August der Starke und als seine Partnerin Königin Sophie Magdalena

CAPITANO

Fürst Lubomirski

DOTTORE

Herzog von Württemberg

18. Jahrhundert am Beispiel Dresdens

solche Feste. Sie sollen das Volk bei Laune halten und seinen absoluten Machtanspruch demonstrieren. Seine Hofhaltung belastet die Staatskasse mit 25 000 Talern im Jahr.

DIE „RÖMISCHE SCHAUBURG"

So nennt der Architekt Matthäus Daniel Pöppelmann den Zwinger. Er hat ihn zwischen 1709 und 1728 zunächst als Orangerie, dann als Turnierplatz in römischem Barock errichtet.

DAS FEST UND DIE TEILNEHMER

Ein Höhepunkt des Jahres 1722 ist der Karnevalsumzug mit Reiterspielen am 17. Februar. Die adligen Gäste treten in Masken der „Commedia dell' arte" auf. Die Kavaliere reiten voraus, ihre Damen folgen in blumengeschmückten Kutschen. August erscheint als Scaramuzzo, sein Sohn als Pantalone. Nach dem Umzug folgt ein Staffellauf mit Geschicklichkeitsprüfungen. Sieger aller Disziplinen ist gewöhnlich der König – in diesem Fall ausnahmsweise sein Sohn. Während der Darbietungen agieren im inneren Karree des Zwingers Schauspieler aus ganz Europa.

PANTALONE

Friedrich August, Sohn des Königs

BRIGHELLO

Graf von Manteuffel

Infografik: Igor Kuprin (HAW), Recherche/Text: Klaudia Thal

Öde Politik – Prächtige Bauten *Barock-Fürsten*

infografik Axel Kock, Recherche Klaudia Thal Quelle: Putzger Historischer Weltatlas

Historische Situation

Die universelle Ordnung der abendländischen Christenheit mit Papst und Kaiser an der Spitze ist nach den Religionskriegen zerbrochen. Die Aufklärung entwickelt ein neues Welt- und Menschenbild, stellt den absoluten Herrschaftsanspruch der Monarchen infrage und schafft so die Grundlagen für den englischen Parlamentarismus, die amerikanische Unabhängigkeit und die Französische Revolution.
In ihrem Überlebenskampf halten die alten Kräfte umso verbissener an ihrer Macht fest. Um die eigenen Territorien auszudehnen, ist den europäischen Dynastien jedes Mittel recht: Da wird geerbt und getauscht, verraten und verkauft, geheiratet und erobert.

Bevölkerung

Es dauert drei Generationen, bis die Verluste des Dreißigjährigen Krieges einigermaßen ausgeglichen sind. Erst um 1750 erreicht die Bevölkerungszahl auf dem Gebiet des heutigen Deutschlands den Vorkriegsstand von etwa 16 Millionen (30 Menschen pro Quadratkilometer) und steigt bis Ende des 18. Jahrhunderts auf 23 Millionen.

Lebenserwartung

Die Kindersterblichkeit ist immer noch immens: Jedes dritte Kind stirbt im ersten, jedes siebte in den folgenden drei Lebensjahren. Bis zum 20. Geburtstag ist ein Jahrgang durch Hunger, Krankheiten, Kriege und Seuchen um die Hälfte dezimiert. Wer bis dahin überlebt hat, wird etwa so alt wie die Menschen heute.

Lebensverhältnisse

Der Glanz der höfischen Kultur, die kirchlichen und profanen Prachtwerke des Barock werden mit Armut erkauft: Ende des 18. Jahrhunderts haben etwa zwei Drittel der Landbevölkerung nicht genug zu essen. Weder auf dem Land noch in der Stadt gibt es genug Arbeit. Selbst jene, die in einer Manufaktur bis zu 17 Stunden täglich schuften, können davon ihre Familien kaum ernähren.

Barockschloss Ludwigsburg

Stadt nach Plan: Karlsruhe 1740

Städte

Es entstehen Residenzstädte, die Fürsten um ihre Schlösser herum anlegen, oft am Reißbrett geplant, wie Ludwigsburg oder Karlsruhe; Festungs- und Garnisonsstädte wie Potsdam oder Stade; schließlich Städte, die aus ländlichen Gewerbezentren erwachsen wie Solingen. Die größten Städte sind Ende des 18. Jahrhunderts Wien (247 000 Einwohner), Berlin (knapp 180 000) und Hamburg (knapp 130 000). Köln, im 15. Jahrhundert noch größte deutsche Stadt, hat immer noch seine 42 000 Einwohner.

Regierungsform

Das Heilige Römische Reich Deutscher Nation besteht nach dem Dreißigjährigen Krieg aus 300 Einzelstaaten und 1500 Ritterständen. Die Fürsten regieren absolutistisch: Sie drängen die Mitbestimmung der Landtage zurück und sichern ihre Herrschaft nach innen und außen mit stehendem Heer und durchorganisierter Verwaltung.

Bauwerke

Die Prunksucht des Adels prägt die Architektur der Zeit. Beeindruckende Bauten des Barock und Rokoko entstehen, mit reich verzierten Räumen wie Schloss Weißenstein bei Pommersfelden mit seinem berühmten Treppenhaus, die Würzburger Residenz oder die Amalienburg in München. Aber auch Kirchen wie Vierzehnheiligen in Oberfranken.

Kulturelle Meilensteine

Die Fürsten beschäftigen Luxushandwerker und Architekten, holen Künstler, Komponisten und Musiker (Mozart, Händel, Bach) an ihre Höfe, die zur Bühne glänzender Machtentfaltung werden. Die Oper als neue Kunstgattung setzt sich durch, öffentliche Konzerthäuser, Theater, Leihbibliotheken und Kunsthandlungen entstehen.

„Sapere aude", formuliert Immanuel Kant den Kern der Aufklärungsbewegung: „Habe Mut, dich deines eigenen Verstandes zu bedienen." Anstelle der Religion als höchster Wahrheit tritt nun langsam die Wissenschaft. Der Mensch zählt als Persönlichkeit, Bildung ermöglicht sozialen Aufstieg.

Minderheitenpolitik

Die absolutistischen Fürsten betreiben Einwanderungspolitik, um die Wirtschaftskraft ihrer Länder zu erhöhen. So nimmt Brandenburg 20 000 aus Frankreich vertriebene Hugenotten auf. Juden (110 000 im 17. und 250 000 im 18. Jahrhundert) sind die größte Minderheit; einige Fürsten siedeln sie gezielt an.

Technische Errungenschaften

Um 1650 erfindet Otto von Guericke die Luftpumpe (siehe Kasten Seite 116) und entdeckt die Elektrolumineszenz. 1672 konstruiert Gottfried Wilhelm Leibniz eine mechanische Rechenmaschine. Johann Friedrich Böttger veröffentlicht die Formel zur Herstellung des europäischen Porzellans, in Meißen wird 1710 die erste europäische Porzellanmanufaktur gegründet. 1799 bricht Alexander von Humboldt zu seiner Forschungsreise nach Südamerika auf. Forscher entschlüsseln viele Gesetzmäßigkeiten der Natur, ihre Wahrheit steht nun gleichberechtigt neben der religiösen. In der Metallgewinnung wird Eisenerz mit Steinkohlekoks verhüttet, die Gebläse von Hochöfen werden mit Dampf angetrieben. Ab 1766 isolieren Wissenschaftler die ersten Elemente und chemischen Verbindungen: Wasserstoff, Kohlendioxid, Sauerstoff.

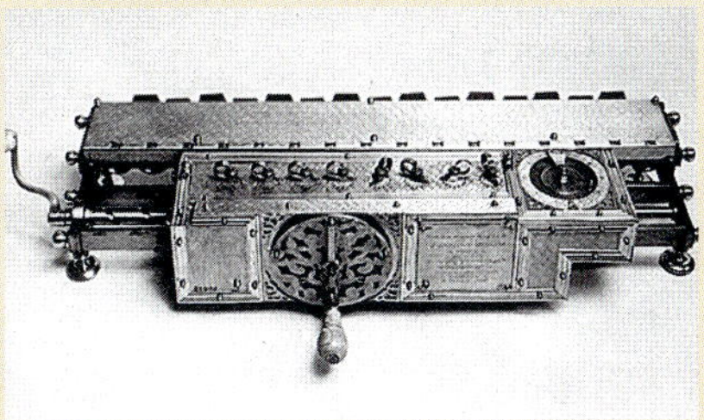

Rechenmaschine von Leibniz

Waffen

Ab Mitte des 17. Jahrhunderts kann sich ein Schütze mit dem Bajonett verteidigen, bis er nachgeladen hat. Die etwa 30 Zentimeter lange Stichwaffe wird auf den Gewehrlauf „aufgepflanzt". Erst im 18. Jahrhundert kommen mehrläufige Schnellfeuerwaffen mit Magazinen auf, die pro Minute neun Schuss abgeben. Zuvor schafften selbst geübte Schützen höchstens einen Schuss in zwei Minuten.

Landwirtschaft und Ernährung

Nach dem Dreißigjährigen Krieg sind die Äcker verwüstet, Viehbestände dezimiert. Weil ihnen Zugtiere fehlen, spannen sich die Menschen oft selbst vor die Pflüge. Etwa ab 1740 werden neue Flächen urbar gemacht, neue Methoden der Düngung entdeckt. Der Anbau von Klee etwa reichert Böden mit Stickstoff an und liefert zugleich Viehfutter. Ende des 18. Jahrhunderts setzt sich die Kartoffel durch. Sie liefert auf der gleichen Fläche dreimal so viel Nährwert wie Getreide.

Zeugnisse der Epoche

Porzellan Museum, Meißen

Treppenhaus von Balthasar Neumann im Schloss Augustusburg in Brühl bei Köln und in der Würzburger Residenz

Asamkirche, München

Schlösser Sanssouci, Schwetzingen, Rheinsberg

Parkanlagen Schloss Herrenhausen, Hannover

Gartenreich Dessau-Wörlitz

Zedlers großes Universallexikon, das erste seiner Art auf Deutsch, in großen Bibliotheken oder auf www.zedler-lexikon.de

Der Preußenkönig hätte es sich eigentlich denken können. Sein Gastgeber, Kurfürst August von Sachsen, genannt „der Starke", hatte einen einschlägigen Ruf: hatte 354 Kinder mit einem Heer von Mätressen gezeugt, von denen eine seine Tochter gewesen sein soll. Hatte 300 Bauern tagelang Schnee herankarren lassen, damit eine Schlittenfahrt zu Ehren einer Gespielin trotz Tauwetters stattfinden konnte.

Doch König Friedrich Wilhelm I. packt in Augusts prächtigem Schloss jähes Entsetzen. „Mein Vater bewunderte all die Schönheiten, als plötzlich eine Tapetenwand niedersank", schreibt die Tochter des Soldatenkönigs in einem Brief, „und das befremdlichste Schauspiel sich darstellte. Ein Mädchen, schöner wie Venus und die Grazien, lag nachlässig auf einem Ruhebett; in dem Zustand unserer ersten Eltern vor dem Sündenfall zeigte sich ein Körper wie Elfenbein so weiß."

Friedrich Wilhelm ist mit seinem halbwüchsigen Sohn, dem späteren Alten Fritz, zu Besuch. Und während August der Starke ob des Anblicks lüstern grinst, nimmt Friedrich Wilhelm den Hut ab, hält ihn seinem Fritzchen vors Gesicht und befiehlt dem Sohn, den Ort der

AUGUST IST STARK, PREUSSEN BALD STÄRKER

Sachsens Kurfürst Friedrich August I. (l.) mit dem Preußen Friedrich Wilhelm I.

Gegen die Türken ist das Reich vereint

ENTSCHEIDUNG AN DER DONAU

**1683 belagern osmanische Heere Wien.
Ihre Niederlage bringt die Wende in den Türkenkriegen.**

nackten Versuchung sofort zu verlassen. Sein Gastgeber ist höchst verwirrt. Schließlich hat er den preußischen Gästen nur eine Freude machen wollen.

Mit seiner Sittenstrenge stand der preußische König Anfang des 18. Jahrhunderts unter den deutschen Potentaten ziemlich einsam da. Im Zeitalter des Absolutismus legte ein Landesherr seinen Neigungen kaum Zügel an. Man handelte nach Lust und Laune. Schließlich war man nach allgemeiner Auffassung Herrscher „von Gottes Gnaden", also direkt vom Allerhöchsten eingesetzt, und damit jeder weltlichen Kritik – und ganz besonders der durch die Untertanen – entzogen. Vorbild war Ludwig XIV. Der französische „Sonnenkönig" hatte die Doktrin des Absolutismus unnachahmlich kurz gefasst: „L' état c'est moi!" Der Staat bin ich.

Doch während in Frankreich hinter diesem Anspruch immerhin ein mächtiger Staat stand, war die deutsche Wirklichkeit eher tragikomisch. Die Schrecken des Dreißigjährigen Krieges hatten ganze Regionen entvölkert. Im Herzogtum Württemberg etwa lebten 1618 mehr als 300 000 Menschen, 1648 waren es noch 120 000. Es sollte fast hundert Jahre dauern, bis Deutschland wieder die Bevölkerungszahl der Vorkriegszeit erreicht hatte. „Ehrlicher Teutscher", klagte eine Denkschrift, „dein edel Vaterland war leider bei den letzten Kriegen unter dem Vorwand der Religion und Freiheit … an Mark und Bein dermaßen ausgesogen, dass von einem so herrlichen Körper schier nichts übrig verblieben ist als das bloße Skelett."

DER WESTFÄLISCHE FRIEDEN, mit dem 1648 das endlose Morden beendet worden war, hatte die Aushöhlung des „Heiligen Römischen Reiches Deutscher Nation" festgeschrieben: Die Schweiz und die Niederlande waren unabhängig geworden. Die Existenz katholischer und protestantischer Herrschaften wurde endgültig bestätigt – diese religiöse Spaltung trug wesentlich zur politischen Zersplitterung bei. Jeder Landesfürst auf deutschem Boden war souverän, konnte also tun und lassen, was er wollte. Er konnte Steuern und Zölle einführen (auf der Elbe gab es allein zwischen Magdeburg und Hamburg 19 Mautstationen), Bündnisse schließen, Untertanen aufhängen oder als Soldaten ins Ausland verkaufen.

Auf dem Gebiet des Deutschen Reichs existierten über 300 souveräne Staaten. Von ihnen hatten 80 nicht mehr als zwölf deutsche Quadratmeilen, rund 600 Quadratkilometer, kaum die Größe eines heutigen Landkreises. Dazu kamen noch einmal 1500 Reichsritter, die im Schnitt gerade einmal ein Gebiet von zwei auf zwei Kilometer besaßen, trotzdem aber unabhängig waren.

Noch aber stand über den Landesherren ein deutscher Kaiser, allerdings eher symbolisch. Er wurde zwar von Kurfürsten gewählt, stammte aber seit Jahrhunderten traditionell aus dem Hause Habsburg. Der Kaiser war Regent des Erzherzogtums Österreich und zugleich unter anderem König von Böhmen und von Ungarn. Das bedeutete ihm wesent-

KRAFTAKT
Otto von Guericke und ein Helfer versuchen, mit einer Handfeuerspritze eine Kupferkugel leer zu pumpen.

Die Luftpumpe

Karriere mit dem Nichts

Ist das Universum mit Luft angefüllt, oder sind die riesigen Räume zwischen den Gestirnen luftleer? Diese Frage diskutierten die Naturwissenschaftler im 17. Jahrhundert, ohne eine endgültige Antwort geben zu können. Der Magdeburger Bürgermeister und Physiker Otto von Guericke (1602–1686) fand aber einen Weg, zumindest die Existenz eines Vakuums hier auf der Erde experimentell nachzuweisen. Er schraubte im Jahre 1657 zwei metallene Halbkugeln zusammen und saugte mit einem den Wasserpumpen nachempfundenen Gerät die Luft aus dem Hohlraum. Als er die Verbindung löste, waren zum Erstaunen eines großen Publikums 16 Pferde nicht in der Lage, die Kugel wieder in ihre beiden Schalenhälften zu zerreißen. Die zwischen dem Luftdruck außen und dem Vakuum innen wirkende Kraft war größer als die 16 Pferdestärken. Weitere spektakuläre Versuche folgten: Eine Kerze ging aus, oder ein Tier erstickte im Inneren eines Behälters, der leer gepumpt wurde. Diese effektvollen Aktionen machten Guericke berühmt, doch für den Fortschritt der Technik war die Erfindung des Geräts, das ein Vakuum schuf, viel bedeutender: Die Luftpumpe mit ihrem Zylinder, in dem sich ein hermetisch abgedichteter Kolben hin- und herbewegt, war ein entscheidender Schritt auf dem Weg zur Kolben-Dampfmaschine.

lich mehr als die deutsche Kaiserwürde. Denn dort hatte er wirklich etwas zu sagen. Die Reichsgewalt war hingegen auf fossil anmutende Reste zusammengeschrumpft.

Außer der Kaiserwürde schleppten sich vom Westfälischen Frieden bis zum Ende des „Heiligen Römischen Reiches Deutscher Nation“ im Jahr 1806 vornehmlich drei Institutionen durch die Jahre. Zum einen der „Immerwährende Reichstag“ in Regensburg. Dort versammelten sich fast ohne Unterlass die Abgesandten der Reichsfürsten. Verglichen mit ihrem Tun ist die UN-Vollversammlung von heute ein effizienter Musterbetrieb. An wirksamen Beschlüssen brachte das erlauchte Gremium lediglich das Aufstellen eines Reichsheers gegen die Türken vor Wien im Jahr 1683 zustande.

Ansonsten rang man jahrelang zäh um die wichtige Frage, wer wie viele Stufen erhöht im Saal sitzen und wessen Sessel bei Generalaudienzen auf dem roten Teppich stehen dürfe, der den Baldachin des kaiserlichen Bevollmächtigten umgab. Dies war ursprünglich ein Vorrecht der kurfürstlichen Abgesandten. Doch schließlich wurde den kleineren Reichsfürsten zugestanden, ihre Stühle mit den Vorderbeinen immerhin auf die Fransen des Teppichs zu stellen.

ZUM ZWEITEN BESTAND EIN „REICHSKAMMERGERICHT“ in Wetzlar. Es war berüchtigt für die Langsamkeit seiner Prozesse und die Folgenlosigkeit seiner Urteile. Denn es hatte keine Gewalt, seine Sentenzen auch durchzusetzen, am wenigsten gegen die mächtigeren unter den Potentaten. Im Jahr 1772 war der junge Jurist Johann Wolfgang von Goethe in Wetzlar Praktikant. Zu diesem Zeitpunkt hatten sich 16 000 Prozesse angehäuft, von denen im Jahr nicht mehr als 200 bearbeitet wurden. Ein ehrwürdiger Rechtshandel war bereits seit 188 Jahren anhängig.

Und dann gab es noch das Reichsheer. Größere Fürstentümer wie Brandenburg-Preußen, Bayern oder Sachsen weigerten sich meist, dafür Soldaten zu stellen, weil sie im deutschen Kaiser aus dem Haus Habsburg, der diese Armee einberief, in erster Linie nicht ihren Oberherrn, sondern einen Konkurrenten um Macht und Einfluss sahen.

Die Klein- und Kleinststaaten leisteten im Fall eines Reichskrieges buntscheckige Beiträge. Das souveräne Stift Quedlinburg etwa stellte drei Reiter und 30 Mann Fußvolk ab, ein Graf Schönborn einen Gefreiten, zwei Gemeine und einen Dragoner. Diese Operettentruppe war zudem schlecht bewaffnet. In der Schlacht bei Rossbach, wo sie 1757 auf Seiten Österreichs gegen Friedrich den Großen kämpfte und verlor, ging beim Reichsheer angeblich gerade mal jede fünfte Flinte los.

POLITISCH WAR DEUTSCHLAND ALSO EIN FLICKENTEPPICH. Der Philosoph Gottfried Wilhelm Leibniz fand das 1679 noch begrüßenswert: „Ist nicht die Menge der fürstlichen Höfe ein herrliches Mittel, dadurch sich so viele Leute hervortun können, die sonst im Staub liegen müssten?" Der Großteil der Intellektuellen allerdings bedauerte die deutsche Kleinstaaterei in der Folge. „So wie wir sind, sind wir schon Jahrhunderte hindurch ein Rätsel politischer Verfassung, ein Staub der Nachbarn, ein Gegenstand ihrer Spöttereien, uneinig unter uns selbst, kraftlos durch unsere Trennungen, stark genug, uns selbst zu schaden, ohnmächtig, uns zu retten", schrieb der Staatsphilosoph Friedrich Karl von Moser 1765.

Es war nicht verwunderlich, dass die französischen Könige diesem „kraftlosen" Gebilde um die Wende vom 17. zum 18. Jahrhundert zwei angestammte, überwiegend deutschsprachige Reichsteile, Elsass und Lothringen mitsamt der Freien Reichsstadt Straßburg, abnehmen konnten und damit den Ruf Frankreichs als deutschen Erbfeindes festigten.

Die überwältigende Mehrzahl der Deutschen nahm die Herrschaft ihrer absolutistischen Potentaten als gottgesandt hin. „Getreu, ergeben und eifrig, ohne Murren, ohne Stachelschriften", wie ein Zeitgenosse anmerkte. War sie besonders drückend, sahen die Untertanen die Misere als Strafe des Himmels an. Sie kannten keine andere Welt. Zwar heißt das 18. Jahrhundert heute das Jahrhundert der Aufklärung, die Epoche „des Ausgangs des Menschen aus seiner selbstverschuldeten Unmündigkeit". Doch dieser Satz von Kant gilt nur für eine schmale Bildungsschicht. Das Bewusstsein der Normalbürger entsprach eher dem im Mittelalter. Noch wurden Hexen in Deutschland verbrannt, die letzte 1775 in Kempten. Noch hängte man vielerorts Gotteslästerer. Bis tief ins 18. Jahrhundert sah man die Folter als normales Mittel der Rechtspflege an. Preußen schaffte sie endgültig 1755 ab, Österreich erst 1776.

DIE UNTERTANEN WAREN WEITERHIN überwiegend Analphabeten. Ihre wichtigste Informationsquelle bestand in der Sonntagspredigt des Pfarrers, und der, meist im Sold des Landesherrn, trichterte ihnen – so der Historiker Jürgen Mirow – die Unterwürfigkeit gegenüber „Gottvater, Landesvater und Hausvater“ ein, egal, ob er nun protestantisch oder katholisch war. „Man glaubt, je dümmer ein Untertan ist, desto eher wird er sich alles wie ein Vieh gefallen lassen. Denn wenn der Bauer nicht schreiben kann und ohne des Edelmanns Wissen nicht verreisen

EIN WILLKOMMEN FÜR DIE LEINENFABRIKANTEN

Der Große Kurfürst Friedrich Wilhelm nimmt 1685 verfolgte Hugenotten aus Frankreich in Brandenburg auf.

darf, so bleibt die in unserem Lande befindliche Barbarei noch am sichersten verborgen", kommentierte 1764 ein Schulinspektor die Situation im vergleichsweise fortschrittlichen Preußen Friedrichs II.

Und so waren für die meisten der großen Herren Verschwendung, Dünkel, Willkür selbstverständlich und folgenlos. Dem Klein-Fürsten von Anhalt-Bernburg etwa gehörte die Hälfte seines Staates persönlich. Für sich und seine Hofhaltung gab er jährlich mehr als 120 000 Reichstaler aus, seine Bediensteten verdienten im Schnitt nicht mal 50 Taler pro Jahr. Eine Bürgersfrau, die aus dem fürstlichen Haushalt drei Teller entwendet hatte, beliebte der allergnädigste Herr 1736 zum Tod zu verurteilen. Sie wurde unter Absingen des frommen Liedes „Herr, ich habe missgehandelt" zur Hinrichtung geführt – und im letzten Augenblick großmütig zu lebenslänglicher Verbannung begnadigt.

DER KURFÜRST VON DER PFALZ ließ sich in Mannheim ein Schloss hinstellen, das mit mehr als 400 Räumen Versailles wenig nachstand. Und der Herzog von Württemberg baute sich mit Ludwigsburg gleich eine nagelneue Residenzstadt, weil ihm die Bürger von Stuttgart zu wenig untertänig waren. Ideologische Rechtfertigung dieser absolutistischen Bauwut: „Die Nachwelt misst die Fürsten am Maßstab der herrlichen Gebäude, die sie während ihres Lebens geschaffen haben." So Colbert, Minister des Sonnenkönigs Ludwig XIV. Ein beliebtes Mittel, die fürstliche Pracht zu finanzieren, war der Verkauf von Landeskindern als Kanonenfutter. Der Landgraf von Hessen-Kassel nahm zwischen 1730 und 1750 mehr als eine Million Pfund für Soldatenlieferungen an England ein, der Herzog von Württemberg 1757 eineinhalb Millionen Franc für 6000 Mann, die auf französischer Seite im Siebenjährigen Krieg gegen die Preußen kämpften.

Für die adeligen Damen und Herren, die am Hof ihren Landesherrn wie Planeten die Sonne umkreisten, galten andere Gesetze als für den Pöbel. Im Wien des Jahres 1717 hatte, so steht es in Briefen einer Lady Montague, jede Dame von Stand zwei Männer, „einen, der den Namen trug, und einen, der die Pflichten des Ehemanns erfüllte". Man hätte es für eine schwere Beleidigung gehalten, wenn eine Dame ohne ihre beiden Kavaliere, Liebhaber wie Gatten, zum Diner eingeladen worden wäre, zwischen denen sie ganz selbstverständlich Platz nahm. Der Nachwuchs von Geblüt wurde vielerorts nicht in der Kirche getauft, sondern im eigenen Hause. „Es wäre doch disreputierlich, wenn ein vornehmes Kind mit demselben Wasser getauft würde wie gemeine Kinder", so eine zeitgenössische Quelle. Manchmal, wenn man bei Hof der ewigen Feste und Maskenbälle in exotischer oder mythologischer Verkleidung überdrüssig war, lud man allerdings zur Belustigung ein paar Bauern oder Bürgerstöchter ein und ergötzte sich an ihrer Befangenheit oder an so geistvollen Scherzen wie versteckten Wasserdüsen im Boden, die den Frauen unter die Röcke spritzten, wenn sie darauftraten.

FÜR DEN GEMEINEN BÜRGER in seinem höchst bescheidenen Dasein war das ausschweifende Luxusleben des Adels eine Selbstverständlichkeit. Berühmt ist die Anekdote von der Hochzeit eines deutschen Kleinstaat-Fürsten. Der junge Herr fuhr in offener Kutsche mit seiner eben Angetrauten durch die Residenzstadt. Die Bürger standen Spalier. Angesichts des strahlenden Paars seufzte einer der wackeren Untertanen gerührt: „Nun fehlt unserem Herrn nichts weiter als eine schöne Mätresse!" Der Zwischenrufer war überzeugt, dass ohne Geliebte die fürstliche Würde nicht vollständig sei.

Die Untertanen hatten verinnerlicht, dass der Landesherr Krönung und Sinn ihrer eigenen bedeutungslosen Existenz war. „Der König ist vergnügt – das Land erfreuet sich", jubelte ohne jede Ironie ein devoter preußischer Poet zu Beginn des 18. Jahrhunderts. An eine größere politische Einheit jenseits der Kleinstaaterei oder gar einen deutschen Nationalstaat mit starker Zentralgewalt dachte in solcher Stimmung niemand.

Und doch wurden in dieser Zeit die Weichen für ein neues Deutsches Reich gestellt. Denn nach dem Dreißigjährigen Krieg begann der Aufstieg des Kurfürstentums Brandenburg, das als Königreich Preußen im 19. Jahrhundert zum Kristallisationspunkt für die deutsche Einigung werden und das Land entscheidend prägen sollte. Bis dahin hatte es mit dem Habsburger-Staat nur eine europäische Macht auf dem alten Reichsgebiet gegeben. Die Habsburger Monarchie stellte traditionell den deutschen Kaiser. Im märkischen Sand entwickelte sich das Kurfürstentum der Hohenzollern zu einem gefährlichen Rivalen.

KURFÜRST FRIEDRICH WILHELM NAHM 1685 mehr als 20 000 Hugenotten in seinem Reich auf. Diese französischen Calvinisten hatte Ludwig XIV. wegen ihres Glaubens vertrieben. Um 1700 waren 20 Prozent der Einwohner von Berlin hugenottischer Herkunft. Die „französischen Preußen" bereicherten das Geistesleben der eher provinziellen Hauptstadt und wurden zu wichtigen Vermittlern französischer Lebensart, Europas damaliger Leitkultur. Namen wie Fontane, Reclam oder de Maizière erinnern bis heute an diese Blutauffrischung. (Schon 1671 hatte der Kurfürst übrigens den Juden zugesagt, sie nicht anders als jeden seiner Untertanen zu behandeln.)

Friedrich Wilhelms Nachfolger nahm 1701 den Königstitel an und nannte sich fortan Friedrich I. in Preußen. Dessen Sohn war der berühmte Soldatenkönig. Er sorgte für ein schlagkräftiges Heer, geordnete Finanzen und den Ruf, den seither preußische Beamte, später die Preußen allgemein und schließlich die Deutschen überhaupt haben: pflichttreu, diszipliniert, effizient und unbestechlich zu sein.

Obwohl der Soldatenkönig Uniformen über alles liebte, führte er nur zu Beginn seiner Regierung einmal kurz Krieg. Seinen Sohn ermahnte er im Testament: „Mein lieber Nachfolger, ich bitte Euch, keinen ungerechten Krieg anzufangen, denn Gott hat ungerechte Kriege verboten und Ihr müsst immer Rechenschaft ablegen für jeden Menschen, der in einem ungerechten Krieg gefallen ist."

Sein Sohn Friedrich, noch zu Lebzeiten sollte er „der Große" oder „der Alte Fritz" genannt werden, schlug den väterlichen Rat in den Wind. Kaum war er 1740 zum König ausgerufen worden, fiel er im tiefsten Frieden mit dem Heer seines Vaters in die österreichische Provinz Schlesien ein. Dass sein Gegner das Haus Habsburg war, also das Haus der deutschen Kaiser und damit seiner nominellen Oberherren, störte ihn nicht. Österreich war für ihn nichts weiter als die vierte europäische Großmacht neben Frankreich, Russland, England, und er war froh, dass in Wien eine unerfahrene Frau die Krone trug, die erst 23-jährige Maria Theresia. Das würde es ihm erleichtern, mit der Eroberung Schlesiens sein Königreich mit gerade 2,3 Millionen Einwohnern in den Rang der fünften Großmacht Europas zu heben.

DOCH DIE JUNGE HERRSCHERIN erwies sich als unerwartet zäher Gegner. Mit Unterbrechungen dauerte die Auseinandersetzung um Schlesien bis Anfang 1763 – also knapp 23 Jahre. Es kam zu wilden, oft kurzlebigen Koalitionen quer durch Europa. Die Nationalität spielte dabei keine Rolle. Nur das kalte Machtinteresse zählte. Russland, Frankreich, Schweden, England, aber auch die deutschen Staaten Sachsen und Hannover mischten mal auf der preußischen, mal auf der österreichischen Seite mit. Kurzfristig kämpften selbst Bayern und Preußen Schulter an Schulter. Schließlich wurde Friedrich im Frieden von Hubertusburg Schlesien zugesprochen. Sein Reich hatte mehr als eine Million neue Untertanen von den Habsburgern hinzugewonnen. Preußen spielte nun in Europa bei den Großen mit. In Preußen lebten jetzt etwa genauso viele Deutsche wie in Österreich.

Zwei Welten standen sich im Reich gegenüber: das barocke, katholische Österreich mit seiner alten, angestaubten Kaisertradition und das protestantisch nüchterne Preußen, das Friedrich der Große als absoluter Herrscher nach der neuartigen, aufgeklärten Maxime regierte: „Die erste Pflicht eines Bürgers ist, seinem Vaterlande zu dienen. Diese Verpflichtung habe ich in jeder Lage meines Lebens zu erfüllen gesucht." Während Maria Theresia, die 16 Kinder geboren hatte, sich als „Ihrer Lande allgemeine und erste Mutter" verstand.

Mit Vaterland meinte Friedrich nicht Deutschland, sondern sein Königreich, und in dieser Frage dachte seine Gegenspielerin Maria Theresia auch nicht anders. Friedrich sprach mindestens so gut Französisch wie Deutsch. Er korrespondierte sein Leben lang mit Voltaire und verachtete die deutsche Kultur als ungeschliffen und rückständig. Maria Theresia sah sich in Wien am liebsten italienische Opern an und wollte ihren ungarischen oder tschechischen Untertanen eine ebenso gute Herrscherin sein wie ihren deutschen.

Es hatte auch nichts mit Deutschland zu tun, als Preußen und Österreich zusammen mit dem russischen Zaren 1772 und 1795 ausnahmsweise einträchtig das Königreich Polen unter sich aufteilten. Habsburg erhielt den Süden des Nachbarlandes, Preußen den Westen. Neue Provinzen und neue Untertanen zählten, selbst wenn sie Slawen waren. Irgendwann und irgendwie würde man sie schon eingliedern: „Das sicherste Mittel, diesen slawischen Leuten bessere Begriffe und Sitten beizubringen, wird immer sein, solche mit der Zeit mit Deutsche (!) zu melieren (vermischen)", sagte Friedrich II. dazu.

MARIA THERESIAS ANTRIEB kam aus einem tiefen Glauben. „Wenn du am Morgen aufwachst, stehe gleich auf und bete auf den Knien dein Morgengebet", schrieb sie einer ihrer Töchter, „ich bitte dich inständigst, kein Buch, nicht einmal eine Broschüre ohne den Rat deines Beichtvaters zu lesen." Glaube war für sie aber mehr als persönliches Bekenntnis: „Nichts ist so nützlich und heilsam wie die Religion", ermahnte sie ihren Sohn und Nachfolger Joseph, der ins Lager der Aufklärer abzudriften drohte. „Willst du darauf warten, dass jeder sich eine nach eigener Phantasie bildet? Was soll wohl aus uns werden ohne festen Kult, ohne Unterwerfung unter die Kirche?"

Friedrich den Großen motivierte die Pflicht-Ethik der Aufklärung, in der „besten aller möglichen Welten" das Bestmögliche zu tun. Religionen sah er dabei als hilfreich an, weil sie Werte vermittelten. Doch in seinem Preußen sollte Glaube Privatsache sein und keine Religion den Vorzug erhalten: „Alle Religionen sind gleich und gut, wenn nur die Leute, so sie bekennen, ehrliche Leute sind. Und wenn Türken und Heiden kämen und wollten das Land peuplieren (bevölkern), so würden wir ihnen Kirchen und Moscheen bauen." Und wirklich erhielten die isla-

DER LETZTE KAISER

Unter Franz II. endet das „Heilige Römische Reich" der Deutschen nach 850 Jahren. Er kapituliert vor Napoleon, kurz zuvor ließ er sich aber noch zum Kaiser von Österreich krönen.

mischen Bosnier, die als Söldner für Preußen gegen die Österreicher gekämpft hatten, in Potsdam Gebetsräume und einen Militär-Imam.

Die Konkurrenz der zwei deutschen Großmächte blockierte auch nach dem Tod der beiden Herrscher – Maria Theresia starb 1780, Friedrich II. 1786 – jeden Versuch, das zersplitterte Deutsche Reich zu

50 Kilometer Strand in Afrika

Großfriedrichsburg war Deutschlands erste Kolonie. Die brandenburgische Besitzung in Ghana bestand ganze 38 Jahre.

Die Unglücklichen mussten zu 20 oder 30 niederknien. Die rechte Schulter wurde mit Palmöl bestrichen und mittels eines Stempels, der die Initialen C AB C trug, gebrannt", so schildert der deutsche Schiffsarzt Johann Peter Oettinger 1693 den Sklavenhandel an der afrikanischen Goldküste. Die Lettern „C AB C" standen für seinen deutschen Arbeitgeber, die „Churfürstlich Afrikanisch Brandenburgische Compagnie", und mithin für ein bizarres Abenteuer Brandenburg-Preußens. Die Kolonie Großfriedrichsburg, ein 50 Kilometer langer Küstenstreifen im heutigen Ghana, währte nicht einmal ein halbes Jahrhundert und war ein ziemliches Verlustgeschäft, wie der Große Kurfürst klagte: „Jeder goldene Dukat (aus Afrika) kostet mich zwei!"
Dass ausgerechnet Friedrich Wilhelm I. (1640–1688) aus der Streusandbüchse Brandenburg mit den großen Kolonialmächten Spanien, Frankreich, England und den Holländern konkurrieren wollte, ist kurios, aber verständlich. Als junger fürstlicher „Praktikant" in Leyden hatte der Ahnherr Preußens die niederländische Ostindische und die Westindische Kompagnie studiert, die ein Monopol auf Gewürz- und Sklavenhandel hatte. Überseehandel schien ihm die einzige Chance, sein ausgeblutetes Brandenburg nach dem Dreißigjährigen Krieg wieder zu Wohlstand zu bringen. Als Erstes musste eine Flotte her. Der holländische Reeder Benjamin Raule erbot sich, den kurbrandenburgischen Landratten eine Flotte aufzubauen. Sie bestand allerdings auch in besten Zeiten nur aus zwei Dutzend Kanonenbooten, während die Holländer mit 16 000 Schiffen die Meere beherrschten. Da Brandenburgs Ostseehäfen zu abgelegen waren, errichtete die kurfürstliche Marine 1683 in Emden, Ostfriesland, einen Flottenstützpunkt. Danach konnte das afrikanische Abenteuer beginnen. Die erste Mission scheiterte. Zwar

UNTERM ROTEN ADLER
Major Otto Friedrich von der Groeben landet 1683 an Ghanas Küste und verhandelt mit Eingeborenen.

schafften es die Brandenburger, die Flagge mit dem roten Adler zu hissen und mit den Häuptlingen Handelsverträge zu schließen, doch dann wurden ihre Schiffe von den Holländern konfisziert. Erst Major Otto Friedrich von der Groeben begann mit Hilfe der „jauchtzenden Nägerei" mit dem Bau Großfriedrichsburgs. Auf der Rückfahrt konnte er seinem Potentaten Affen, Papageien und „ein halbes Dutzend schöner und wohlgestalteter Mohren von 14, 15 oder 16 Jahren" nach Potsdam bringen. Schwarze Diener und Soldaten waren ein Statussymbol an europäischen Höfen.

Die Garnison Großfriedrichsburg war winzig, ihre Macht ging kaum über die Reichweite ihrer Kanonen hinaus. Dennoch konnten sich die Brandenburger anderthalb Jahrzehnte am berüchtigten Dreieckshandel (Sklaven von der Goldküste in die Karibik, von dort Rum, Baumwolle und Gewürze nach Europa und schließlich Glasperlen plus Branntwein nach Afrika) beteiligen. Auf Dauer aber waren sie nicht konkurrenzfähig. Mit dem Tode des Kurfürsten fiel die ferne Kolonie in Vergessenheit, ihr Kommandant ergab sich dem als Mitbringsel gedachten Branntwein. König Friedrich Wilhelm, ein Enkel des Kurfürsten, sah das „afrikanische Kommerzienwesen als eine Chimäre" und verkaufte 1717 die ganze Kolonie für 7000 Dukaten an die Holländer. Als die Deutschen abrückten, ließen sie die Festung unter der Obhut ihres fähigen einheimischen Agenten Jan Conny zurück. Der „schwarze Preuße", der über ein eigenes Heer verfügte, weigerte sich, den neuen Herren das Fort zu übergeben. Seine Loyalität gehöre dem Preußenkönig, erklärte er. Erst nach siebenjährigem Krieg gab er Großfriedrichsburg auf. Es existiert heute noch – als verwunschene Ruine bei Princess Town.

reformieren. Denn ihre Nachfolger waren ebenfalls vor allem damit beschäftigt, die Hausmacht zu vergrößern und den Rivalen in Schach zu halten.

Die Untertanen hatten sich gegen Ende des 18. Jahrhunderts mit dem Dualismus Preußen – Österreich und der Ohnmacht des alten Kaiserreichs abgefunden. Sie suchten Trost in dem Gedanken, dass Deutschland zwar politisch ein Desaster, dafür aber kulturell eine Größe sei. „Deutsches Reich und deutsche Nation sind zweierlei Dinge. Die Majestät der Deutschen ruhte nie auf dem Haupt seiner Fürsten", schrieb Friedrich Schiller 1797. „Abgesondert von dem politischen hat der Deutsche sich einen Wert gegründet, und wenn auch das Imperium unterginge, so bliebe die deutsche Würde unangefochten." Eine Würde, die, so Schiller, in der Kultur und im Charakter der Deutschen wohne.

ZUR KULTURELLEN WÜRDE DER NATION trug die deutsche Kleinstaaterei sogar positiv bei: Nirgendwo sonst in Europa existierten so viele Hoftheater, Hoforchester und Hofbüchereien auf so engem Raum. Während sich in den zentralisierten Staaten Frankreich oder England das Kulturleben nur in der Hauptstadt abspielte, gab – und gibt es bis heute – auf deutschem Boden Bühnen und Bibliotheken in Mini-Residenzen wie Wolfenbüttel, Passau oder Gotha.

Schillers Vorahnung vom Untergang des Reichs trog nicht. 1789 krempelte die Französische Revolution das absolutistische Europa um. Wenige Jahre später rückte das französische Volksheer im Namen von „Freiheit, Gleichheit, Brüderlichkeit" bis zum Rhein vor. Die schlecht ausgerüsteten und noch schlechter geführten Truppen der deutschen Fürsten unter der Führung Österreichs konnten es nicht aufhalten. 1795 scherte Preußen aus der antifranzösischen Allianz aus. Warum sollte es die Habsburger unterstützen? Allein gelassen musste Österreich mit der Französischen Republik 1797 Frieden schließen.

Das Reichsoberhaupt Kaiser Franz II. verzichtete offiziell auf alle deutschen Gebiete links des Rheins, die geistlichen Kurfürstentümer Köln, Mainz und Trier gehörten nun zu Frankreich. 1803 setzte Napoleon, der neue starke Mann in Paris, nach erneuten Siegen den „Reichsdeputationshauptschluss" durch. In seiner endgültigen Bankrotterklärung beschloss der Immerwährende Reichstag in Regensburg auf einer seiner letzten Sitzungen die Auflösung praktisch aller geistlichen und der meisten kleinen weltlichen Herrschaften im Deutschen Reich. Sie wurden den größeren, vor allem den Napoleon freundlich gesinnten Fürstentümern zugeschlagen. Die Zahl der souveränen deutschen Staaten fiel von 300 auf knapp 30.

DREI JAHRE UND EIN PAAR NIEDERLAGEN Österreichs später erklärten Bayern, Württemberg, Baden und eine Handvoll weiterer Fürstentümer längs des Rheins ihren offiziellen Austritt aus dem Reichsverband. Sie gründeten den unabhängigen „Rheinbund". Die Herrscher in München und Stuttgart durften sich mit dem Plazet von Napoleon dafür eine Königskrone aufs durchlauchtigste Haupt setzen und ihr Territorium vergrößern, Bayern etwa mit Tirol. Das neutrale Preußen sah tatenlos zu. Das alte Reich war am Ende.

Nach einem Ultimatum Napoleons dankte am 6. August 1806 Franz II. als Deutscher Kaiser ab, nicht ohne sich dabei noch einmal mit unfreiwilliger Ironie in der Rücktrittsurkunde als „Mehrer des Reichs" zu bezeichnen. Zuvor hatte er sich noch schnell zum Kaiser von Österreich ernannt, denn irgendwie Kaiser wollte er schon bleiben. So starb, nach einem berühmten Sarkasmus des zeitgenössischen Publizisten Joseph Görres, „sanft und selig an einer gänzlichen Entkräftung, und hinzugekommenem Schlagflusse, bei völligem Bewusstsein und mit allen heiligen Sakramenten versehen, das Heilige Römische Reich schwerfälligen Angedenkens". Und niemand weinte ihm nach.

*

Auf den Barrikaden und auf den Häusern weht die Fahne des demokratischen Deutschlands. Einige der Kombattanten schwenken Hüte und Säbel. Wie hier an der Breiten Straße in Berlin hat in der Nacht vom 18. auf den 19. März 1848 überall im Land die Revolution – fürs Erste – gesiegt.

Das neue Deutschland-Gefühl: Schwarz-Rot-Gold

Vereint werfen die Deutschen Napoleon aus dem Land, aber einen einheitlichen Staat zu schaffen gelingt ihnen nicht. Selbst die Revolution ist nur ein kurzer Freiheitsrausch. Die Reaktion behält die Oberhand, und ausgerechnet einer der konservativsten Junker, Otto Graf von Bismarck, ebnet den Weg zur Reichsgründung.

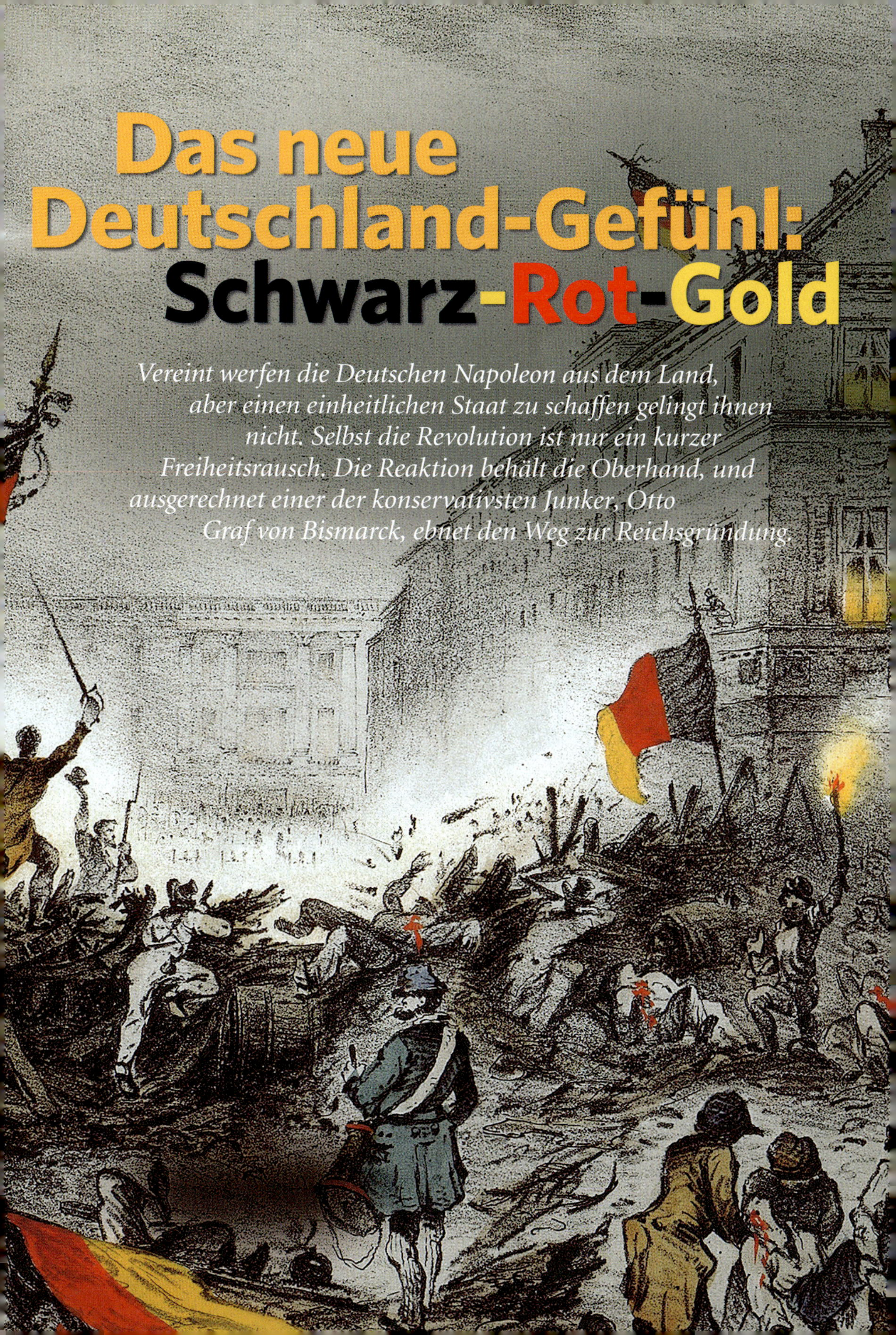

Aufmärsche und große Gesten *Stolz auf das*

GERMANIA IST EINE PREUSSISCHE KRIEGERIN
Am Brandenburger Tor in Berlin sind Tribünen aufgebaut, mit einer Truppenparade feiert Preußen seinen Sieg über Österreich 1866. Die Habsburger bleiben auch ausgeschlossen, als Bismarck das Reich proklamiert. Doch selbst die kleindeutsche Lösung befeuert groß-germanische Schwärmerei – etwa auf dem Bild „Die Wacht am Rhein" von 1873 (r).

Was im Reich geschah

1807
„Revolution von oben" in Preußen: Bis 1815 werden Leibeigenschaft und Zunftordnung aufgehoben, Gewerbefreiheit und allgemeine Wehrpflicht eingeführt, das Monopol des Adels auf Offiziersstellen entfällt

1813/14
Napoleon verliert in der Völkerschlacht bei Leipzig gegen eine Koalition von Preußen, Österreich, Russland und Schweden

1815
Wiener Kongress

1820
Erstbesteigung der Zugspitze

1832
Massenkundgebung auf dem Hambacher Schloss für einen freiheitlichen, nationalen Rechtsstaat

Was anderswo geschah

1812
Napoleons größte Machtausdehnung, von Spanien bis zum Herzogtum Warschau

1815
Waterloo: Napoleon endgültig gescheitert

1819/1825
Erste Eisenbahnlinie in England, das erste Dampfschiff überquert den Atlantik

Land mündet in nationales Pathos

Entwaffnung der Insurgentenbesatzung von Rastatt.

1833
Unter preußischer Führung entsteht der „Deutsche Zollverein", bis 1854 treten die meisten deutschen Staaten bei, gestatten untereinander freien Warenverkehr

1844
Weberaufstand in Schlesien

1848
Revolution in Deutschland: Kämpfe, Unruhen – Wahlen. Das erste gesamtdeutsche Parlament tritt am 18. Mai in der Frankfurter Paulskirche zusammen

1849
Das Parlament wird aufgelöst. Truppen gehen gegen die Revolutionäre vor, das alte System wird wiederhergestellt. Demokraten fliehen aus Deutschland, allein aus Baden mehr als fünf Prozent der Bevölkerung

1863
Ferdinand Lassalle gründet den Allgemeinen Deutschen Arbeiterverein

1866
Preußen siegt in der Schlacht von Königgrätz über Österreich

1871
Im Spiegelsaal von Versailles wird Wilhelm I. zum Deutschen Kaiser proklamiert

1858
Indien wird britisches Vizekönigreich

1860/61
Der Nationalstaat Italien entsteht unter Führung von König Viktor Emanuel II.

1861
Abraham Lincoln wird Präsident der USA, der Streit um die Sklavenbefreiung führt zum vierjährigen Bürgerkrieg. 600 000 Menschen sterben

Mehr Pomp als Perspektive

Die Beschlüsse von

EUROPA-PARTY AN DER DONAU

Im Ballsaal treffen sich die Größen des Wiener Kongresses, ganz vorne von links: die Königin von Bayern, eingehakt bei Friedrich Wilhelm III. von Preußen, Herzog von Wellington in schwarzen Stiefeln, Arm in Arm mit Fürst von Metternich, daneben Frankreichs Chef-Diplomat Talleyrand ganz in Schwarz.

Fortschritt auf zwei Schienen *Europa bahnt sic*

infografik Axel Kock, Recherche Klaudia Thal Quelle: Putzger Historischer Weltatlas

Historische Situation

Nach Napoleons Niederlage soll der Wiener Kongress Europa neu ordnen. Zersplitterte deutsche Territorien werden zu größeren Staaten zusammengefasst, die Macht der Fürsten bleibt ungebrochen. Ab 1820 kommt es in Europa zu Unabhängigkeitsbestrebungen und revolutionären Bewegungen. In ihrem

Sog auch in Deutschland. Eine nationale Verfassung scheitert jedoch. Preußen und Österreich liegen weiter im Clinch. Und bei der Proklamation des Reichs 1871 bleiben die Habsburger Lande ausgeschlossen.

Bevölkerung
Auf deutschem Gebiet leben um 1800 24 Millionen Menschen, um 1850 sind es schon knapp 34 Millionen (ohne Elsass-Lothringen) – 65 pro Quadratkilometer (heute 230).

Lebenserwartung
Die Säuglingssterblichkeit ist weiterhin hoch. Ende des 19. Jahrhunderts stirbt fast die Hälfte der Kinder noch vor dem fünften Geburtstag. Das senkt die durchschnittliche Lebenserwartung auf 36 Jahre.

Lebensverhältnisse
Bis zu 17 Stunden täglich schuften Arbeiter in den Fabriken, Kinder bis zu zwölf Stunden. 70 Prozent des Lohnes gehen für die Grundnahrungsmittel drauf. Die Zahl der Arbeitslosen wächst. Der „Pauperismus", wie Zeitgenossen das Massenelend nennen, entschärft sich erst Ende der sechziger Jahre, als immer mehr Menschen auswandern. Die Lebenssphären trennen sich, die Menschen wohnen und arbeiten nun an unterschiedlichen Orten. Mietwohnungen setzen sich durch, neue Machtpositionen entstehen: die der Hausherren und Hausmeister. In Berlin werden die ersten mehrgeschossigen Mietshäuser mit bis zu sechs Hinterhöfen gebaut.

Städte
Bis Mitte des 19. Jahrhunderts leben 65 Prozent der Bevölkerung auf dem Land. 1830 gibt es im späteren Reichsgebiet nur 80 Städte mit mehr als 10 000 Einwohnern, 1871 sind es schon 220. Die größten sind Berlin (826 000 Einwohner), Hamburg (290 000), Dresden (177 000). In London, der größten Stadt Europas, leben da fast drei Millionen.

Regierungsform
Die Monarchie bleibt, doch Parlamente bekommen Mitspracherechte, zum Beispiel bei der Gesetzgebung. Das Wahlrecht ist an Einkommen oder Geburtsstand gebunden (Dreiklassenwahlrecht in Preußen ab 1849).

Bauwerke
Schlösser werden schlichter, stattdessen entstehen monumentale Theater, Museen, Konzertsäle, Akademien. Ab Mitte des Jahrhunderts auch Bahnhöfe, Parlamente, Ge-

richte in repräsentativer Gewaltigkeit. Das unterdrückte Nationalgefühl wird im Bau von Denkmälern ausgelebt: Neue Wache in Berlin, Walhalla bei Regensburg, Siegestor in München. Fabrikgebäude sind oft kirchen- oder burgenähnliche Hallen (Sayner Eisenhütte).

Görlitzer Bahnhof Berlin, um 1868

Sprache

Es entstehen Lehrstühle für deutsche Sprache und Literatur; Gelehrte befassen sich mit alten Handschriften, Mythen und historischer Grammatik. Wörterbücher und Liedersammlungen erscheinen - die Geburt der Germanistik.
Der Sprachwissenschaftler Jacob Grimm vergleicht Texte verschiedener Epochen, sucht nach Entwicklungslinien des Deutschen. 1819 veröffentlicht er seine „Deutsche Grammatik", 1854 zusammen mit seinem Bruder Wilhelm Band I des „Deutschen Wörterbuchs", des ersten Nachschlagewerks mit dem gesamten neuhochdeutschen Wortschatz von Luther bis Goethe.

Kulturelle Meilensteine

Die Kultur des Bürgertums prägt die erste Hälfte des 19. Jahrhunderts: Man schließt sich in Vereinen zusammen, turnt oder singt. Studentenverbindungen setzen sich für politische Freiheit und Einigkeit Deutschlands ein. Aus politischen Vereinen entstehen in den 1860er Jahren die ersten Parteien.
Die Schulpflicht wird eingeführt, das dreigliedrige Schulsystem mit Volks-, Realschulen und Gymnasien bildet sich heraus (ab 1812 mit standardisiertem „Abitur"). Die Romantik prägt Literatur (Joseph von Eichendorff, Novalis), Musik (Carl Maria von Weber, Robert Schumann) und Kunst (Caspar David Friedrich).

Minderheitenpolitik

Österreich ist ein Vielvölkerstaat. Zwar gehören seine polnischen, ungarischen und italienischen Gebiete nicht zum Deutschen Bund, wohl aber Böhmen, Mähren, Krain (Slowenien), Triest und Tirol bis südlich von Trient (sechs Millionen Slawen,

500 000 Italiener). Zu Preußen gehören Schlesien und - ebenfalls außerhalb des Deutschen Bundes - das heute polnische bzw. russische Ost- und Westpreußen und Posen. In der Nationalversammlung in der Frankfurter Paulskirche sitzen tschechische Abgeordnete, Italiener und ein Pole. Sie beschließt eine Schutzerklärung für die nichtdeutschen Minderheiten.

Technik

Deutsche Erfinder machen englischen den Rang streitig. 1810 erhält Friedrich König aus Eisleben das Patent für die erste mechanische Druckmaschine. 1817 baut der Karlsruher Karl Drais das hölzerne Zweirad, den Vorläufer des Fahrrads. 1821 erklingt erstmals eine Mundharmonika, erfunden vom erst 16-jährigen Christian Friedrich Buschmann aus Thüringen. 1838 entwickelt der Potsdamer Ingenieur Moritz Hermann von Jacobi den Elektromotor. 1854 bringt Heinrich Goebel Bambusfasern in einer luftleer gepumpten Kölnischwasserflasche zum Glühen - die erste Glühbirne. 1861 stellt Johann Philipp Reis das Telefon vor. 1866 erfindet Werner von Siemens den Dynamo.

Telefon von Philipps Reis, Modell aus dem Jahr 1863

Waffen

Standardwaffe des Militärs ist noch bis Mitte des 19. Jahrhunderts das Steinschlossgewehr, Feuerstein (englisch flint, daher der Name „Flinte") erzeugt die Zündfunken. Napoleon schlägt seine Schlachten in vier Etappen - eine Taktik, die bald auch von seinen Gegnern kopiert wird: Scharmützel der Vorhut, Mann gegen Mann, dann Schrapnellfeuer aus großkalibrigen Geschützen, schnelle Konzentration der Truppe auf dem Schlachtfeld, schließlich Sturmangriff der Infanterie mit aufgepflanzten Bajonetten. Im Laufe des Jahrhunderts setzt sich das Zündnadelgewehr durch (s. Kasten Seite 148).

Landwirtschaft und Ernährung

Die Industrialisierung erfasst auch die Landwirtschaft. Justus von Liebig erklärt 1840 erstmals das Phänomen der Auslaugung des Bodens und die Möglichkeit des „(Stoff)Ersatzes" durch Mineralien. 20 Jahre später ist man in der Lage, Kunstdünger im großen Stil zu produzieren. Pflüge greifen jetzt tiefer, die Sense ersetzt die Sichel. Um 1860 setzen sich die Dresch- und Mähmaschinen durch. Der Fleischkonsum steigt, wenn auch mit billigerem Schweinefleisch. Die bürgerliche Küche – Schnitzel, Gulasch, Kotelett – kommt jetzt auch bei breiteren Bevölkerungsschichten auf den Tisch, Rezeptbücher werden Bestseller. Reis wird vom Luxusgut zum Massenprodukt, Honig wird von Zucker verdrängt. Mit Liebigs Fleischextrakt und ersten Wurstfabriken beginnt die Industrialisierung der Lebensmittelproduktion. Die Unterschichten leben von Grütze, Hülsenfrüchten, Kartoffeln, Kohl, manchmal ein wenig Kochfleisch. Billiger Kartoffelschnaps wird zum neuen Volksgetränk, Alkoholismus zum Problem.

Industrie und Handel

1837 sind in Preußen 423 Dampfmaschinen im Einsatz, 1852 schon 2832. Wichtiger Motor für die Entwicklung ist der Abbau der Zollschranken zwischen den deutschen Ländern, der durch den Zollverein seit 1834 ebenso betrieben wird wie eine Vereinheitlichung der Zahlungsmittel.
Auch Eisenbahn, Dampfschiffe und Fernstraßen tragen zum Aufschwung bei. Im Eisenbahnbau schlagen die deutschen Staaten die westeuropäische Konkurrenz: Bis 1871 werden jährlich 30 000 Waggons hergestellt. Deutsche Maschinen sind im Ausland gefragt: Ende der 1860er Jahre übersteigt der Export den Import. Die ersten Großunternehmen (Krupp) und Großbanken entstehen.

Zeugnisse der Epoche

Humboldt-Universität, Berlin
Altes Museum, Berlin
Glyptothek, München
Alte Pinakothek, München
Paulskirche, Frankfurt am Main
Eisenbahnmuseum, Nürnberg
Rheinisches Industriemuseum, Ratingen (ehem. Textilfabrik Cromford)
Museum Zollverein, Essen

Das Schauspiel ist einmalig. Der preußische König trägt die Farben der Revolution. Schwarz, rot und gold leuchtet das Band um den Arm Friedrich Wilhelms IV., mit Helm und Gardeuniform reitet er durch die staubigen Straßen Berlins, hinter ihm traben Prinzen und Minister. An allen Ecken hält der König versöhnliche Reden, schwört seinen Untertanen: „Ich will nur das Gute für Euch und Deutschland." Und die Berliner laufen zum Schlossplatz, hören die Rede ihres Herrschers. „An mein Volk und an die deutsche Nation", beginnt der König, versichert, dass all sein Streben nur auf „die Wiederherstellung der Einheit Deutschlands" ziele, ja er verheißt sogar: „Preußen geht in Deutschland auf." Jubel, Fahnen, Hochrufe.

Es ist der 21. März 1848. Es ist der Siegestag der Revolution in Deutschland.

Es ist der Anfang von ihrem Ende.

KAUM WIEDER IM SCHLOSS, reißt sich Friedrich Wilhelm das Band vom Arm: „Die Reichsfarben musste ich freiwillig aufstecken, um alles zu retten. Ist der Wurf gelungen, so lege ich sie wieder ab", schreibt er an seinen Bruder Wilhelm. Ohnehin hat er für seine Untertanen wenig übrig: „Das Volk ist mir zum Kotzen."

Wie konnte es überhaupt so weit kommen, dass er, von Gottes Gnaden König von Preußen, sich dem Volke so lächerlich zeigen musste? Hatte man nicht, mehr als drei Jahrzehnte war das jetzt her, nach dem Ende Napoleons die Ordnung Europas wieder in die bewährten Hände der Fürsten gelegt?

Wien, September 1814. Die Stadt erstrahlt im Glanz der Herrscher. Von

PREUSSEN-KÖNIG mit Hang zum Hermelin Friedrich Wilhelm IV. war im Mittelalter verhaftet, ließ mit Schinkels Hilfe schöne Bauten schaffen.

Schlote wachsen in den Himmel

KATHEDRALEN DER PRODUKTION
Fabriken wie die Borsig-Werke in Berlin werden zu Motiven der zeitgenössischen Malerei.

allen Ländern Europas sind sie angereist, um auf einem Kongress die Grenzen des Kontinents neu zu vermessen: der russische Zar, der preußische und fünf weitere Könige, dazu Fürsten, Grafen, Herzöge, Kanzler, insgesamt mehr als 300 Gesandte aus 100 Staaten. Nur Napoleon selbst ist nicht zugegen. Er sitzt nun auf Elba. Besiegt, verbannt und abgedankt.

Franz I., Kaiser von Österreich, zeigt sich als guter Gastgeber. Allein 300 Kutschen samt 1200 Pferden hat er neu besorgen lassen, jeder Herrscher darf auf des Kaisers Börse täglich 30 Höflinge bewirten, und ein Komitee kümmert sich um Lotterien, Bankette, Maskenbälle und sonstige praktische Details: Für die Leibesfülle des Königs von Württemberg etwa müssen Halbkreise aus den Tischen gesägt werden. Auch die angereiste Hautevolee gibt sich nicht zugeknöpft. Salons und Bälle allerorten, und schon bald bemerkt der französische Literat Joseph de Ligne trocken: „Der Kongress schreitet nicht voran, er tanzt."

Dabei wartet ein Kontinent voller Probleme! 15 Jahre lang hatte Napoleon Europa dominiert, die Grenzen Frankreichs verschoben, Preußen zur Provinzmacht degradiert, einen Ring von gefügigen Satellitenstaaten geschaffen und das 850-jährige Heilige Römische Reich von der Landkarte gefegt. Dann war der Korse erst in Russlands winterlichen Weiten gescheitert und schließlich in den regnerischen Tagen des Oktobers 1813 den 300 000 Mann starken vereinigten preußischen, österreichischen, russischen und schwedischen Heeren in Leipzig unterlegen. Frankreich also war besiegt. Und Europa seitdem in gehöriger Unordnung.

SCHON DIE FRAGE DER NEUEN GRENZEN Frankreichs ist eine diffizile Causa, wie aber soll man erst mit Deutschland verfahren, diesem Konglomerat aus Napoleon-Alliierten, enteigneten Kirchengebieten, Rhein-Republiken und dem wiedererstarkten Preußen? Und dann haben Fürst von Metternich, der Verhandlungsführer Österreichs, und der russische Zar Alexander pikanterweise auch noch Mätressen im selben Palais – ja, war jene des Zaren zuvor mit Metternich verbandelt!

Monatelang kommen die Verhandlungen nur schleppend voran. Erst im März 1815 geraten die Dinge in Bewegung. Die Fastenzeit reduziert das Pensum der Bälle und, wichtiger noch: Napoleon ist von Elba aufs Festland zurückgekehrt. Es drängt.

Endlich, am 9. Juni 1815, unterzeichnen die Gesandten die Abschlussakte des Wiener Kongresses: Frankreich wird zurechtgestutzt, die Fürstenherrschaft in Europa festgeschrieben, und Deutschland bekommt eine neue Form: Die fast 40 deutschen Staaten und die vier freien Reichsstädte sind nun der „Deutsche Bund". Auch dieses Konstrukt ist alles andere als ein einheitlicher Staat, sondern wieder nur ein loser Verbund, nicht einmal ganz Österreich und Preußen liegen innerhalb der Grenzen des Bundes.

Die Beschlüsse von Wien drehen die Zeit zurück. So sehr sich die deutschen Monarchen noch in den Befreiungskriegen auf den Widerstandswillen ihrer Untertanen verlassen hatten – fortan gilt wieder: Der Fürst hat die Macht. Spätestens als der Versuch, Preußen eine Verfassung zu geben, wenige Jahre nach dem Kongress scheitert, ist der Trend der Zeit nicht mehr zu übersehen: Die Deutschen sollen sich unter die Knute der Obrigkeit begeben.

DOCH DIE WAGEN ZU MURREN. Schon im Juni 1815 gründen Jenaer Studenten die erste Burschenschaft. Heute eher Rechtsausleger, sind die Studentenverbindungen damals erbitterte Gegner der Reaktion. Ihre Ziele sind Einheit, Verfassung und Demokratie, ihre Farben Schwarz, Rot und Gold: die Couleurs einer preußischen Freiwilligeneinheit unter Ludwig Adolf Wilhelm von Lützow. Dessen Männer trugen beim Kampf gegen Napoleon schwarze Uniformen mit roten Vorstößen und goldfarbenen Messingknöpfen, aus praktischen Gründen: Die Freikorpskämpfer mussten sich ihre Uniform selbst besorgen, ergo ihre Kleidung umfärben. Das ging nur in Schwarz, und Messingknöpfe gab es eh überall.

Im Oktober 1817 treffen sich 500 Studenten auf der Wartburg. Im Fackelschein gedenken sie Luthers und der Befreiung des Vaterlands von Tyrannei. Insbesondere Metternich sind derlei Umtriebe nicht geheuer, und als schließlich im

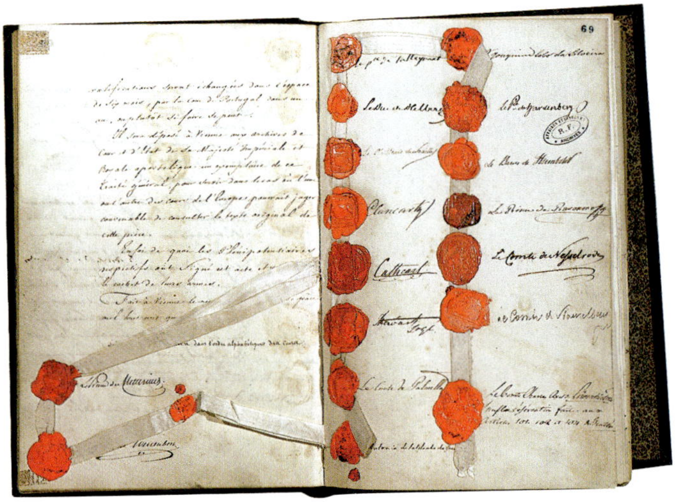

BESIEGELT VON EUROPAS HÄUPTERN

Schlussakte des Wiener Kongresses vom 9. Juni 1815

Frühjahr 1819 ein radikaler Student den konservativen Schriftsteller von Kotzebue ermordet, nutzt der österreichische Kanzler die Gunst der Stunde. Er überzeugt seine Kollegen von der Notwendigkeit eines Unterdrückungsregimes. Die „Karlsbader Beschlüsse" verbieten die Burschenschaften, führen die Zensur von Zeitschriften und Büchern ein und entfernen (ähnlich wie der „Radikalenerlass" in den 1970er Jahren) alle Lehrer von den Hochschulen, die „der öffentlichen Ordnung feindselige oder die Grundlagen der bestehenden Staatseinrichtungen untergrabende Lehren" verbreiten. Auch Rauchen in der Öffentlichkeit steht, weil potenziell konspirativ, nun unter Strafe. Selbst ein Ultrakonservativer wie „Turnvater" Friedrich Jahn muss in den Knast. Die Untertanen mit Gymnastik zu ertüchtigen – so etwas hält die Geheimpolizei für den Aufruf zur Revolte.

DIE SÜDDEUTSCHEN STAATEN immerhin setzen die Beschlüsse nur zögernd um, auch die Burschenschaften bestehen im Geheimen weiter. Und selbst der Rückzug ins Private, den Geschichtsdeuter, einhergehend mit kunstvollem Mobiliar, später „Biedermeier" taufen werden, ist weder brav noch wirklich bieder: Gerade im Privaten, im Untergrund, gedeihen radikale Gedanken besonders gut – erst recht, da die Sorgen um Arbeit und Brot täglich wachsen.

Noch um 1800 war Deutschland ein Agrarland. Seine 24 Millionen Bewohner waren vor allem Bauern. Noch immer umgaben mittelalterliche Mauern die Städte, brauchten Gesellen mancher Zünfte, wenn sie heiraten wollten, die Erlaubnis ihrer Zunft. Reisen, ohnehin kein Luxus, war den Reichen vorbehalten. Die Postkutsche rumpelte von Berlin nach Leipzig in langen 32 Stunden. Der schwedische Schriftsteller Per Daniel Atterbom berichtet 1817, wie der Postillion „durch die langen, schlecht gepflasterten Straßen jagt, sodass den armen Passagieren auf ihren Holzbänken zumute wird, als ob ihnen Leber und Lunge aus dem Leibe springen möchten, und nicht selten Männer, Weiber und Kinder bunt durcheinander von ihren Sitzen herunterwirbeln und auf den Wagenboden fallen".

Dann aber, am 7. Dezember 1835, fährt die erste Dampflokomotive von Nürnberg nach Fürth – und quasi mit ihr Deutschland aus dem Mittelalter in die Industriezeit. Anfangs ist die Skepsis gegenüber dem zischenden Ungetüm groß. „Ortsveränderungen mittels irgendeiner Art von Dampfmaschinen sollten im Interesse der öffentlichen Gesundheit verboten sein", fordern bayerische Ärzte.

Doch schon Mitte des Jahrhunderts durchziehen 6000 Kilometer stählerne Stränge das Land. Während in England die Eisenbahn der Industrialisierung folgt, schafft sie im verkehrstechnisch rückständigen Deutschland deren Grundlagen. Der Ökonom Friedrich List sieht in der Eisenbahn „den Herkules in der Wiege, der die Völker erlösen wird, von der Plage des Krieges, der Theuerung und Hungersnoth". Skeptisch hingegen Heinrich Heine: „Durch die Eisenbahnen wird der Raum getötet, und es bleibt uns nur noch die Zeit übrig."

Doch selbst dieses Ureigenste, die Zeit, geht den Menschen verloren. Sie wird rationalisiert, durch Uhren gemessen; Sonnenaufgang und -untergang, einst die Marken des Tages, verlieren an Bedeutung. Innerhalb von wenigen Jahrzehnten wird Deutschland ein Land der Dampfmaschinen, wachsen Schlote in den Himmel, Stollen in den Boden, vervielfacht sich im Rhythmus von wenigen Jahren jeweils die Produktion von Kohle und Stahl.

ZURÜCK BLEIBT - DER MENSCH. Der Kapitalismus dieser ersten Generation lebt vom Elend seiner Arbeiter. Ihrer Arbeit beraubte Arme drängen in die Städte. Allein in Berlin verdoppelt sich die Bevölkerung zwischen 1800 und 1848 auf 400 000 Menschen. Ein zeitgenössischer Bericht beschreibt ein Mietshaus: Das Gebäude sei „in viele kleine Stuben abgeteilt. In 400 Gemächern wohnen 2500 Menschen". In manchen Zimmern seien Seile kreuzweise gespannt. „In jeder Ecke haust eine Familie."

Aufstände gegen die demütigende Macht der Maschinen, wie jener der schlesischen Weber 1844, sind nicht mehr als das letzte Zucken einer vergangenen Welt. Eine neue Klasse entsteht: das Proletariat. Verarmt, verbittert, anfällig für Krisen – und für den Traum von einer besseren Zeit.

STUNDE DER PATRIOTEN

Eröffnungssitzung der Deutschen Nationalversammlung in der Frankfurter Paulskirche

Wie schon vor der Französischen Revolution 1789 ist es auch in Deutschland der Hunger, der 1848 die Lage verschärft. Zwei Missernten in Folge lassen etwa in Schlesien 1847 18 000 Menschen an Hungertyphus krepieren. Zusammen mit einer Wirtschaftsflaute (allein der Berliner Lokomotivenfabrikant Borsig entlässt ein Drittel seiner Arbeiter) und dem Drängen der Studenten gegen die Obrigkeit schafft das im März eine explosive Situation. Ein Funke kann Deutschland entzünden.

Er kommt aus Frankreich. Dort jagen Ende Februar 1848 die Pariser ihren König davon. Einen Tag später ist die Nachricht jenseits des Rheins, und die Revolution bricht los. Zunächst in Baden, bald darauf in ganz Deutschland demonstrieren die Untertanen gegen ihre Fürsten, für Pressefreiheit, für ein Parlament – und haben Erfolg! Die Erinnerung

„Erlösung von der Plage des Krieges“

FÜNFMAL SCHNELLER
Preußische Infanteristen mit Hinterladern in der Schlacht von Königgrätz im Krieg gegen Österreich 1866

Das Zündnadelgewehr

Mehr Feuerkraft

Das Leben des 18-jährigen Johann Nikolaus von Dreyse änderte sich der Legende nach auf einem Schlachtfeld bei Jena. Er hatte dort nicht einmal selbst gekämpft, sondern war bei einer Wanderung darauf gestoßen. Dreyse war schwer beeindruckt. Aber nicht von den Toten, die überall herumlagen: Es waren die Gewehre, die den gelernten Schlosser faszinierten. Vor allem, wie unbrauchbar sie seiner Meinung nach waren. Fortan widmete er sein Leben dem Bau von Waffen, die er stetig verbesserte – und verhalf Preußen damit

der Monarchen an die robespierresche Guillotine ist noch frisch, fast alle deutschen Herrscher berufen flugs liberale Minister in ihre Regierungen. Badens Großherzog Leopold betrinkt sich anschließend heimlich im Schloss. Selbst der so mächtige Metternich muss zurücktreten und flieht unter falschem Namen aus Wien.

In Berlin wird es ernst. Überall kursieren Bilder aus Paris, vereinzelt gibt es Straßensperren. Dann, es ist der Nachmittag des 18. März 1848, eröffnen Soldaten das Feuer gegen eine Versammlung auf dem Schlossplatz. Der Aufstand ergreift die Stadt. Wohl 10 000 Arbeiter bauen Barrikaden, kämpfen mit Äxten gegen die preußischen Soldaten. Als Muni-

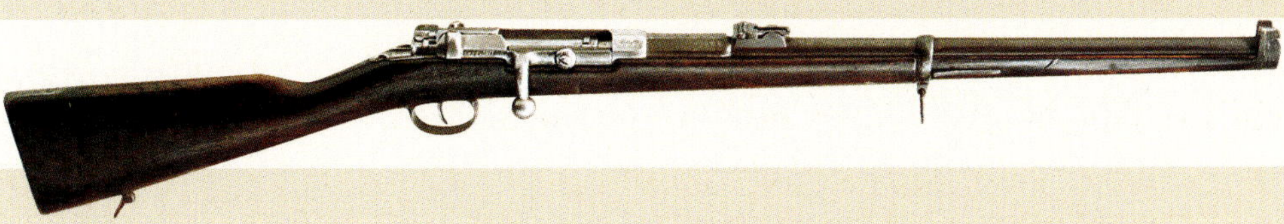

1866 zum Sieg über Österreich. Dreyses Erfindung entschied die Schlacht von Königgrätz. Sein Zündnadelgewehr schoss fünfmal schneller als das der Gegner. Während ein österreichischer Soldat seinen zweiten Schuss noch vorbereitete, hatte der Preuße schon zum fünften Mal abgedrückt. Das Zündnadelgewehr hatte zwei entscheidende Vorteile: Erstens war es ein Hinterlader und zweitens verwendete es Patronen, in denen Kugel, Pulver und Zündmittel schon zusammengefasst waren.
Die Österreicher benutzten noch Vorderlader – ein Prinzip, das schon seit den ersten Handfeuerwaffen im 14. Jahrhundert angewendet wurde. Dabei stopften sie mühevoll erst das Pulver, dann die Kugel von vorne in den Lauf, brachten einen Zünder an. Der Hinterlader konnte dagegen viel einfacher und sogar im Liegen bedient werden: Lauf hinten öffnen, Patrone rein, abdrücken. Eine Nadel schnellte nach vorne, drang in die Patrone ein und traf das Zündmittel, es knallte, das Pulver explodierte, und die Kugel rauschte ihrem Ziel entgegen. Königgrätz markierte den Höhepunkt der Überlegenheit des Zündnadelgewehrs, aber gleichzeitig auch deren Ende.
Weil sie leicht brechen konnte, hatte die Zündnadel eine kurze Lebensdauer – dafür aber einen prominenten Erben: Ihre Technik bildete die Grundlage für die Erfindung des Schlagbolzens, und der wird auch heute noch in Schusswaffen verwendet.

tion für ihre Kanonen dienen mit Murmeln gefüllte Strümpfe, und auch Theodor Fontane schnappt sich einen verrosteten Karabiner aus der Requisitenkammer des Königstädter Theaters, um an den Bollwerken aus Wagen und Buden zu kämpfen. Feuerschein erhellt die Nacht, Rauch steigt auf, die Glocken läuten Sturm.

Erst am nächsten Morgen nehmen des Königs Truppen den Bezirk um das Schloss wieder ein. Dann aber zieht Friedrich Wilhelm IV. die Soldaten zurück. Er hat Angst vor einer Meuterei. 190 Tote bleiben zurück. Die Berliner laden die Leichen auf Leiterwagen und ziehen Richtung Schloss. Sie wollen ihren König sehen. Der kommt heraus, zieht sogar seine Feldmütze vor den Toten. Zwei Tage später streift sich der Monarch dann die schwarz-rot-goldene Armbinde über und reitet durch die Stadt. Der Siegestag! Ist endlich auch das reaktionäre Preußen gebrochen?

Scheinbar. Friedrich Wilhelm will mit dem Schauspiel nur seine Haut retten. Auch die anderen Hohenzollern halten von dem Spektakel wenig. „Gegen Demokraten helfen nur Soldaten", meint Friedrichs Bruder, der spätere Kaiser Wilhelm I. Er würde die Kanaille am liebsten zusammenschießen lassen.

Noch aber geht die Revolution weiter. Anfang April beschließen Bürgerrechtler in Frankfurt, eine Nationalversammlung wählen zu lassen. Die Deutschen – oder genauer: etwa 80 Prozent der Männer – dürfen zum ersten Mal ein Parlament bestimmen. Am 18. Mai 1848 ziehen die mehr oder minder demokratisch Gewählten durch schwarz-rot-goldene Fahnen, begleitet von Böllerschüssen und Glockengeläut, in die Frankfurter Paulskirche. Über der Orgel hängt das Gemälde einer vollbusigen Germania, 2000 Zuschauer verfolgen das Spektakel von den Emporen.

ES IST EIN PARLAMENT DER DICHTER UND DENKER. Der Schriftsteller Ludwig Uhland ist dabei, auch Märchensammler Jakob Grimm und überhaupt viele Professoren – vor dumpfem Nationalismus schützt das nicht. Das so lang darbende Vaterland will man einen, um andere schert man sich wenig. „Ein Krieg mit Russland ist Lebensbedingung", sinniert Robert Blum, der Kampf sei „die Luft für den Atem unserer Freiheit". Von der „welthistorischen Mission" ist die Rede, und der Berliner Abgeordnete Wilhelm Jordan schlägt sogar vor, ganz Südosteuropa zu germanisieren, auf „dass die deutsche Küste bespült werde von den Wogen des schwarzen Meeres".

Während man in Frankfurt über einer Verfassung brütet, rüstet die Reaktion zum Gegenschlag. Noch immer ist die Stimmung aufgeheizt, in Köln etwa durch die „Neue Rheinische Zeitung" von Karl Marx und Friedrich Engels. Die Monarchen warten auf günstige Gelegenheiten.

Im Oktober 1848 erobern österreichische Truppen Wien von Aufständischen zurück. Schwarz-Rot-Gold gerät ins Straucheln. Als schließlich im April 1849 der preußische König Friedrich Wilhelm IV. die von der Nationalversammlung angebotene Kaiserkrone verächtlich ablehnt – sie sei „ernstlich keine Krone", befindet der Monarch, und „behaftet mit dem Ludergeruch der Revolution" –, ist der Traum vom demokratisch geeinten Vaterland eigentlich schon ausgeträumt.

ZWAR VOLLENDEN DIE ABGEORDNETEN noch die Verfassung, zwar schreiben sie Grundrechte fest, die später der Weimarer Verfassung und dem Bonner Grundgesetz als Vorbild dienen – indes: In Kraft gesetzt wird die Charta nicht. Im Mai 1849 erobern preußische Truppen zuerst Dresden, wo auch der junge Richard Wagner kämpft, im Juli dann die letzte revolutionäre Bastion Rastatt. Die Generäle lassen mehr als 50 Aufständische hinrichten. Die Revolution in Deutschland ist gescheitert.

Und damit, erst einmal, auch die Einheit.

Doch nun macht ein preußischer Junker mit schneidend hoher Stimme und hünenhafter Statur Karriere, der den schwarz-rot-goldenen Ritt des preußischen Königs als „Weichlichkeit" beschimpft und den Aufstand am liebsten eigenhändig niederschießen möchte: Otto Graf von Bismarck.

SUBVERSIVE ERTÜCHTIGUNG

Um ihre Macht zu sichern, lassen die Behörden sogar den erzkonservativen Turnvater Jahn ins Gefängnis werfen.

Im „Kommunistischen Manifest“ rufen Karl Marx und Friedrich Engels zur Revolution auf. Die Obrigkeit reagiert sofort, das Proletariat erst mit Verzögerung.

Sprengstoff mit Zeitzünder

„Ein Gespenst geht um in Europa – das Gespenst des Kommunismus“, lauten die berühmten ersten Worte im „Manifest der Kommunistischen Partei“. Als es im Februar 1848 erscheint, nimmt kaum jemand Notiz davon. Jahrzehnte später aber wird das schmale Bändchen die Welt erschüttern.

Die Verfasser sind zwei junge Männer – beide noch nicht einmal 30: Karl Heinrich Marx, geboren 1818 in Trier als Sohn eines gezwungenermaßen zum Christentum konvertierten jüdischen Anwalts, und der zwei Jahre jüngere Friedrich Engels, Spross einer wohlhabenden Fabrikantenfamilie aus Barmen. Engels' Buch über das Leben der Fabrikarbeiter in Manchester hat schon 1845 Aufsehen erregt, Marx hat für die liberale „Rheinische Zeitung“ in Köln vom Elend der deutschen Arbeiter berichtet, bis das Blatt 1843 verboten wurde. Basierend auf der Idee französischer Revolutionäre von einer klassenlosen Gesellschaft, erarbeiten die beiden eine politische Theorie, derzufolge eine solche Ordnung nicht nur erstrebenswert, sondern schlicht unausweichlich ist.

Im Auftrag des „Bundes der Kommunisten“ in London verfassen sie das Programm der neuen Bewegung. „Die Geschichte aller bisherigen Gesellschaft ist die Geschichte von Klassenkämpfen“, heißt es darin. „Unterdrücker und Unterdrückte … führten einen ununterbrochenen … Kampf,

Neue
Rheinische Zeitung
Organ der Demokratie.
1849.
Köln, Samstag, den 19. Mai
№ 301.
Abschiedswort der Neuen Rheinischen Zeitung.

DIE LETZTE AUSGABE

Am 19. Mai 1849 erscheint die „Neue Rheinische Zeitung" zum letzten Mal, die Herausgeber Marx (l.) und Engels fliehen ins Exil.

der jedes Mal mit einer revolutionären Umgestaltung der ganzen Gesellschaft endete."

Auch jetzt, Mitte des 19. Jahrhunderts, stünden sich wieder zwei Klassen unversöhnlich gegenüber: die „modernen Kapitalisten" oder „Bourgeoisie", die die „Produktionsmittel" besitzen, und die „modernen Lohnarbeiter", das „Proletariat", das von ihnen ausgebeutet wird. Auf den Produktionsprozess hat der einzelne Arbeiter keinen eigenen, schöpferischen Einfluss mehr; die Arbeitsteilung degradiert ihn zum bloßen Zubehör einer Maschine – entfremdet ihn von seiner Arbeit und sich selbst.

Der Kapitalist macht dabei Profit, weil er den Beschäftigten nur einen Bruchteil dessen zahlt, was sie mit ihrer Arbeit an Werten schaffen. Diesen „Mehrwert" investiert er in neue Produktionsmittel, das vergrößert sein Kapital und treibt den Fortschritt an. Durch neue Technik werden immer weniger Arbeiter nötig, was die „industrielle Reservearmee" wachsen lässt, Löhne drückt und die allgemeine Verelendung fördert.

Den Proletariern bleibt keine Wahl, als sich mit einer Revolution von ihren Unterdrückern zu befreien und eine „Diktatur des Proletariats" zu errichten. Diese werde letztlich alle Klassenunterschiede aufheben. „Die Proletarier", schreiben Marx und Engels, haben „nichts ... zu verlieren als ihre Ketten. Sie haben eine Welt zu gewinnen."

Im April 1848 gehen beide nach Köln und gründen die radikale „Neue Rheinische Zeitung". Sie wollen Einfluss nehmen auf die Vorgänge in Deutschland und die Revolution vorantreiben. Um das Bürgertum nicht zu verschrecken, soll vom Kampf der Arbeiter jedoch vorerst nicht die Rede sein. Als wenige Monate später die reaktionären Kräfte wieder die Oberhand gewinnen, wird Karl Marx ausgewiesen, Friedrich Engels per Haftbefehl gesucht. Im Herbst 1849 gehen sie ins Londoner Exil.

Die welthistorischen Folgen ihrer Arbeit erleben sie nicht mehr: Marx stirbt am 14. März 1883, Engels am 5. August 1895 in London. 22 Jahre später wird ein Mann namens Wladimir Iljitsch Uljanow, genannt Lenin, mit dem Manifest in der Hand eine Revolution in Gang setzen.

„Heil dir im Siegerkranz"

1848 ist dieser Bismarck 32 Jahre alt und gerade dabei, seine Leidenschaft für die Politik zu entdecken. Im Vereinigten Landtag, dem preußischen Pseudo-Parlament, profiliert er sich als Hardliner der übelsten Sorte. Er bestreitet, dass die Preußen in den Befreiungskriegen gegen Napoleon für eine Verfassung gekämpft hätten, als hätte „die Nation dafür, dass sie sich selbst befreit habe, dem König eine in Verfassungsparagrafen zahlbare Rechnung überreichen wollen". Aufruhr im Saal. „Ich blieb auf der Tribüne", schreibt Bismarck, „blätterte in einer Zeitung und brachte, nachdem der Lärm sich ausgetobt hatte, meine Rede zu Ende."

Dem preußischen König gefällt so etwas. Prinzipiell. Fürs Kabinett aber ist der Junker selbst ihm zu scharf („nur zu gebrauchen, wenn das Bajonett schrankenlos waltet", notiert er), und Bismarck wird zunächst Gesandter beim Bundestag in Frankfurt, später Botschafter in St. Petersburg und Paris. Immer zeigt er dabei ein seltsam janusköpfiges Wesen. Hier der skrupellose Machtmensch, dort der empfindsame Kavalier, der seine Frau mit zärtlichen Liebesbriefen bezirpst, ja einmal sogar, beim Urlaub in Biarritz, eine 20 Jahre jüngere Russin wie ein Teenager umschwärmt. Den Olivenzweig, den sie ihm schenkt, wird er sein Leben lang im Zigarrenetui aufbewahren.

BISMARCKS STUNDE KOMMT im September 1862. Der preußische König, mittlerweile ist es Wilhelm I., steckt in der Krise. Der Landtag beruft sich auf eines seiner wenigen Rechte und weigert sich, ihm den gewünschten Militäretat zu genehmigen. Wilhelm I. will abdanken. Mehrere Stunden redet Bismarck in Schloss Babelsberg auf Wilhelm ein, spricht von einer „Periode der Diktatur", die unumgänglich sei. Er werde „lieber mit dem König untergehen, als Eure Majestät im Kampfe mit der Parlamentsherrschaft im Stich lassen".

Am Abend verwirft Wilhelm den Rücktritt – und ernennt Bismarck zum preußischen Ministerpräsidenten. Eine Woche später hält der Neue jene Rede, die ihn bis heute zum Kriegslüstling stempelt: „Nicht auf Preußens Liberalismus sieht Deutschland, sondern auf seine Macht.

SCHWERES GESCHÜTZ
Ein Dokument aus der Frühzeit der Fotografie zeigt Soldaten mit erbeuteten dänischen Kanonen auf den Düppeler Schanzen im April 1864.

Nicht durch Reden und Majoritätsbeschlüsse werden die großen Fragen der Zeit entschieden – das ist der große Fehler von 1848 gewesen –, sondern durch Eisen und Blut."

ABER, DENN DAS IST JA DIE GRÖSSTE FRAGE der Zeit, was für ein Nationalstaat soll es denn werden? Noch immer ist Deutschland der „Deutsche Bund", hat es weder einheitliche Verwaltung noch Währung noch Hauptstadt, ja nicht einmal in der Zeit ist man sich einig: Berlin ist München sieben Minuten voraus. Dabei wachsen die Fabriken weiter. Zwischen 1850 und 1870 verfünffacht sich die Eisenproduktion! Und mit ihr die Rufe der Wirtschaft nach klaren Normen und Abschaffung der Zölle. So aber gibt es einen Flickenteppich aus Winzlingen wie dem thüringischen Fürstentum Schwarzburg-Rudolstadt mit gerade mal ein paar Zehntausend Untertanen, Mittelstaaten wie Bayern oder Württemberg und schließlich den großen Mächten, Preußen und Österreich.

Überhaupt, Preußen und Österreich. Immer klarer wird: Die D-Frage muss sich an den beiden entscheiden. Soll ein geeintes Vaterland beide umfassen, also „großdeutsch" sein? Oder „kleindeutsch" ohne Österreich? Bismarcks Antwort ist eindeutig: Österreich soll vor die Tür!

Vier Jahre nach seiner Ernennung bekommt er die Gelegenheit dazu. Hat Preußen im Krieg von 1864 noch gemeinsam mit Österreich gegen Dänemark gekämpft, zeichnet sich nur zwei Jahre später der Bruderzwist mit Habsburg ab. Schon lange drängt Bismarck zum Waffengang gegen Austria. „Es roch nach Pulver", bemerkt der britische Botschafter bei seiner Ankunft in Berlin im Februar 1866. Streitigkeiten um das österreichisch verwaltete Holstein bieten den willkommenen Anlass. Im Juni 1866 marschieren dort preußische Truppen ein. Auf Antrag Österreichs beschließt der Deutsche Bund daraufhin am 14. Juni 1866 Krieg gegen Preußen. Im Gegenzug erklärt Berlin den Bund einfach für aufgelöst.

DEUTSCHE SCHIESSEN NUN AUF DEUTSCHE. Aus Furcht vor der preußischen Eroberungslust haben sich Hannover, Sachsen, Bayern, Württemberg, Baden und andere auf die Seite Österreichs geschlagen. Preußens Generäle setzen auf moderne Technik. Sie schicken die Soldaten mit der Eisenbahn an die Front, ersetzen Meldereiter durch Telegrafen, das neue Zündnadelgewehr erlaubt fünf Schuss pro Minute gegenüber nur einem beim Gerät der Gegenseite, und schon vor dem entscheidenden Aufeinandertreffen in Böhmen ist das Habsburger Lager eigentlich verloren.

Dort, bei Königgrätz, stehen sich schließlich in den nebligen Morgenstunden des 3. Juli 1866 200 000 preußische und ebenso viele österreichische Soldaten gegenüber. Zu Pferd auf einem Hügel verfolgen Wilhelm, Bismarck und Generalstabschef Moltke die Schlacht. Kanonendonner mischt sich mit der Musik der vorrückenden Spielmannszüge, Ulanen, Kürassiere, Husaren und Infanteristen liefern sich zunächst ein unentschieden blutiges Gemetzel. Erst als die Armee des preußischen Kronprinzen in die rechte Flanke der Österreicher dringt, ist die Schlacht entschieden.

Und damit auch die deutsche Frage. Ein großdeutsches Reich ist passé. Frankreich versucht vier Jahre später, von Bismarck provoziert, den preußisch-dominierten Nationalstaat mit einem Krieg zu verhindern, aber das ist kaum mehr als ein Epilog. Denn auch jetzt zeigt sich der preußische Militärapparat schnell als überlegen, und so kommt man, es ist der 18. Januar 1871, gegen Mittag im Spiegelsaal des Schlosses von Versailles zusammen, um das geeinte deutsche Reich zu verkünden. Das Schauspiel ist glanzlos. Wegen der Belagerung von Paris ist nicht mal eine Ehrengarde abkömmlich. Wilhelm I. liest eine Rede vor, die ihm Bismarck aufgeschrieben hat, spricht von der Pflicht, die Kaiserkrone zu übernehmen. Dann proklamiert Bismarck „in geschäftlicher Art", wie der Kronprinz notiert, den Preußenkönig zum deutschen Kaiser. Hochrufe, eine Kapelle spielt „Heil dir im Siegerkranz". Nach einer Stunde ist alles vorbei.

Eine Woche später ist Frankreich besiegt. Ein neues deutsches Reich von Straßburg bis Königsberg, von Jütland bis an die Alpen sitzt nun in der Mitte Europas. Es ist ein mächtiges, ein selbstbewusstes Reich, stolz auf seine boomende Industrie, seine jahrhundertealte Kultur, seine siegreiche Armee.

Für den Frieden vielleicht einfach ein wenig zu stolz.

*

PRUNKVOLLER RAHMEN

Wilhelm I. wird im Spiegelsaal von Versailles zum Deutschen Kaiser ausgerufen.

Auf dem Weg zur Welt Bismarcks klein

Bei einem Besuch in Hamburg 1913 beobachtet Wilhelm II. mit seiner Entourage einen „Negerkampf“ im Tierpark Hagenbeck. Der Kaiser liebt solche Auftritte, auch, weil er damit Deutschlands Hunger nach Kolonien demonstrieren will.

geltung: deutsche Großmacht

Die Schornsteine rauchen, die Wissenschaft feiert Erfolge. Trotz Bismarcks Sozialgesetzen kämpfen die Arbeiter gegen den autoritären Staat. Wilhelm II. rüstet für den Kampf um einen Platz an der Sonne. Deutschland taumelt in die Katastrophe des Ersten Weltkriegs.

Der Kaiser gibt Bismarck den Laufpass

ABSCHIED UNTER DEM JUBEL DER MASSEN
Der Verkehr stockt, die Menge weicht zurück und applaudiert, als Bismarck nach seinem Rücktritt 1890 seinen Amtssitz in der Berliner Wilhelmstraße verlässt – so zeigt ein fotorealistisches Gemälde von damals den Abgang des Reichskanzlers. Der war mit verschärften Gesetzen gegen die Sozialdemokraten gescheitert, vor allem aber war er Wilhelm II. bei dessen Außenpolitik im Weg.

Was im Reich geschah

1871
Nach der Reichsgründung wird eine neue Währung eingeführt: die Mark

1875
Gründung der Sozialistischen Arbeiterpartei Deutschlands, ab 1890 heißt sie Sozialdemokratische Partei Deutschlands (SPD)

1878
Sozialistengesetze verbieten sozialistische Parteien und Vereine, Druckschriften und Versammlungen

Benz Viktoria von 1893

1883
Erste gesetzliche Krankenversicherung. 1889 folgen Invaliden- und Rentenversicherung

1886
Gottfried Daimler und Carl Benz bauen das erste Automobil

Was anderswo geschah

1896
Der Oberste Gerichtshof bestätigt die Rassentrennung in den USA

1905
Russland erlebt nach der Niederlage im Krieg mit Japan die erste Revolution

1914
Die USA eröffnen den Panamakanal

1914
Das Attentat auf den österreichisch-ungarischen Thron-

Der Architekt der Reichsgründung scheitert am Ehrgeiz Wilhelms II.

Wilhelm II. verlässt 1918 Berlin

Stapellauf in Kiel

1890
Kaiser Wilhelm II. entlässt Reichskanzler Bismarck

1895
Erstmals arbeiten in der Industrie so viele Menschen wie in der Land- und Forstwirtschaft

1898
Das Reich beginnt massiven Ausbau der Flotte

1908
Mädchen dürfen in Preußen Abitur machen und studieren

1914–1918
Erster Weltkrieg: Fast 15 Millionen sterben, davon sechs Millionen Zivilisten

1918
Matrosenaufstände lösen die Revolution aus. Am 9. November wird Friedrich Ebert Reichskanzler, Philipp Scheidemann ruft die Republik aus. Der Kaiser muss abdanken, reist von seinem Urlaubsort Spa ins holländische Exil. Am 11. November wird der Waffenstillstand von Compiègne unterzeichnet

folger Franz Ferdinand in Sarajevo löst den Ersten Weltkrieg aus: die Tripel-Entente Russland, Frankreich, Großbritannien mit ihren Verbündeten gegen die Mittelmächte Deutschland, Österreich-Ungarn, Osmanisches Reich, Bulgarien

1917
Oktoberrevolution in Russland unter Führung Lenins

Mit Hurra in den Tod

Im Ersten Weltkrieg sterben fast

15 Millionen Menschen, davon sind sechs Millionen Zivilisten

DIE DEUTSCHEN JUCKT DIE SÄBELSPITZE

Begeistert schwenken Männer in Berlin ihre Hüte, als am 1. August 1914 die Mobilmachung verkündet wird. In Bahnwaggons fahren junge Soldaten an die Front.
Sie wähnen sich auf einem „Ausflug nach Paris". Doch bereits nach wenigen Monaten stecken die Armeen in einem verlustreichen Stellungskrieg fest.

Von Togo bis Palau *Mit kleinen Territorien in Afrika*

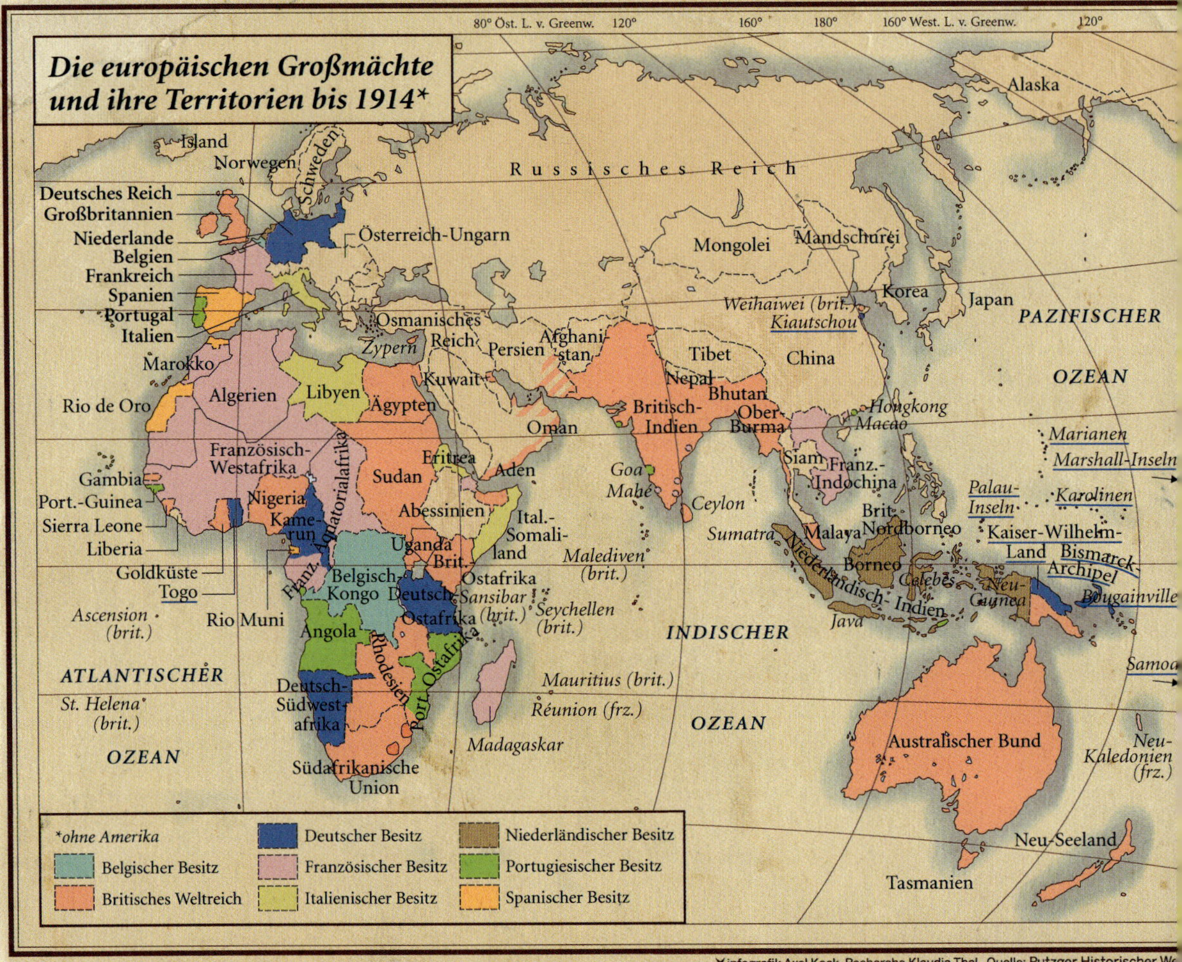

infografik Axel Kock, Recherche Klaudia Thal Quelle: Putzger Historischer We

Historische Situation

Der erste deutsche Nationalstaat ist bei der Reichsgründung 1871 den Nachbarn an Fläche, Bevölkerungszahl, Wirtschaftskraft und militärischer Stärke überlegen. Kaiser Wilhelm II. will Weltgeltung erlangen. Seine sprunghafte Außenpolitik und die massive Aufrüstung provozieren den Schulterschluss von Frankreich, England und später auch Russland. Gesellschaftliche Umwälzungen durch die Industrialisierung schaffen ein großes Kon-

und im Pazifik ist das Reich als Kolonialmacht ein Zwerg

fliktpotenzial, das sich vor dem Hintergrund des verlorenen Kriegs schließlich in der Revolution von 1918 entlädt.

Bevölkerung
Die deutsche Bevölkerung wächst zwischen 1890 und 1913 um rund ein Drittel: von 49 auf 67 Millionen.

Lebenserwartung
Die durchschnittliche Lebenserwartung liegt 1910 für Frauen bei 48,3, für Männer bei 44,8 Jahren – fast zehn Jahre höher als 1871. Die Säuglingssterblichkeit sinkt auf etwa 25 Prozent.

Lebensverhältnisse
Die Versorgung mit Grundnahrungsmitteln ist gesichert, der Reallohn wächst jährlich um ein Prozent. Spätestens ab 40 droht Arbeitern die Altersarmut, sie sind verbraucht. Frauen müssen mitverdienen, nähen oft in Heimarbeit gegen Akkordlohn. Familien nehmen Untermieter auf oder Schlafgänger, die nur zum Übernachten kommen. Im Ruhrgebiet sind 1893 unter den Bergleuten 21 Prozent Schlafgänger.

Städte
Zur Zeit der Reichsgründung haben nur 8 Städte mehr als 100 000 Einwohner, 1910 sind es schon 48. An der Spitze liegt weiterhin Berlin (2,07 Millionen), gefolgt von Hamburg (932 000), München (596 590) und Leipzig (589 800). 1914 lebt jeder Fünfte in einer Großstadt.

Regierungsform
Das Deutsche Reich (Flagge schwarz-weiß-rot) ist eine konstitutionelle Monarchie. Der Kaiser ernennt den Reichskanzler und bestimmt die Staatssekretäre, welche die Reichsämter leiten. Die Regierung ist nur dem Kaiser verantwortlich. Das Parlament kann bei Gesetzen mitwirken und das Budget verabschieden. Wählen dürfen nur Männer über 25.

Bauwerke
Monumentale Prachtbauten in historisierendem Stil entstehen, oft in Neobarock: Reichstag (1894), Berliner Dom (1904). Nach seinem Tod 1888 errichtet man Kaiser Wilhelm I. im ganzen Land Hunderte Denk-

Werbung für Bartbinden und Unterwäsche, Durchhalteparolen, Propaganda gegen „Neger" und England-Aufkleber spiegeln den Zeitgeist

mäler (Porta Westfalica bei Minden, Deutsches Eck in Koblenz, Kyffhäuser-Denkmal in Nordthüringen). Auch Bismarck steht bald überall. Zeitgenossen sprechen von einer „Denkmalsseuche".

Sprache

Die staatliche Rechtschreibkonferenz legt 1901 erstmals verbindliche Regeln fest. Grundlage ist das Wörterbuch von Konrad Duden. „Thal" wird zu „Tal", „Curs" zu „Kurs". Während des Kriegs gelten fremdsprachige Begriffe als antinational. Sogar Zigarettenhersteller ändern ihre Markennamen: „Gibson Girl" wird zu „Wimpel", „Chic" zu „Flott", „Duke of York" zu „Graf Yorck von Wartenburg".

Kulturelle Meilensteine

Ab 1896 prägt die Zeitschrift „Jugend" den neuen Jugendstil. Der Expressionismus ist die Gegenbewegung zur konservativen Monumentalmalerei. Die Künstler organisieren sich in Zirkeln wie der „Brücke" (Kirchner, Schmidt-Rottluff, Heckel), dem „Blauen Reiter" (Kandinsky, Marc, Macke). Das Reich erlebt die Pionierzeit des Stummfilms.

Minderheitenpolitik

1,5 Millionen Elsässer und Lothringer und drei Millionen Polen mit deutscher Staatsangehörigkeit werden mit „Germanisierungsbemühungen" überzogen. 1885 werden 48 000 Polen mit ungeklärter Staatsbürgerschaft aus den preußischen Ostprovinzen ausgewiesen. Gleichzeitig holen Anwerber junge polnische Männer ins Reich. Die Zahl der Ausländer wächst von 207 000 (1871) auf 1,2 Millionen (1910). 1900 stellen Polen, Litauer und Tschechen im Ruhrgebiet ein Drittel der Arbeiterschaft. Die Gleichberechtigung der 512 000 Juden (1,25 Prozent der Bevölkerung) ist in der Reichsverfassung von 1871 verankert. Dennoch nimmt der Antisemitismus zu: Allein zwischen 1873 und 1890 erscheinen mehr als 500 Schriften über die „Judenfrage".

Wissenschaft und Technik

1882 entdeckt Robert Koch das Tuberkulose-Bakterium. In Berlin gründet Emil Rathenau ein Unternehmen, das seit 1887 Allgemeine Elektricitäts-Gesellschaft (AEG) heißt. Es versorgt bald ganze Städte mit Strom. 1891 gelingen Otto von Lilienthal erste Flugversuche, 1895 entdeckt Wilhelm Conrad Röntgen die nach ihm benannte Strahlung, 1905 entwickelt Albert Einstein die spezielle Relativitätstheorie.

Der Mörser „Dicke Bertha"

Waffen

Flugzeuge und U-Boote kommen zum Einsatz, gegen Ende des Ersten Weltkriegs gibt es auf deutscher Seite auch den Prototyp eines „Sturmpanzerwagens". Verheerend ist die schwere Artillerie. Zum ersten Mal in der Geschichte wird Giftgas eingesetzt.

Landwirtschaft und Ernährung

Der Kunstdüngerverbrauch steigt auf fast sechs Millionen Tonnen jährlich. Zwischen 1882 und 1907 kann der Ertrag damit beinahe verdoppelt werden. Der Verbrauch von Zucker, ehemals ein Luxusgut, steigt von gut vier auf fast 18 Kilo pro Kopf und Jahr. Die Industrie bringt Trockensuppen, Nudeln, Grieß auf den Markt, Maggi wird zum Verkaufsschlager. Im Krieg werden Lebensmittel knapp, 1916 liegt der Nährwert derTagesration bei nur noch 1000 Kalorien. Bis Kriegsende verhungern in Deutschland 800 000 Menschen.

Industrie und Handel

Seit der „Gründerzeit" entwickelt sich Deutschland vom Agrarstaat zur größten Industrienation Europas. Bis 1914 wächst die Produktion um das Sechs-, der Export um das Vierfache. Der Hamburger Hafen wird „Tor zur Welt", Krupp zum größten Industriekonzern (80 000 Beschäftigte). Von 1914 bis 1918 verliert die Mark fast die Hälfte ihres Kaufwertes.

Maggi-Flasche um 1914

Zeugnisse der Epoche

Neues Münchner Rathaus (1909)
Hamburger Rathaus (1897)
Otto-Lilienthal-Museum, Anklam
Jugendstil-Kaufhaus in Görlitz (Karstadt) von 1913

Huldvoll legte der Kaiser die rechte Hand an die Pickelhaube und erwiderte aus der offenen Kutsche den Gruß eines Berliner Bürgers. Im zweiten Stock des Hauses Nr. 18 an der Prachtstraße Unter den Linden öffnete sich ein Fenster. Eine doppelläufige Schrotflinte erschien. Ein dumpfer Knall. Dann noch einer. Wilhelm I., König von Preußen und deutscher Kaiser seit sieben Jahren, bekam beide Ladungen ab. Die blank polierte preußische Pickelhaube rettete dem 81-Jährigen das Leben. 18 Schrotkörner blieben in ihr stecken.

Passanten eilten die Treppen im Haus des Schützen hoch und stellten den Täter, den 30-jährigen Doktor der Landwirtschaft Karl Eduard Nobiling, in seiner Wohnung. Bevor sie ihn überwältigen konnten, jagte sich Nobiling eine Revolverkugel in den Hinterkopf. Er lebte noch drei Monate, starb aber, ohne wieder vernehmungsfähig geworden zu sein.

OBWOHL WILHELM AN ARM, Stirn und Rücken heftig blutete, bewahrte er Haltung. „Ich begreife nicht, weshalb immer auf mich geschossen wird", sagte er erstaunt zu seinem Leibjäger, der vom Kutschbock aus dem Attentat hilflos zugeschaut hatte. Dann erst sackte die greise Majestät wegen des hohen Blutverlustes in sich zusammen. Trotz seines Alters erholte sich Wilhelm recht schnell von den Wunden, fühlte sich nach ein paar Wochen gesünder als zuvor und scherzte, Nobiling sei wohl der beste Arzt gewesen, den er je gehabt hätte.

EIN REAKTIONÄR, MIT EHRUNGEN ÜBERHÄUFT

Als Kartätschenprinz war er 1848 für die Niederschlagung der Revolution eingetreten, als Kaiser der Reichsgründung wurde Wilhelm I. mit Orden behängt und in Denkmälern verewigt.

Das Attentat am 2. Juni 1878 war bereits das dritte auf den Monarchen aus dem Haus der Hohenzollern. Schon 1861 hatte ihn ein junger Mann während einer Kur in Baden-Baden mit einem Pistolenschuss leicht am Hals verletzt. Der Grund damals: „Ich werde den König von Preußen erschießen, weil er die Einigkeit Deutschlands nicht herbeiführen kann." Und nur drei Wochen vor der Schrotattacke hatte der Klempnergeselle Max Hödel ebenfalls Unter den Linden zweimal seinen Revolver auf Wilhelm abgefeuert. Doch er schoss daneben.

Die Verwunderung des alten Kaisers, weshalb man ausgerechnet ihm noch immer nach dem Leben trachte, war verständlich. Seit 1871 war Deutschland unter Kaiser Wilhelm I. mit Preußen als protestantischer Führungsmacht geeint – auch wenn dieses Zweite Deutsche Kaiserreich nach dem Willen des allmächtigen Reichskanzlers Otto von Bismarck unter dem Ausschluss Österreichs gegründet worden war – doch immerhin gemeinsam mit Bayern, Württemberg, Sachsen und zwei Dutzend weiteren deutschen Kleinstaaten.

Das Reich war ein Rechtsstaat mit freiem, gleichem, geheimem Wahlrecht (allerdings nur für Männer). Deutschland befand sich auf dem Weg zur führenden Industrienation Europas. Es verstand sich als Friedensmacht. Der Poesieschreiber Karl Simrock etwa pries das neue Reich so: „Wenn die Deutschen Deutsche werden/gründen sie das Reich auf Erden/das die Völker all' umschlingt/und der Welt den Frieden bringt." Nur ein Verrückter oder ein Verbrecher konnte den höchsten Repräsentanten dieses Gemeinwesens umbringen wollen. Oder ein Sozialist.

Dr. Nobiling war ein querulanter Verrückter, Hödel ein Betrüger. Und beide standen dem Sozialismus nahe. Zumindest Bismarck und das deutsche Bürgertum sahen das so. Sozialisten, diesen Gesellen, die nicht an Deutschland, sondern an eine Internationale der Arbeiterklasse glaubten, war alles zuzutrauen. Die Mordversuche boten Bismarck und seinen Standesgenossen willkommenen Anlass, diese neue politische Kraft zu bekämpfen, wie vielen aus der aufstrebenden Schicht der Kaufleute, Unternehmer und Akademiker.

Eine „bedrohliche Räuberbande“

LINKE PROMINENZ

Um 1900 entstand die Aufnahme führender Sozialdemokraten. Jeweils in der Mitte der Vorsitzende Wilhelm Liebknecht (hinten) und sein Nachfolger August Bebel (vorn).

Die adeligen Großgrundbesitzer fürchteten, ihre alten Privilegien zu verlieren. Und das Bürgertum bangte um seinen Wohlstand, falls die Arbeiter stark genug würden, mehr vom wachsenden Volksvermögen für sich zu verlangen. Die Sozialisten taten ihrerseits zumindest rhetorisch alles, die Ängste der Besitzenden zu schüren. „Ehe wenige Jahrzehnte vergehen, wird der Schlachtruf ‚Krieg den Palästen, Friede den Hütten, Tod der Not und dem Müßiggang!‘ der Schlachtruf des gesamten europäischen Proletariats werden“, hatte August Bebel, ihr Vorsitzender, schon 1871 im Reichstag gedroht.

„Bedrohliche Räuberbande, mit der wir gemeinsam unsere größeren Städte bewohnen“, nannte Bismarck in einem Brief an den bayerischen König Ludwig II. die 1875 gegründete „Sozialistische Arbeiterpartei

Deutschlands". Im Herbst 1878 brachte er das Gesetz „wider die gemeingefährlichen Bestrebungen der Sozialdemokratie" durch den Reichstag. Es verbot die sozialistischen Parteien, Gewerkschaften, ihre Versammlungen und Druckschriften. Hunderte von Arbeiterführern wurden verhaftet, zur Auswanderung oder in den Untergrund gezwungen. Der Popularität der Bewegung schadete das nicht, die Zahl der Anhänger und Wähler wuchs von Jahr zu Jahr.

Denn trotz des Gesetzes durften sich Kandidaten der Arbeiterpartei zur Wahl für den Reichstag stellen. 1890 erhielten die Sozialisten, inzwischen in „Sozialdemokratische Partei Deutschlands" umbenannt, erstmals die meisten Stimmen. Nur der Zuschnitt der Wahlkreise, der die Verstädterung in Deutschland nicht berücksichtigte, verhinderte, dass die SPD auch die stärkste Fraktion im Parlament wurde. Mit einer Anhängerschaft vornehmlich in den Städten brauchte die SPD dort für einen Sitz durchschnittlich 76 000 Stimmen, im ländlichen Raum reichten den Konservativen dafür schon 18 000 Stimmen.

Bismarck hatte damals schon erkannt: Mit Unterdrückung allein war der Arbeiterbewegung nicht beizukommen. Daher wollte er sie gleichzeitig unterlaufen und die „Heilung der sozialen Schäden nicht ausschließlich auf dem Weg der Repression, sondern gleichzeitig auf dem der positiven Förderung des Wohls der Arbeiter" suchen. Im Lauf der 1880er Jahre führte er per Gesetz Kranken-, Unfall- und Altersversicherung ein. Deutschland galt damit als Europas fortschrittlichster Sozialstaat.

FÜR DAS PROLETARIAT wogen Sozialistengesetze und polizeistaatliche Verfolgung dennoch schwerer. Bis zum Beginn des Ersten Weltkriegs, als auch die SPD in den allgemeinen Hurra-Patriotismus einstimmte, blieben weite Teile der Arbeiterschaft – und damit ein Großteil der deutschen Bevölkerung – dem Deutschen Reich tief entfremdet. „Kein Mann, kein Groschen", war die stereotype Verweigerungshaltung der SPD im Parlament bei Regierungsvorlagen.

Zu Recht hat der Historiker Theodor Schieder das Zweite Deutsche Reich als „unvollendeten Nationalstaat" bezeichnet. Im Innern bejahten es die Arbeiter nicht. Die deutschsprachige Bevölkerung in Österreich-Ungarn, etwa zwölf Millionen, war seit dem preußisch-österreichischen Krieg von 1866 sowieso draußen – im Kaiserreich des Mittelalters waren sie jahrhundertelang tonangebend gewesen.

Die Elsässer zählten zwar wieder dazu. Bismarck hatte sie als Kriegsbeute 1871 annektiert. Im Mittelalter waren sie fester Bestandteil des Deutschen Reichs gewesen. Doch weil das Elsass seit Ludwig XIV. fast 200 Jahre zu Frankreich gehört hatte, waren die Menschen an die französische Lebensart gewöhnt. Sie fügten sich nur widerwillig in den neuen deutschen Staat. Ein Zeitungskommentar von damals: „Die entarteten Kinder müssen unsere Faust fühlen. Der Züchtigung wird die Liebe folgen, und diese wird sie wieder zu Deutschen machen!"

NOCH HEFTIGER SPERRTEN SICH DIE POLEN, eine nationale Minderheit von dreieinhalb Millionen im östlichen Teil Preußens. Über ihr Schicksal hatte sich Bismarck vor der Reichsgründung brutal geäußert: „Haut doch die Polen, dass sie am Leben verzagen. Ich habe alles Mitgefühl für ihre Lage, aber wir können, wenn wir bestehen wollen, nichts anderes tun, als sie auszurotten." Dazu kam es nicht. Man begnügte sich mit der „Germanisierung" dieser Bürger zweiter Klasse. An den Schulen wurde Polnisch durch Deutsch als alleinige Unterrichtssprache ersetzt. Aus Russland oder der Habsburger Monarchie zugewanderte Polen wurden gnadenlos ausgewiesen. Ein Siedlungsprogramm sollte deutsche Bauern in die mehrheitlich polnischen Gebiete locken, um das germanische Element zu stärken – mit mäßigem Erfolg. Im Zug der Industrialisierung verbreiteten sich polnische Deutsche übers gesamte Reich, viele gaben die eigene Sprache lange Zeit nicht auf. Etwa 30 000 fanden Arbeit in den Kohlegruben und Stahlwerken des Ruhrgebiets. Die Namen von Fußballgrößen wie Cieslarczyk, Juskowiak oder Tilkowski erinnern noch daran.

Die Revolution von 1848/49 hatte einen demokratischen Nationalstaat gewollt. Den Nationalstaat hatte das Bürgertum jetzt. Aber demokratisch war er nur zum Teil. Nicht das Volk hatte das Reich geschaffen,

EIN PILGER HOCH ZU ROSS

Wilhelm II. 1898 im Zeltlager vor Jerusalem. Bei der Reise weihte der Kaiser in der Heiligen Stadt die deutsche Erlöserkirche ein.

die deutschen Fürsten hatten es im Versailler Spiegelsaal von oben dekretiert. Per Gesetz war der preußische König automatisch Deutscher Kaiser. Preußen, das zwei Drittel der Reichsfläche und mit über 30 Millionen auch der Bevölkerung ausmachte, prägte die Nation. Kasernenhofton und Obrigkeitsdenken, mal subaltern, mal schneidig, wurden deutscher Standard.

ZWAR HATTE DER REICHSTAG DAS RECHT, Gesetze und Haushalt zu beschließen. Doch der Reichskanzler, also Bismarck, konnte nur vom Kaiser ein- und abgesetzt werden. Das Parlament hatte darauf keinerlei Einfluss, so wenig wie auf die Ernennung der Minister. Der Kaiser war zudem oberster Militär – Krieg und Frieden hingen ganz allein von ihm und seinem Ratgeber, dem Kanzler, ab.

DEUTSCHES ERBE

Tsingtao-Flaschen und Zapfsäulen in China

Tsingtao Bier

Kultur-Export für China

Kiautschou war Kaiser Wilhelms Lieblingskolonie. Den Streifen an der Ostküste hatten die Deutschen 1898 den Chinesen abgepresst. Fünf Jahre später errichteten sie in der Hauptstadt Tsingtau Manifeste deutschen Kulturguts: einen neuromanischen Dom mit Zwillingstürmen, einen Pseudo-Renaissance-Regierungspalast – und eine Bierfabrik mit modernsten Installationen der Firma Siemens. „Feinste helle Biere nach Pilsner und dunkle Biere nach Münchner Art" versprach die Anzeige der „Germania"-Brauerei; die deutschen Kolonialbeamten mögen da beglückt gerülpst haben. Zu Beginn des Ersten Weltkriegs fiel die Kolonie in Feindeshand. Doch die Chinesen hatten Geschmack am Bier gewonnen und betrieben das deutsche Brauhaus weiter, hoben aber leider das heilige Reinheitsgebot – nur Hopfen, Gerste, Wasser – auf. Inzwischen ist aus dem damaligen Städtchen Tsingtau mit 30 000 Einwohnern die Metropole Qingdao (zweieinhalb Millionen Einwohner) geworden – und aus der deutschen Gründung die neuntgrößte Brauerei der Welt. An die koloniale Vergangenheit erinnert der Markenname: Das Getränk aus Qingdao heißt noch immer „Tsingtao Beer".

Die Mehrheit der Deutschen nahm diese demokratischen Geburtsfehler hin. Schließlich war Bismarck, der „Eiserne Kanzler", ein geschickter Realpolitiker, der 1879 sogar ein Verteidigungsbündnis mit dem erst 13 Jahre zuvor besiegten Österreich hinbekommen hatte. Deutschland entwickelte sich zur führenden Industrienation des Kontinents – und es klopfte an die Tür, auf der in großen Buchstaben WELTMACHT stand.

1888 starb Wilhelm I. Er hatte Bismarck immer gestützt, auch wenn er manchmal ironisch seufzte, es sei nicht einfach, „unter Bismarck Kaiser zu sein". Zwei Jahre später musste der Mann, der Deutschland geprägt hatte wie wohl niemand zuvor, im Streit gehen. Ein junger, forscher Kaiser regierte und wollte nicht im Schatten des alten Reichskanzlers stehen.

WILHELM II. WAR INTELLIGENT, eitel, taktlos, großsprecherisch. Und sprunghaft. Als die Sozialistengesetze bald nach seinem Regierungsantritt fielen, sahen viele in ihm einen Reformkaiser. Doch schon zwei Jahre später tönte der neue Herr in Berlin völlig anders: Mit den Sozialdemokraten sei aufzuräumen, „notfalls per Blutbad". An einem Glauben hielt der Mann mit dem verkrüppelten linken Arm unerschütterlich fest: dass er Herrscher von Gottes Gnaden sei. Und kollidierte so heftig mit der deutschen Wirklichkeit: Wilhelms Reich war längst kein mittelalterlicher Feudalstaat mehr.

Ein dichtes Eisenbahnnetz überzog das Land. Das Auto war erfunden, die ersten Flugzeuge folgten um die Jahrhundertwende. Die Zahl der Telefonanschlüsse stieg rasant. Deutschland war auf den Gebieten der Chemie und der Elektrotechnik unbestritten Weltspitze, räumte ab 1901 einen der neu gestifteten Nobelpreise nach dem anderen ab.

Die Segnungen eines scheinbar unaufhaltsamen Fortschritts veränderten den Alltag. Man begann die Straßen in den Städten elektrisch zu beleuchten, Trambahnen mit Elektroantrieb lösten die Pferdekutschen ab. Die ersten Staubsauger röhrten durch die Jugendstilsalons: unförmige „Staubpumpen", wie man sie nannte, natürlich von Minna, dem Dienstmädchen vom Lande, und nicht von der gnädigen Frau bedient.

Der elektrische Kühlschrank kam auf den Markt. Mit 1750 Mark eine Anschaffung für Reiche, ein Arbeiter in der Textilindustrie hätte dafür zwei Jahreslöhne hinlegen müssen. Dagegen war das mit Strom geheizte Bügeleisen für 12 Mark selbst für Werktätige erschwinglich. Die konnten sich auch zunehmend den Luxus eines Fahrrads leisten.

Es ging vorwärts im Deutschen Kaiserreich. Für alle. Der jährliche Fleischverbrauch pro Kopf stieg zwischen 1892 und 1912 von 32 auf 52 Kilogramm. Hatten zwischen 1891 und 1895 noch über 400 000 Deutsche meist aus Not die Heimat verlassen, waren es 1896 bis 1900 nur noch 120 000. Die progressive Einkommensteuer wurde eingeführt: Die wohlhabenden Bürger mussten prozentual höhere Abgaben an den Staat leisten als die ärmeren.

DER BOOM DER DEUTSCHEN INDUSTRIE ließ aus ehemaligen Familienbetrieben Großkonzerne werden. Siemens und Krupp sind die bekanntesten Beispiele. Auch wenn die Belegschaft inzwischen in die Zigtausend ging, führten die Besitzer sie nach Gutsherrenart: besorgt um das Gesinde, aber allergisch gegen Widerspruch. „Der Zweck der Arbeit soll das Gemeinwohl sein, dann bringt Arbeit Segen, dann ist Arbeit Gebet", predigte der Firmenpatriarch Alfred Krupp und baute für die Kruppianer damals vorbildliche Werkswohnungen – und für seine Familie die monumentale Villa Hügel in Essen, ein Versailles des Industriezeitalters. „Mein Wille muss, wenn ich überhaupt Fabrikbesitzer sein soll, unter allen und jeden Umständen maßgebend sein", stellte sein Sohn und Nachfolger Friedrich Alfred kategorisch fest. Der Adel, noch immer die führende Schicht im Reich, sah den Aufstieg bürgerlicher Familien mit gemischten Gefühlen. Alfred Krupp etwa nannte man den „Grobschmied von Essen".

Zwar gefielen sich der Kaiser und der Zeitgeist in einer ans Komische grenzenden Nostalgie. Zu Besuch in Jerusalem etwa sprengte Wilhelm weiß gewandet auf einem Rappen durch das Stadttor, auf dem Kopf einen Helm, den ein zu groß geratener goldener Adler zierte. In ganz Deutschland spendeten patriotische Bürger für überdimensionierte

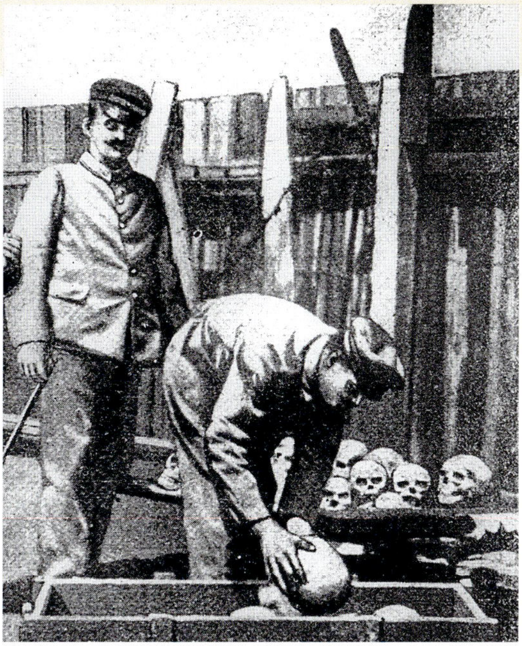

FRACHTGUT AUS DEUTSCH-SÜDWEST-AFRIKA

Nach dem niedergeschlagenen Aufstand der Hereros packen deutsche Soldaten Schädel der Getöteten ein, um sie an die Berliner Universität zu verschicken.

Denkmäler, auf denen trutzige Recken und Walküren von deutscher Größe kündeten. Aber trotz der Schwärmerei fürs Mittelalter konnten Wilhelm II. und seine Paladine nicht auf den Grobschmied verzichten. Denn Krupp goss Kanonen und Panzerplatten. Deutschland brauchte beides.

Der „Platz an der Sonne", der dem Reich laut dem Kaiser zustand, war nur mit zeitgemäßen Mitteln zu erreichen. Mit „Schutz- und Trutzwaffen für das deutsche Vaterland" und einer Flotte modernster Schlachtschiffe, stark und schnell genug, Deutschland rund um den Globus Respekt zu verschaffen.

„WELTPOLITIK ALS AUFGABE. WELTMACHT ALS ZIEL. Flotte als Instrument", war der Slogan des populären Alldeutschen Verbands. Der Drang zum Weltreich war keine deutsche Eigenheit, sondern gesamteuropäisches Gedankengut. Alle großen Nationalstaaten teilten Ende des 19. Jahrhunderts die Meinung, nur der Erwerb von Kolonien als Absatzmärkte und Rohstofflieferanten könnte langfristig ihren Wohlstand sichern.

Das Recht, andere Völker dafür zu unterjochen, nahm man sich ganz selbstverständlich heraus. „Die Idee, dass die Bantus, die Sudan-Neger und die Hottentotten ein Recht darauf hätten, nach ihrer eigenen Fasson zu leben und zu sterben, selbst wenn darüber unzählige Existenzen bei den Kulturvölkern in einem proletarischen Kümmerdasein stecken bleiben, ist absurd", schrieb ein hoher deutscher Kolonialbeamter.

England und Frankreich hatten sich bereits große Kolonialreiche zusammengeraubt. Deutschland, das sich wegen seiner Wirtschaftskraft zunehmend mächtiger fühlte, hinkte hinterher. Noch unter Bismarck hatte es zwar in den 1880er Jahren Kolonien in Afrika und der Südsee erworben: Deutsch Südwest, Deutsch Ostafrika, Kamerun, Togo und einen Teil von Neu-Guinea nebst ein paar Inseln. Doch Bismarck unterstützte die Besetzung von Überseegebieten nur halbherzig. Er fürchtete, sich mit ungebremstem Imperialismus die anderen europäischen Mächte zu Feinden zu machen.

ANDERS WILHELM II. SEINER GROSSMANNSSUCHT kam das Streben nach Weltmacht entgegen. Zwar konnte sich das Reich unter seiner Regierung außer ein paar Südseeinseln mehr und der Mini-Kolonie Kiautschou in China keine neuen Besitzungen einverleiben. Doch der Kaiser fand stets markige Worte: „Wie vor 1000 Jahren die Hunnen unter König Etzel sich einen Namen gemacht haben, so möge der Name Deutscher in China auf 1000 Jahre in einer Weise bestätigt werden, dass niemals wieder ein Chinese wagt, einen Deutschen auch nur scheel anzusehen." Und: „Wo der deutsche Aar seine Fänge in ein Land geschlagen hat: Das Land ist deutsch und wird deutsch bleiben!"

Wilhelms Säbelrasseln und zügige Aufrüstung – besonders die zur See – beunruhigten die europäischen Mächte. England und Frankreich schlossen sich enger zusammen. Auch Zar Nikolaus rückte von Wilhelm ab. Zu Beginn des 20. Jahrhunderts stand die junge Großmacht Deutschland ziemlich einsam da.

Die Freunde an ihrer Seite waren das Türkische Reich, der „kranke Mann vom Bosporus", das wankelmütige Italien und die Habsburger

Doppelmonarchie Österreich-Ungarn. Dort witzelte man über den Zustand des Staates: „Die Lage ist hoffnungslos, aber nicht ernst." Trotzdem hatte Deutschland den Habsburgern – waren die Österreicher nicht auch irgendwie Deutsche? – bombastisch für den Fall eines Krieges „Nibelungentreue" versprochen, also Treue bis in den Tod.

AM 28. JUNI 1914 ERSCHOSS EIN SERBISCHER NATIONALIST den österreichischen Thronfolger Franz Ferdinand und dessen Frau im bosnischen Sarajewo. Österreich forderte in einem erpresserischen Ultimatum Genugtuung von Serbien. Russland stellte sich als slawische Schutzmacht hinter Serbien, und das System der Bündnisse zwischen den europäischen Mächten lief heiß. Am Ende oft widersprüchlicher Diplomatie um Krieg und Frieden stand der Erste Weltkrieg. Das Deutsche Reich ging „nibelungentreu" an der Seite Österreich-Ungarns hinein ins große Morden. Es sollte fast 15 Millionen Menschen das Leben kosten.

Bis heute ist unter Historikern umstritten, wer an diesem Krieg die Schuld trägt. Im Sommer 1914 hatte ihn niemand wirklich gewollt. Doch es hatte ihn auch niemand energisch genug verhindert. Denn in allen

DER LOTSE GEHT VON BORD

Der junge Kaiser Wilhelm II. lehnt lässig an der Reling, Bismarck, der „eiserne Kanzler", schreitet die Leiter hinab. John Tenniels weltberühmte Karikatur erschien 1890 in der britischen Zeitung „Punch".

ZWEIKAMPF MIT TÖDLICHEN WAFFEN
Die Duellanten treffen sich an geheimen Orten

Zwei Herren im Morgengrauen, zwei Sekundanten, die ihnen die Waffen reichten – das Duell war ein absurdes Spiel mit dem Tod als Beleg der eigenen Ehre.

Eine Frage der Ehre

Die Sonne ist gerade aufgegangen an diesem Morgen im März 1896, als sich Leutnant Hans von Ketelhodt und Reserveoffizier Hans Zenker zum Schießstand der Potsdamer Gardejäger begeben. Nur einer der beiden Herren wird die Sonne wieder untergehen sehen. Eine Kugel durchschlägt Zenkers Lunge. Es ist das tödliche Ende eines Duells, zu dem er Ketelhodt herausfordern musste. Denn er hatte ihn in flagranti erwischt, im Bett mit seiner Ehefrau. Nun hat Zenker zwar sein Leben verloren, aber nicht seine Ehre. Und die war der Grund für Tausende von Duellen im 19. Jahrhundert.
Damals reichte schon die kleinste Beleidigung, um „Satisfaktion" zu fordern: Genugtuung. Erst recht, wenn es um Ehebruch ging. Dabei war Zenker nicht

erpicht darauf gewesen, sein Leben im Duell zu riskieren. Das hatte seinen Schwiegervater empört. Der informierte Zenkers Einheit. Ein militärisches Ehrengericht befand, der Betrogene habe sich des unehrenhaften Verhaltens schuldig gemacht. Er müsse den Ehebrecher zum Duell fordern. Sonst werde er aus dem Militär entlassen.

Diesen Brauch gab es nur in bestimmten Kreisen. „Satisfaktionsfähig" waren lediglich diejenigen, die das Recht zum Waffentragen hatten, also Adlige, Offiziere, Studenten und im 19. Jahrhundert Teile des Bürgertums. Ein Viertel aller Adligen duellierte sich mindestens einmal im Lauf ihres Lebens. Dabei war der Waffengang nicht legal. Die Duellanten trafen sich darum meist im Morgengrauen an geheimen Orten. Wurden sie erwischt, hatten sie für gewöhnlich nicht viel zu fürchten. Im Reichsstrafgesetzbuch galt der „Zweikampf mit tödlichen Waffen" als Sondertatbestand mit geringer Strafandrohung: zwischen drei Monaten und fünf Jahren Festungshaft – und die war im Vergleich zum Gefängnis eine fröhliche Angelegenheit. Die meisten wurden, wenn überhaupt, milde bestraft oder schnell begnadigt. Ketelhodt erhielt zwei Jahre.

Im Schnitt endete nur eines von 14 Duellen tödlich. Wichtiger als der Tod des Gegners war die Bereitschaft, das eigene Leben zu riskieren. Dann war die Mannesehre wiederhergestellt. Die Duellanten benutzten entweder Säbel oder Pistolen. Der Säbel wurde gewählt, wenn beide nur der Form halber kämpfen wollten. Ein unblutiges Fechten wäre jedoch peinlich gewesen, also verlor derjenige, der als Erster eine offene Wunde hatte oder kampfunfähig war. Gefährlicher waren die Schusswaffen. Allerdings kamen meist Vorderlader mit geringer Treffgenauigkeit zum Einsatz. Außerdem fiel es leicht, absichtlich vorbeizuzielen. Man durfte es nur nicht zu auffällig machen, sonst war die Ehre wieder weg. Nach Ende des Ersten Weltkriegs gab es kaum noch Duelle. Es dauerte aber noch bis 1969, bevor der „Duell-Paragraf" in Deutschland aufgehoben wurde. Sollte sich heute jemand duellieren, wäre es eine Straftat und würde als Körperverletzung oder Totschlag behandelt.

Nationen herrschte die diffuse Meinung, ein Kampf zwischen den europäischen Großmächten um die Vorherrschaft sei irgendwann unausweichlich. Jetzt war er eben da, und weil es keinen richtigen Kriegstreiber gab, fühlten sich alle Seiten im Recht und als Verteidiger ihres Vaterlands.

Auch im Deutschen Kaiserreich war die Begeisterung für die „gerechte Sache“ groß. Seit den Schlachten gegen Napoleon hatte Europa keinen langen Krieg mehr erlebt. Die Erinnerung an das Grauen auf den Schlachtfeldern war verblasst. Die Auseinandersetzung mit Franzosen, Russen und Engländern sahen die deutschen Kriegsfreiwilligen, die sich in den ersten Tagen zu Hunderttausenden meldeten, eher als sportlichen, wenn auch ein wenig blutigen Wettkampf an. „Auf nach Paris! Mich juckt die Säbelspitze“, schrieben Soldaten an Güterwagen, die sie zur Front brachten. „Wenn die Blätter fallen, seid ihr wieder zu Hause“, versprach Wilhelm II. seinem Heer und ließ sich als Oberster Feldherr mit hochgezwirbeltem Schnurrbart und wieder mal zu großem goldenem Adler auf dem Helm porträtieren. Sogar die Sozialdemokraten gaben ihre Verweigerungshaltung auf und stimmten für die Kriegskredite.

GANZ VORN MIT DABEI WAREN auch die deutschen Juden. Die 600 000 Deutschen jüdischen Glaubens, etwa ein Prozent der Gesamtbevölkerung, besaßen alle bürgerlichen Rechte im Zweiten Kaiserreich, und doch hatten sie in den Jahren vor Kriegsbeginn mehr und mehr Anfeindungen erdulden müssen. Es war weniger ihre Religion. In der Zeit eines aufdämmernden germanischen Rassenwahns war es ihr angebliches Anderssein. „Was der Jude glaubt, ist einerlei, in der Rasse liegt die Schweinerei!“, hieß ein antisemitischer Slogan, der in öffentlichen Pissoirs klebte. Noch fand die Mehrheit der Deutschen diese Haltung abwegig. Der Mediziner Rudolf Virchow unterschrieb mit anderen Prominenten einen Aufruf: „Wie eine ansteckende Seuche droht die Wiederbelebung eines alten Wahns die Verhältnisse zu vergiften, die Christen und Juden auf dem Boden der Toleranz verbunden haben.“ Trotzdem nahm die

STIMME DER REVOLUTION

„Das Alte und Morsche, die Monarchie, ist zusammengebrochen. Es lebe das Neue, es lebe die deutsche Republik", ruft Philipp Scheidemann am 9. November 1918 vom Balkon des Reichstags.

2. Extraausgabe Sonnabend, den 9. November 1918.

Vorwärts

Berliner Volksblatt.

Zentralorgan der sozialdemokratischen Partei Deutschlands.

Der Kaiser hat abgedankt!

Der Reichskanzler hat folgenden Erlaß herausgegeben:

Seine Majestät der Kaiser und König haben sich entschlossen, dem Throne zu entsagen.

Der Reichskanzler bleibt noch so lange im Amte, bis die mit der Abdankung Seiner Majestät, dem Thronverzichte Seiner Kaiserlichen und Königlichen Hoheit des Kronprinzen des Deutschen Reichs und von Preußen und der Einsetzung der Regentschaft verbundenen Fragen geregelt sind. Er beabsichtigt, dem Regenten die Ernennung des Abgeordneten Ebert zum Reichskanzler und die Vorlage eines Gesetzentwurfs wegen der Ausschreibung allgemeiner Wahlen für eine verfassunggebende deutsche Nationalversammlung vorzuschlagen, der es obliegen würde, die künftige Staatsform des deutschen Volk, einschließlich der Volksteile, die ihren Eintritt in die Reichsgrenzen wünschen sollten, endgültig festzustellen.

Berlin, den 9. November 1918. **Der Reichskanzler.** Prinz Max von Baden.

Es wird nicht geschossen!

Der Reichskanzler hat angeordnet, daß seitens des Militärs von der Waffe kein Gebrauch gemacht werde.

Parteigenossen! Arbeiter! Soldaten!

Soeben sind das Alexanderregiment und die vierten Jäger geschlossen zum Volke übergegangen. Der sozialdemokratische Reichstagsabgeordnete Wels u. a. haben zu den Truppen gesprochen. Offiziere haben sich den Soldaten angeschlossen.

Der sozialdemokratische Arbeiter- und Soldatenrat.

Zahl der antisemitischen Abgeordneten im Reichstag stetig zu. Von 5 im Jahr 1890 auf 25 im Jahr 1907.

Jetzt wollten die Juden ihren Mitbürgern beweisen, dass sie mindestens so gute Patrioten waren. Ihre Dachorganisation rief im August 1914 zu den Waffen: „In dieser Stunde gilt es für uns aufs Neue zu zeigen, dass wir stammesstolzen Juden zu den besten Söhnen des Vaterlands gehören! Wir erwarten, dass unsere Jugend freudigen Herzens zu den Fahnen eilt." In den vier Kriegsjahren folgten rund 100 000 junge jüdische Männer diesem Appell. 12 000 fielen. 1500 erhielten das Eiserne Kreuz Erster Klasse.

Weihnachten 1914 war niemand wieder zu Hause, und die juckende Säbelspitze hatte sich als romantische Illusion entpuppt. In Wahrheit standen sich in den Schützengräben Massenheere gegenüber, die sich modern und methodisch abschlachteten. Handgranaten, Maschinengewehre, Flammenwerfer, Giftgas und schwere Artillerie prägten den Alltag der Soldaten. Ihre Feldpostbriefe lasen sich häufig wie dieser von 1915: „Und dann zwängten wir uns einer hinter dem anderen durch den Schützengraben, auf dessen Sohle Ströme von Blut stagnierten, in dem Leichen von Deutschen und Franzosen in wüstem Durcheinander fast alle paar Schritte den Weg versperrten. Ob dem einen der Kopf zerstochen war oder abgerissen, dem anderen der Brustkorb aufgerissen, dem dritten aus dem zerschossenen Rock die blutigen Knochen herausragten – das kümmerte einen nicht mehr."

JE LÄNGER DER KRIEG DAUERTE, desto stiller wurde der Kaiser von Gottes Gnaden. Er meldete sich nur noch sporadisch zu Wort, etwa wenn er der Firma Krupp nach der unentschiedenen Seeschlacht im Skagerrak 1916 für ihre „hervorragenden Kanonen und Panzerplatten und die zerstörende Wirkung der Granaten" dankte. Langsam schwanden die deutschen Siegesaussichten. 1917 schlossen sich die Amerikaner als Kriegspartei den Engländern, Franzosen und Italienern an (Letztere hatten 1915 die Seiten gewechselt). Ihr militärisches Übergewicht wurde zu groß, trotz des Waffenstillstands des inzwischen bolschewistischen Russlands mit den Mittelmächten Deutschland und Österreich-Ungarn. Nach einer erfolgreichen Offensive des Feindes im August 1918 an der französischen Front gab die deutsche Heeresleitung den Krieg verloren. Im November revoltierten Matrosen in Kiel gegen das Auslaufen der Hochseeflotte angesichts des hoch überlegenen Feindes. Ihr Großadmiral, Wilhelms Bruder Prinz Heinrich, entwich aus der Hafenstadt, indem er sich eine rote Armbinde anlegte und an seinem Automobil eine rote Fahne anbrachte.

Eine Heeresleitung, die ihn zum Waffenstillstand drängte, ein Volk, das einen Hohenzollern zu bolschewistischer Verkleidung zwang, um seine Haut zu retten – nun ahnte der Kaiser, dass seine Stunde geschlagen hatte. In Berlin erklärte der letzte Reichskanzler Max von Baden auf eigene Faust, der Kaiser habe abgedankt und auch sein Sohn auf alle Thronrechte verzichtet.

Noch einmal schäumte Wilhelm: „Verrat, schamloser, empörender Verrat!“ Doch dann fügte er sich ins Unvermeidliche. Am 9. November 1918 rief der Sozialdemokrat Philipp Scheidemann vom Balkon des Reichstags die Republik aus. Am Tag darauf fuhr Wilhelm II. im Auto ins holländische Exil. 24 Stunden später war mit dem Waffenstillstand das Ende des Zweiten Deutschen Reichs besiegelt.

Es sollte nur 15 Jahre dauern, bis ein gebürtiger Österreicher versuchte, ein Drittes Reich zu gründen, dem er tausend Jahre Dauer prophezeite.

*

Hunderte Männer stehen 1930 Schlange vor dem Arbeitsamt in Hannover. In der Weltwirtschaftskrise sind bis zu sechs Millionen Deutsche ohne Job. An die Wand hat jemand bereits geschmiert, was er für die Lösung des Problems hält: Wählt Hitler.

Von der gedemütigten Nation zum „Dritten Reich“

Die Niederlage im Ersten Weltkrieg bietet die Chance zu einem Neubeginn: Der Kaiser hat abgedankt, Deutschland wird eine Parlamentarische Demokratie. Doch die Weimarer Republik geht nach kurzer Blüte zugrunde. Adolf Hitler wird Reichskanzler: Die zwölf dunkelsten Jahre deutscher Geschichte beginnen.

Tanz auf dem Vulkan *Die Goldenen Zwanziger dauern nur vo*

Die „Hindenburg“ stürzt 1937 in Lakehurst bei New York ab.

Was im Reich geschah

1919
Deutschland verliert 70 000 Quadratkilometer. Friedrich Ebert wird erster demokratisch gewählter Reichspräsident

1922
Attentat auf Außenminister Walther Rathenau

1923
Frankreich besetzt das Ruhrgebiet

1926
Deutschland tritt dem Völkerbund bei. Außenminister Gustav Stresemann erhält mit seinem französischen Kollegen Aristide Briand den Friedensnobelpreis für die Annäherung beider Staaten

1929
Erstmals umfliegt ein Luftschiff, die „Graf Zeppelin“, die Welt

1933
Am 30. Januar ernennt Reichspräsident Hindenburg Adolf Hitler zum Reichskanzler. Das „Ermächtigungsgesetz“ vom 24. März beendet 14 Jahre parlamentarischer Demokratie

Was anderswo geschah

1919
Der Völkerbund wird in Genf gegründet. Mitglieder sind die 32 Siegermächte des Ersten Weltkriegs und 13 neutrale Staaten

1922
Benito Mussolini wird Ministerpräsident in Rom. In Moskau wird die Sowjetunion gegründet

1930
Mahatma Gandhis Salzmarsch gegen die Briten in Indien

24 bis 1929. Während Berlin feiert, planen die Nazis für die Machtübernahme

VOM CHARLESTON ZUM GLEICHSCHRITT

Nackter Rücken und Bubikopf – zwei Frauen zeigen sich in einem klassischen Kleid der Zwanziger. Im Juli 1933 gilt bereits eine andere Choreografie: Vor Adolf Hitler sind in Dortmund SA-Abteilungen angetreten, um ihrem Führer zu huldigen.

1935
Gegen den Versailler Vertrag führt Hitler die Wehrpflicht wieder ein. Auf dem Reichsparteitag in Nürnberg verabschieden die Nationalsozialisten ihre Rassegesetze

1938–1939
„Anschluss" Österreichs. Deutsche Truppen marschieren am 1. Oktober im Sudetenland ein. Mit dem Überfall auf Polen beginnt am 1. September 1939 der Zweite Weltkrieg

1942
Auf der „Wannseekonferenz" besprechen deutsche Beamte mit Reinhard Heydrich, Chef des Reichssicherheitshauptamtes, die „Endlösung der Judenfrage". Die Vernichtung in großem Stil beginnt

1943
Vor Stalingrad kapituliert die 6. deutsche Armee. Die Wehrmacht ist seither auf dem Rückzug. Aufstand im Warschauer Ghetto

1944
Die Alliierten landen in der Normandie. Am 20. Juli scheitert ein Attentat auf Hitler. Er wird neun Monate später Selbstmord begehen

1936
General Francisco Franco führt, auch mit deutscher Hilfe, einen dreijährigen Bürgerkrieg in Spanien

1941
Japan besetzt Indochina und greift den US-Stützpunkt Pearl Harbor an. Amerika tritt in den Krieg ein

1945
Atombomben der Amerikaner auf Hiroshima und Nagasaki

Größenwahn in Granit *Für sechs Milliarden Reichsma*

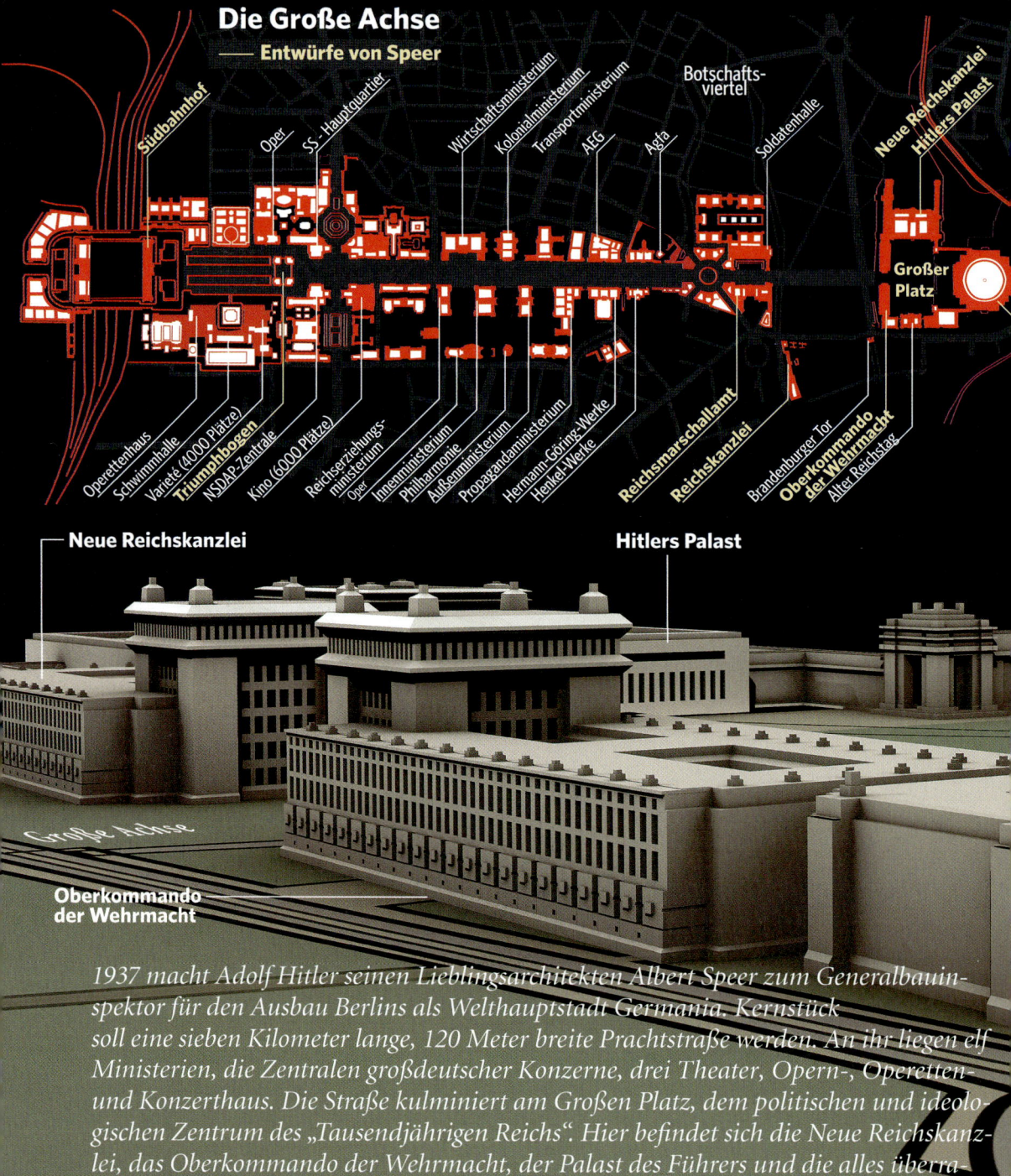

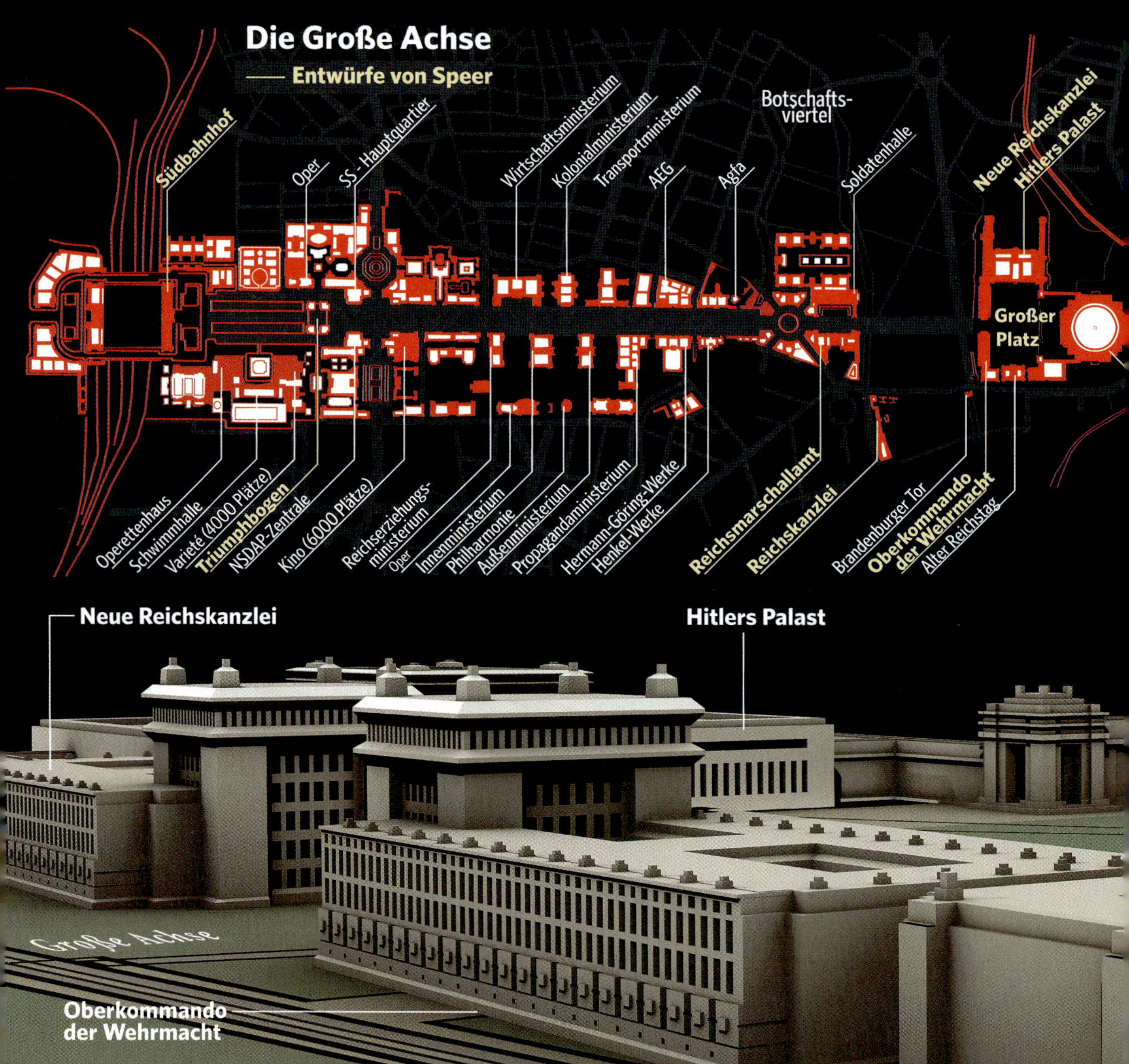

1937 macht Adolf Hitler seinen Lieblingsarchitekten Albert Speer zum Generalbauinspektor für den Ausbau Berlins als Welthauptstadt Germania. Kernstück soll eine sieben Kilometer lange, 120 Meter breite Prachtstraße werden. An ihr liegen elf Ministerien, die Zentralen großdeutscher Konzerne, drei Theater, Opern-, Operetten- und Konzerthaus. Die Straße kulminiert am Großen Platz, dem politischen und ideologischen Zentrum des „Tausendjährigen Reichs". Hier befindet sich die Neue Reichskanzlei, das Oberkommando der Wehrmacht, der Palast des Führers und die alles überragende 290 Meter hohe „Halle des Volkes", 17-mal größer als der Petersdom in Rom. Sie bietet Raum für 180 000 Menschen. Der architektonische Größenwahn bleibt ein Modell.

ill Hitler bis 1950 das neue Germania bauen

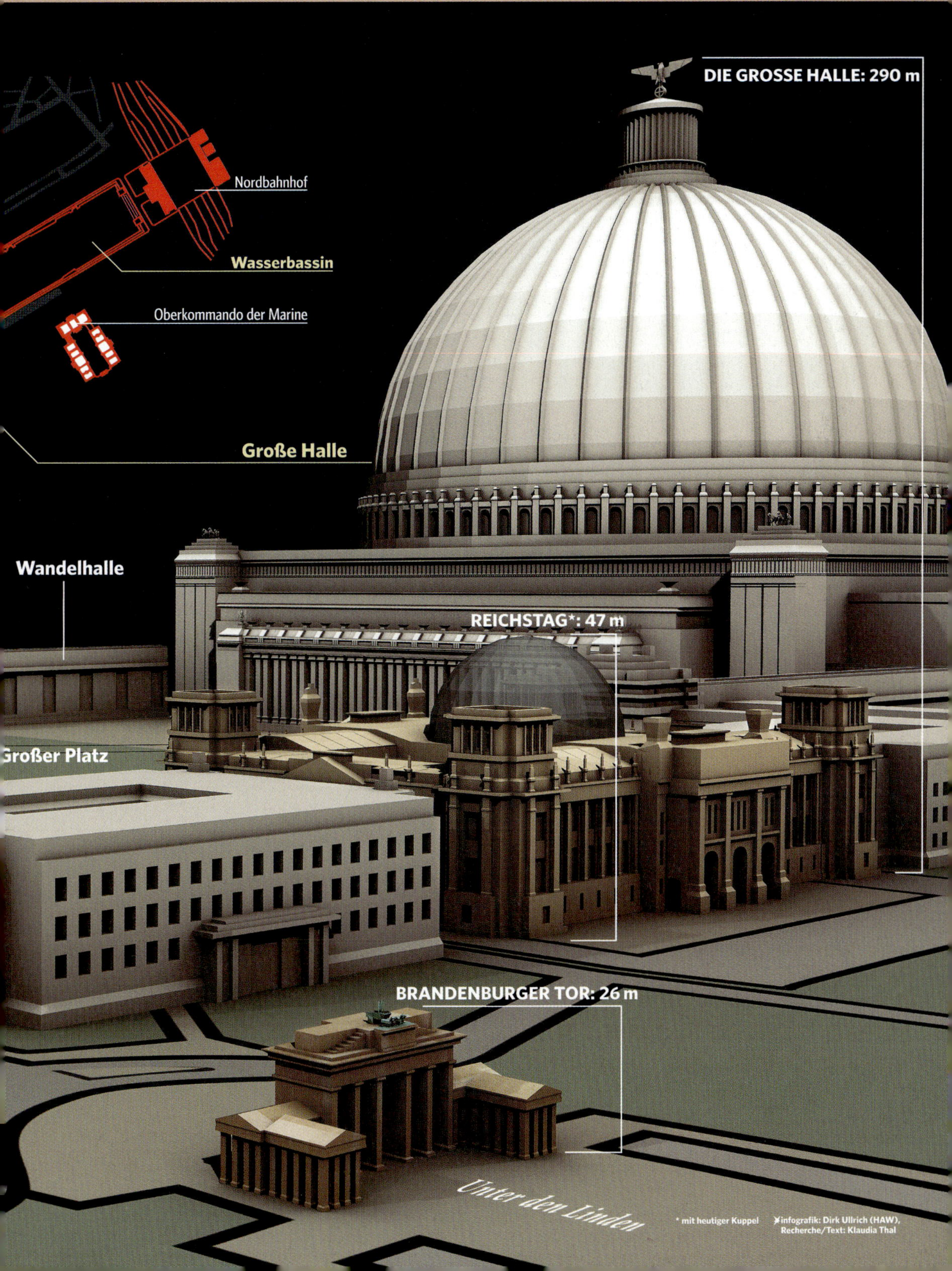

Ungeliebte Republik *Für viele Bürger ist das Parlamen*

infografik Axel Kock, Recherche Klaudia Thal Quelle: Putzger Historischer Welt

Historische Situation

In Russland entwickelt sich der Stalinismus, in Italien und Spanien der Faschismus, in Deutschland der Nationalsozialismus. Die totalitären Ideologien sind eine Reaktion auf die Verunsicherung durch Industrialisierung und den rapiden gesellschaftlichen Wandel; der Erste Weltkrieg wirkt als Katalysator, scheint Gewalt als Mittel politischen Handelns zu legitimieren und reißt zivilisatorische Schranken nieder. Auch die kurze demokratische Phase der Weimarer Republik ist in Deutschland von einer wachsenden Radikalisierung linker, vor allem aber rechter Kräfte geprägt. Diesen liefert sie sich am Ende aus.

Banknoten der Inflation 1923

Bevölkerung

Durch die Toten des Ersten Weltkrieges und die Gebietsverluste hat das Deutsche Reich 1921 nur noch rund 59 Millionen Einwohner. Erst 1933 ist wieder der Vorkriegsstand von rund 65 Millionen erreicht.

Lebenserwartung

Die Säuglingssterblichkeit geht dramatisch zurück. Die durchschnittliche Lebenserwartung steigt in zehn Jahren von 56 (Männer) und 59 Jahren (Frauen) auf 60 und 63 Jahre.

Lebensverhältnisse

Für das Gros der Bevölkerung sind die Zwanziger alles andere als golden: Nach kurzen Erholungsphasen kommt es immer wieder zu Wirtschaftskrisen, 1923 zu einer verheerenden Inflation. 1925 gibt es 600 000 Arbeitslose. 1929 folgt die Weltwirtschaftskrise, die Zahl der Arbeitslosen steigt bis 1932 auf sechs Millionen. Wer Geld hat, amüsiert sich in Varietés, in der Oper, auf Partys; man geht zum Boxkampf, zum Sechstagerennen oder wenigstens in eine der Kneipen, von denen es in den Städten jetzt immer mehr gibt. Der Reallohn der Arbeiter erreicht gerade mal den Stand von 1914. Hitler wirbt ab 1933 für das nationalsozialistische Wirtschaftsprogramm, investiert Milliarden in Arbeitsbeschaffungsmaßnahmen und „Wehrhaftmachung". Im Vergleich zum westlichen Ausland ist der Lebensstandard der Deutschen gering.

Städte

1920 werden durch das Groß-Berlin-Gesetz 7 Städte, 56 Landgemeinden und 29 Gutsbezirke in die Hauptstadt eingemeindet, wodurch sich die Einwohnerzahl verdoppelt: Mit über 4 Millionen Einwohnern ist Berlin nach London und New York die drittgrößte Stadt der Welt und zudem die Stadt mit der schnellsten Stadtbahn und den meisten Telefonanschlüssen.

Regierungsform

Die Weimarer Republik ist die erste parlamentarische Demokratie in Deutschland. Wählen dürfen alle

Bürger über 20 Jahre – erstmals auch Frauen. Ende 1932 wird die NSDAP mit 33 Prozent stärkste Partei, Reichspräsident Paul von Hindenburg beruft Adolf Hitler zum Reichskanzler. Ein „Ermächtigungsgesetz" erlaubt es ihm, Gesetze ohne das Parlament zu verabschieden. Alle Parteien außer der NSDAP werden verboten oder lösen sich auf. Nach dem Tod Hindenburgs vereinigt Hitler 1934 die Ämter des Kanzlers und Präsidenten auf seine Person, nennt sich „Führer" und regiert als Diktator.

Bauwerke

Vom 1919 eröffneten Staatlichen Bauhaus Weimar (1925 nach Dessau verlegt) gehen unter der Leitung von Walter Gropius Impulse für eine neue, nüchterne Architektur aus. 1933 wird das Bauhaus aufgelöst. Die geplante Glas-Beton-Konstruktion des Berliner Olympiastadions bezeichnet Hitler als „Ausländerei" und lässt sie mit Granit und Kalkstein verkleiden. Er bevorzugt monumentale Großbauten (siehe auch Infografik auf Seite 190).

Sprache

Die Nationalsozialisten setzen Sprache gezielt als Propagandamittel ein. Wörter wie „Rasse", „Volk", „Held", „Reich" hämmern sie den Menschen ein. Wortneuschöpfungen wie „Rassenschande", „Überfremdung" oder „Blitzkrieg" transportieren ihre Weltanschauung ebenso wie umgewertete („rücksichtslos" oder „Hass" als positive Vokabeln) oder verschleiernde Begriffe wie „Endlösung". Alte Wörter wie „Scholle" oder „Gau" kommen wieder. Begriffe der Sakralsprache („heilig", „ewig", „unsterblich", „Vorsehung") werden politisch besetzt.

Kulturelle Meilensteine

Die Zwanziger sind eine Zeit der Umbrüche und Blüte in allen Bereichen der Kultur. Frei von Zensur wird in Literatur, Musik, Lyrik, Malerei und Theater radikal mit avantgardistischen Stilen und neuen Darstellungsformen experimentiert. Kunsthistoriker sprechen von der „klassischen Moderne". Die findet 1933 ein jähes Ende.

Minderheiten

Der Antisemitismus nimmt in der Weimarer Republik stark zu. An die Stelle religiöser Vorurteile treten pseudobiologische von der „minderwertigen Rasse". Ab 1933 beginnt die amtliche Diskriminierung: Juden dürfen nicht mehr wählen oder

Nichtjuden heiraten, 1939 müssen sie ihre Rundfunkgeräte und Wertgegenstände abliefern und ab 1941 einen gelben Stern tragen. Von den 562 000 Juden fliehen bis 1938 220 000 ins Exil, bis 1941 weitere 100 000. Im Jahre 1942 beschließt die Wannseekonferenz die „Endlösung der Judenfrage“, die Tötung aller Juden in den besetzten Gebieten. 5,6 Millionen sterben in den Vernichtungslagern (165 000 aus Deutschland, 3 Millionen aus Polen, 1 Million aus der Sowjetunion) sowie 250 000 Sinti und Roma. Auch Homosexuelle, Zeugen Jehovas und kranke Menschen werden Opfer der Mordmaschinerie.

Technische Errungenschaften

Von 1919 bis 1933 geht jeder dritte Nobelpreis in den Naturwissenschaften an deutsche Forscher. 1938 entdecken Otto Hahn und Lise Meitner die Kernspaltung, Konrad Zuse entwickelt die erste frei programmierbare Rechenmaschine Z1, den Vorläufer des Computers.

Waffen

Mit modernen Panzern erringt die Wehrmacht schnelle Anfangserfolge („Blitzkrieg“). 1944 setzen die Deutschen die V2-Rakete („Vergeltungswaffe“) ein, 5000 km/h schnell erreicht sie London in nur 320 Sekunden. 12 000 Häftlinge sterben beim Bau der „Wunderwaffe“.

Lanz-Traktor aus Mannheim 1930

Landwirtschaft und Ernährung

„Autarkie“ ist das Zauberwort. Ziel der Nazis: ein blockadesicherer Großwirtschaftsraum, in dem die Ernährung ohne Importe gewährleistet ist. Durch Kunstdüngereinsatz und Mechanisierung steigt der Grad der Selbstversorgung von 68 (1928) auf 83 Prozent (1938/39).

Industrie und Handel

Die Hälfte der Staatsausgaben fließt 1938 in Rüstung und Kriegsvorbereitung. Ersatzstoffe (Kunstfasern statt Baumwolle, synthetisches Benzin aus Kohle statt Öl) sollen Importe unnötig machen.

Zeugnisse der Epoche

Bauhaus, Dessau
Olympiastadion, Berlin
KdF-Anlage, Prora auf Rügen
Reichsparteitagsgelände, Nürnberg
Konzentrationslager wie Auschwitz oder Dachau

Wenn die Herbstsonne zwischen den Birken blinzelt, wenn gelbes Laub im Wind raschelt, wenn Vögel zwitschern, Wolken ziehen, Eichhörnchen über die Backsteintrümmer laufen, gibt es Ecken am Ort des Grauens, wo das größte Verbrechen in der Geschichte der Menschheit zur schrecklichen Idylle wird. 60 Jahre nach Ende des Zweiten Weltkriegs erobert die Natur das Vernichtungslager Auschwitz-Birkenau zurück. Von den 250 hölzernen Baracken stehen nur noch die steinernen Kamine, und Denkmalschützer wägen ständig ab: Die Ruinen sich selbst überlassen? Oder restaurieren?

AUCH DIE BEIDEN GRÖSSTEN GASKAMMERN am Ende des riesigen Areals sind zusammengefallen. Die Betondecken liegen niedergedrückt über den Entkleidungsräumen, den Todeskammern, den Leichenaufzügen, den fünf Dreimuffel-Einäscherungsöfen, Firma Topf & Söhne, Erfurt, Leistung in 24 Stunden: 1440 Leichen. Man ertappt sich, wie man zwischen die Trümmer schaut, wie man versucht, einen der nummerierten Kleiderhaken zu erspähen, eine der vermeintlichen Duschen.

Nichts. Außer den immer gleichen Fragen. Warum haben so viele weggeschaut? Und wie konnten die Menschen hier damit leben? Wie wurden sie so? Die Wachmänner, die am Zaun patrouillieren, die Ärzte, die selektierten, die Buchhalter, Köche, Funker, Fahrer. Und, vor allem, ihr Chef: der Kommandant von Auschwitz. Sein Name ist Rudolf Höß.

Berlin, 9. November 1918. Es ist ein regnerischer Tag, zu warm für die Jahreszeit. Noch kämpfen Truppen im Ersten Weltkrieg, noch ist Wilhelm II. deutscher Kai-

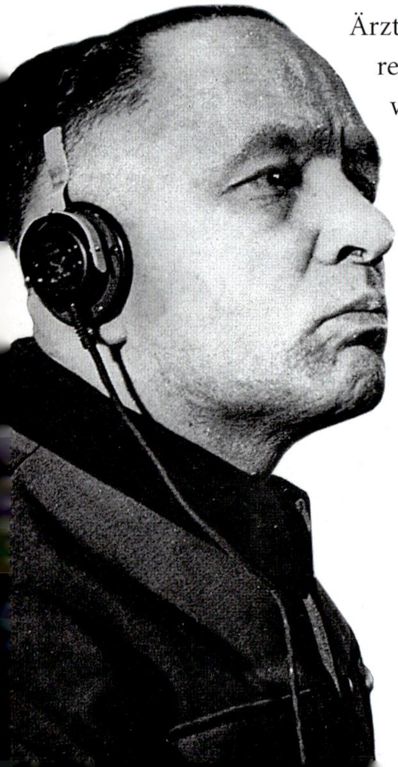

PEDANT UND MASSENMÖRDER

Rudolf Höß, der Lagerkommandant von Auschwitz, kam verbittert aus dem Ersten Weltkrieg zurück. Bei den Nationalsozialisten fand er eine Heimat.

ser. Doch sein Reich ist in Aufruhr. Soldaten meutern, Arbeiter streiken. In Berlin marschieren schon morgens Hunderttausende aus den Fabriken in Richtung Zentrum. Soldaten, die das Regierungsviertel sichern sollen, verbrüdern sich mit Aufständischen. Die Revolution steht vor dem Sieg. Da kabelt Reichskanzler Max von Baden eigenmächtig an die Presse: „Der Kaiser und König hat sich entschlossen, dem Thron zu entsagen." Als dann, gerade mal zwei Tage später, der Staatssekretär Matthias Erzberger den Waffenstillstand unterzeichnet, ist das Wilhelminische Reich endgültig am Ende: Deutschland hat den Krieg verloren. Von allen Fronten strömen die Soldaten zurück in eine zerrüttete Heimat.

Mittendrin ein 18-jähriger Unteroffizier. Ein Deutscher wie Tausende andere. Ein Heimatloser, ein Verbitterter, ein Enttäuschter: Rudolf Höß.

HÖSS IST EIN EINZELGÄNGER, schon als Junge waren ihm Tiere lieber als Menschen. Der gläubige Vater hatte ihn zum Priester bestimmt, aber der Sohn wollte nur eines: Soldat sein. Mit 16 nahm man ihn endlich als Freiwilligen. Er wurde in die Türkei geschickt. Er lernte zu töten.

Jetzt kehrt Höß nach mehrwöchiger Odyssee ins Reich zurück. Unfähig, wie so viele, sich außerhalb des Schützengrabens zurechtzufinden, trägt er weiter Uniform: in einem Freikorps in Ostpreußen. „Ich fand wieder eine Heimat, ein Geborgensein, in der Kameradschaft der Kameraden", schreibt er später in seiner Autobiografie. 400 000 Freiwillige kämpfen in den Freikorps. Zunächst aufgestellt, um die neue Regierung zu stärken, entwickeln die Verbände schnell ein mörderisches Eigenleben – auch das „Freikorps Roßbach", zu dem Höß bald wechselt.

Parchim in Mecklenburg, die Nacht des 31. Mai 1923. Höß und ein paar Kameraden schleppen einen vermeintlichen kommunistischen Spitzel in die Wälder. Mit Knüppeln dreschen sie auf den Volksschullehrer ein, schneiden ihm die Kehle durch und schießen zuletzt noch zweimal auf ihn. Der Fall kommt vor Gericht. Höß wird zu zehn Jahren Zuchthaus verurteilt. Ein getriebenes Leben kommt zur Ruhe, vorläufig.

Es gärt auf den Straßen des Reichs

LETZTE REDE EINES SOZIALISTEN

Karl Liebknecht vor Demonstranten am 4. Januar 1919 in Berlin. Kurz darauf wird er ermordet.

Auch das Land kann sich jetzt stabilisieren. Nach der Flucht des Kaisers ins holländische Exil hatte zunächst provisorisch ein „Rat der Volksbeauftragten" regiert. Ein paar Monate später, im Februar 1919, wählten die Deutschen eine Nationalversammlung. Da in Berlin noch immer Aufstände tobten – und auch, um die Republik symbolisch in der Tradition von Aufklärung und Klassik zu verankern –, trafen sich die Abgeordneten im Weimarer Nationaltheater: daher später „Weimarer Republik". Im August 1919 trat die neue Verfassung in Kraft. An der Spitze des Landes stand nun der Reichspräsident – erster Amtsinhaber war der Sozialdemokrat Friedrich Ebert. Doch die junge Republik litt unter einer schweren Bürde. Der Friedensvertrag von Versailles hatte dem Land ein Siebtel seines Territoriums genommen, seine Armee gestutzt und das Reich als alleinigen Kriegsschuldigen festgeschrieben. Der Hass auf das „Diktat von Versailles“ war groß; Hass, der wenige Jahre darauf den Weg in die Diktatur ebnen sollte.

Jetzt aber, Mitte der Zwanziger, übertüncht der wirtschaftliche Aufschwung vorläufig Rache und Revisionismus. Vorbei die Straßenkämpfe, vorbei die Inflation, die Brot zu Billionen verteuerte. Und vorbei auch die Versuche zu putschen. Einmal noch, am 9. November 1923, versucht es ein gescheiterter österreichischer Kunstmaler namens Adolf Hitler mit seiner rechtsextremen Splitterpartei NSDAP. Doch er scheitert kläglich. Nach einer Parteiversammlung im Münchner „Bürgerbräukeller“ erklärt Hitler die Reichsregierung für abgesetzt und zieht mit 2000 Getreuen durch die Innenstadt. Die bayerische Polizei stoppt sie vor der Feldherrnhalle. Eine halbe Stunde Schießerei, dann liegen vier Polizisten und vierzehn Putschisten tot am Boden. Eine Kugel verfehlt Hitler um 30 Zentimeter. Er wird zu Festungshaft verurteilt.

ES BEGINNEN JENE RUHIGEN JAHRE, die später als die „Goldenen Zwanziger“ verklärt werden. Über 20 Milliarden Reichsmark an Krediten fließen ins Land und lassen die Wirtschaft boomen. Die Löhne steigen zwischen 1924 und 1929 um knapp ein Drittel (sie erreichen indes erst 1928 wieder Vorkriegsniveau), Parteien, die die Republik stützen, gewinnen hinzu, und die Rechtsextremen verlieren an Bedeutung – bei den Reichstagswahlen im Mai 1928 wählen gerade einmal 2,6 Prozent die NSDAP. Blüte auch in der Kultur: Thomas Mann lässt Hans Castorp sieben Jahre auf dem „Zauberberg“ verbringen, Fritz Lang dreht den Klassiker „Metropolis“, Marlene Dietrich mimt den „Blauen Engel“, Max Beckmann, Ernst Ludwig Kirchner, George Grosz bestimmen die Malerei, Walter Gropius und Ludwig Mies van der Rohe prägen im „Bauhaus“ eine neue sachliche Architektur. Berlin wird zur Welthauptstadt, setzt Trends. Hier zeigen Frauen Bein und tragen Bubikopf, hier swingt man, tanzt Charleston, hier verprassen Kriegsgewinnler und Neureiche ihr Geld in Nachtclubs und Kabaretts.

Selbst gegenüber ihren Feinden gibt die Republik sich nachsichtig. Eine Amnestie begnadigt im Juli 1928 die wegen politischer Straftaten Einsitzenden. Rudolf Höß kommt frei. Im Zuchthaus unauffällig, fast ein mustergültiger Gefangener, der die Anstaltsregeln genau befolgt und sogar Englisch paukt, steht der 27-Jährige wieder vor dem Nichts. „Die Entlassung war plötzlich und unerwartet gekommen, es war mir alles noch so unwahrscheinlich, zu fremd", schreibt er.

Halt findet Höß bei der nationalistisch-völkischen Vereinigung der „Artamanen", deren Mitglieder verabscheuen das Leben in der modernen Großstadt und wollen lieber als Nachfolger der mittelalterlichen Ostsiedler die Schollen in Osteuropa mit Bauernhöfen überziehen. Doch politisch sind sie, wie viele andere rechte Splittergruppen, bedeutungslos.

WARUM ABER FÄRBEN SICH DIE GOLDENEN ZWANZIGER so plötzlich nazibraun? Warum geht Weimar unter? Die Kettenreaktion beginnt wohl tatsächlich mit jenem „Schwarzen Donnerstag", dem 24. Oktober 1929, als an der New Yorker Wall Street die Kurse einbrechen und binnen Stunden acht Milliarden Dollar Vermögen vernichtet wird. Folgen:

MIT SMOKING UND ABENDKLEID

Wie in dieser Szene aus dem Stummfilm „Die tolle Lola" feiert sich Berlins Gesellschaft 1927.

Weltwirtschaftskrise, Rückzug der amerikanischen Kredite, Massenarbeitslosigkeit in Deutschland, die schließlich 1932 mit sechs Millionen ihren Höhepunkt erreicht.

Das alles aber, so haben Generationen von Historikern in den vergangenen Jahrzehnten klar herausgearbeitet, kann die Republik nur deswegen stürzen, weil keiner sie verteidigt. Nicht die Intellektuellen, die, wie Carl Schmitt oder der Philosoph Othmar Spann, die Demokratie als Herrschaft des Pöbels ablehnen, denn „wer etwas Geistiges vom Staat verlangt, kann nicht Demokrat sein" (1938 kommt Spann trotzdem selbst ins KZ). Nicht die Masse der Deutschen, die bei den beiden Reichstagswahlen 1932 die NSDAP mit jeweils mehr als 30 Prozent zur stärksten Partei machen. Und auch nicht die Politiker, die schließlich gegen Mittag des 30. Januar 1933 einen Antidemokraten vom greisen Reichspräsidenten Hindenburg zum Reichskanzler vereidigen lassen. Am Abend notiert Joseph Goebbels, seit 1924 in der NSDAP und jetzt Reichspropagandaleiter, in sein Tagebuch: „Hitler ist Reichskanzler. Wie im Märchen."

SO VERDANKT ADOLF HITLER SEINEN AUFSTIEG nicht allein seinem Willen zur Macht, nicht allein seiner Redekraft, mit der er Massen in Ekstase brachte. Er verdankt sie auch der Epoche, die ihn geschaffen hat und die er schließlich zerstört: „Lähmung und Verfall eines freiheitlichen Staatswesens waren nicht zuletzt die Folge verwirrter Maßstäbe, geschwächter Abwehrbereitschaft und falscher Illusionen über Toleranz gegen Feinde der Demokratie", erkennt der Historiker Karl Dietrich Bracher schon Mitte der Fünfziger. Und der Brite Ian Kershaw, heute der wohl renommierteste Hitler-Biograf, wird nicht müde zu betonen, dass Hitler die Macht auch deswegen „ergreifen" konnte, weil die Deutschen in ihrer Mehrheit es eben gern zuließen, denn: „Hitler war kein Tyrann, der Deutschland aufgezwungen wurde."

Seit 1922 ist auch Rudolf Höß unter der Mitgliedsnummer 3240 in der NSDAP, im September 1933 schließlich meldet er sich zur SS: „Die Verlockung, wieder Soldat werden zu können, war doch stark." Er wird

Unterscharführer in der Wachtruppe des Konzentrationslagers in Dachau. Es ist ein Posten, der Höß liegt. Einer im System des Terrors. Und einer, das zeigt sich rasch, mit Zukunft.

IM FEBRUAR 1933 HATTE HITLER BEGONNEN, die Grundrechte auszuhöhlen, und im März verschafft ihm das „Ermächtigungsgesetz" endgültig die Stellung eines Diktators. Gegen wen er seine Macht auszunutzen gedenkt, offenbart sich ebenfalls schnell. Am 1. April 1933 organisieren die braunen Herren einen ersten Boykott jüdischer Geschäfte, und nur ein paar Tage später entlässt das „Gesetz zur Wiederherstellung des Berufsbeamtentums", einer der Vorläufer der Nürnberger Rassengesetze, Deutsche jüdischen Glaubens aus öffentlichen Ämtern.

Das Tragische und zugleich Absurde dabei zeigen Geschichten wie die von Karl Berthold, Chemielaborant im Versorgungsamt Chemnitz. Ihm droht 1933 die Entlassung, da sein unbekannter Vater „möglicherweise nicht arischer Abstammung" sei. Als Bertholds Vater wird der „jüdische Zirkuskünstler" Carl Blumenfeld vermutet. Dokumente wandern hin und her, im September urteilt schließlich das Ministerium für Rasseforschung: Blumenfeld sei wohl der Vater, es solle jedoch erwähnt werden, dass er bei der Geburt des Sohnes dann erst 13 Jahre alt gewesen sei. Trotzdem: „Die Unmöglichkeit dieser Tatsache kann nicht angenommen werden, da bei den Juden die Geschlechtsreife früher einsetzt und ähnliche Fälle bekannt sind."

ZWEI WOCHEN SPÄTER EIN GEGENGUTACHTEN: Der vermeintlich jüdische Vater sei bei der vermeintlichen Zeugung noch jünger gewesen, „es fällt aber schwer anzunehmen, dass ein elfeinhalb Jahre alter Junge mit einem damals 25 Jahre alten Mädchen ein Kind gezeugt haben soll". Die Logik überzeugt die Rasseforscher nicht, und Bertholds Beschäftigung bleibt über Jahre hinweg in der Schwebe. Die Akte wächst, schließlich wird er 1936 in Leipzig noch einmal rassisch untersucht. Ergebnis: „Eine Anzahl von Merkmalen deuten auf einen jüdischen Erzeuger hin." Jetzt droht endgültig die Entlassung, doch der wohl unwahrscheinlichs-

VERLOGENE DEMUT

Hitler verbeugt sich im Februar 1934 vor dem greisen Reichspräsidenten Hindenburg. Er ist längst Diktator.

te Fall tritt ein: Eine persönliche Eingabe beim „Führer" hat Erfolg. Der „Mischling" Berthold darf seine Stellung behalten.

So verwandelt die Bürokratie Hitlers wirren Judenhass in mehr oder minder ordentliches Regelwerk. Es sind ja nicht nur die Schlägertrupps der SA, nicht nur die Konzentrationslager, nicht nur die Hasshetzen des Kampfblatts „Der Stürmer" („um solch einen erbärmlichen, ekelhaften, abscheulichen, plattfüßigen und hakelnasigen Saujuden ist es bei Gott nicht schade"), die den Alltag im neuen Deutschland prägen. Es sind auch geradezu lächerliche Gesetze wie jenes vom 24. April 1933, das verbietet, beim Buchstabieren am Telefon jüdische Namen zu verwenden, also nicht mehr „S" wie „Samuel", sondern nun wie „Siegfried".

GEFÜHL DER ÜBERLEGENHEIT
Der Bund deutscher Mädel bei einer Sonnenwendfeier. Solche Rituale sollen den Zusammenhalt fördern.

Mit der SS will Heinrich Himmler ein „Heiliges Germanisches Reich deutscher Nation" schaffen. 30 Millionen Menschen im Osten sollen seinen nordischen Kriegern weichen.

Ein Orden des „Germanen-Adels"

Karl Maria Wiligut alias Weisthor hält sich für den letzten Erben einer geheimen germanischen Königslinie. Er kann, sagt er, in die Vergangenheit schauen. Fast drei Jahre verbringt er in der Psychiatrie, Diagnose: Schizophrenie. Dann wird er für einen der gefährlichsten Männer des „Dritten Reichs" zu einer Art Magier.

Heinrich Himmler, „Reichsführer SS", schwärmt für die Germanen, er ist überzeugt: „Wir sind das älteste Volk." Wissenschaftler und solche, die sich wie Weisthor dafür ausgeben, sollen die Beweise liefern, Kultstätten aufspüren, rund um Helgoland nach Atlantis suchen und die rassische Überlegenheit der Germanen belegen.

Es ist eine krude Mischung aus Okkultismus, Mittelalterromantik und Rassenwahn, die Himmler im Verein „Ahnenerbe" treibt. Neu ist sie nicht: Schon seit der Kaiserzeit gibt es Gruppen, die sich „Germanen-Orden" oder „Thule-Gesellschaft" nennen. Sie lieben Symbole wie Runen und Hakenkreuze, lehnen die westliche Zivilisation ab und kämpfen gegen die Demokratie. Mit dem Apparat des NS-Staates im Rücken macht Himmler aus den okkult-völkischen Ideen ein politisches Programm. Seine SS, blonde, nordische Männer über 1,70, soll den neuen Adel eines germanischen Europa bilden. Für sie plant Himmler mit Weisthor zusammen eine Ordensburg, den Umbau der Wewelsburg nahe Paderborn. Eine schwarze Sonne mit Runen schmückt den Boden des „Obergruppenführersaals" – Symbol der neuheidnischen Religion, die Himmler vorschwebt.

Denn vor allem das Christentum, glaubt Himmler, habe die Germanen durch Friedfertigkeit und Humanität verweichlicht, hat nordischen Heldenmut, Härte, Rassenehre, Treue und Mut zu ewigem Kampf untergraben und die germanische Kultur zerstört. Damit soll Schluss sein: „Was christlich ist, ist nicht germanisch; was germanisch ist, ist nicht christlich!" Sonnwendfeiern, vorgeblich germanische Pilgerorte wie die Externsteine bei Detmold ersetzen christliche Feste und Wallfahrtsziele, statt der Taufe gibt es „Namensweihen" mit einem Hitler-Glaubensbekenntnis. Es bleibt nicht bei Ritualen. Himmler, inzwischen auch „Reichskommissar für die Festigung des Deutschen Volkstums", will eine „Internationale des germanischen Blutes", von Skandinavien bis in den Iran ein „Heiliges Germanisches Reich deutscher Nation". Im Osten, auf angeblich uraltem germanischem Siedlungsgebiet, plant er Wehrdörfer, besetzt mit nordischen Bauern. Nicht-Germanen müssen weichen. Um 30 Millionen Menschen werde er die slawische Bevölkerung dezimieren, kündigt er 1941 auf der halb fertigen Wewelsburg an. Einsatzkommandos schwärmen aus, den Auftrag zu erfüllen.

Das geistige Zentrum des neuen Reichs, die Wewelsburg, sollte in den 60er Jahren fertig werden, planen Himmler und Weisthor. Doch Weisthor tritt schon 1939 aus der SS aus, seine Vergangenheit verträgt sich nicht länger mit dem Rassenwahn. Himmler tötet sich 1945 nach dem Sieg der Alliierten. Auf der Wewelsburg befindet sich heute eine Gedenkstätte.

Viele Deutsche finden im „Dritten Reich“ ihr kleines Glück. Der totalitäre Staat ist ja nicht ständig totalitär. Er gewährt zuvor nie gekannten Urlaub durch „Kraft durch Freude“-Programme und sorgt durch den „Familienunterhalt“ sogar während des Krieges dafür, dass die Frauen der Soldaten über bis zu 85 Prozent von deren letztem Einkommen verfügen. Die enteigneten jüdischen Häuser und Möbel, das geraubte Gold aus den später besetzten Ländern stützen den desaströsen Staatshaushalt. Nach Berechnungen des Historikers Götz Aly profitierten nicht etwa nur hohe NS-Funktionäre von diesem System, sondern 95 Prozent aller Deutschen.

So haben viele am Nazi-Staat auch erst einmal wenig auszusetzen. Die Gestapo, der Spitzeldienst des Reiches, benötigt 1937 einschließlich Sekretärinnen nur 7000 Mitarbeiter, um die 60 Millionen Deutschen im Auge zu behalten – die Stasi der DDR zählte für 17 Millionen allein 190 000 Hauptamtliche.

HITLERS NEUER STAAT ERMÖGLICHT KARRIEREN, selbst den eigentlich Gescheiterten. Rudolf Höß etwa bleibt nicht lange SS-Unterscharführer im KZ Dachau. Schnell wird er Haupt-Scharführer und schließlich, „wegen seiner früheren Verdienste“, ins Offizierskorps der SS befördert. Er zeigt sich als eifriger Befehlsempfänger: „Mit mir selbst zufrieden war ich stets nur, wenn ich ein gut Stück Arbeit vollbracht hatte.“

Schon als Höß nach seinem Mord selbst im Zuchthaus saß, klebte er freiwillig Tüten, um irgendwie sinnvoll beschäftigt zu sein. Jetzt, auf der anderen Seite der Gitterstäbe, drängt es ihn wieder zur Arbeit, ruft ihn wieder die Pflicht. Als er im August 1938 als Adjutant ins Lager Sachsenhausen versetzt und damit für die Erschießungen zuständig wird, kümmert er sich darum, ohne zu murren. Mord nach Arbeitsvertrag ist für Höß kein Problem. Eine Einstellung, die im Dritten Reich gefragt ist und ihn in die Schaltzentrale des Tötens führen wird.

Denn so sehr Nazi-Deutschland seine rassisch einwandfreien Volksgenossen umgarnt, so unmenschlich geht es gegen seine angeblichen Gegner vor, vor allem gegen Juden. Schon in seinem ersten politischen

FESTSPIELE DES ARIERTUMS

Ein Plakat mit einem nackten Athleten wirbt für die Olympischen Spiele 1936 in Berlin. Sie sollen der Welt ein geschöntes Bild des neuen Deutschland präsentieren.

Text hatte Hitler 1919 geschrieben: „Das letzte Ziel aber muss unverrückbar die Entfernung der Juden überhaupt sein." Den größten Teil seines Buches „Mein Kampf" widmet er demselben Thema. Spätestens nach seiner Rede zum Jahrestag der „Machtergreifung" am 30. Januar 1939 ist das Ziel klar: „Wenn es dem internationalen Finanzjudentum in und außerhalb Europas gelingen sollte, die Völker noch einmal in einen Weltkrieg zu stürzen, dann wird das Ergebnis nicht die Bolschewisierung der Erde und damit der Sieg des Judentums sein, sondern die Vernichtung der jüdischen Rasse in Europa."

DA HATTE DER DIKTATOR SEINEN WORTEN schon grausame Taten folgen lassen. Wenige Monate zuvor, am 9. November 1938, gingen in der „Reichskristallnacht" Hunderte Jahre jüdischen Lebens in Deutschland in Flammen auf. Feuerwehren schützten unter Beifall die „arischen" Nachbarhäuser. Doch erst der Überfall auf Polen und damit der Beginn des Zweiten Weltkriegs am 1. September 1939 liefert Hitler das Schlachtfeld, seine Fantasien vollends Realität werden zu lassen.

ERSTER TESTFLUG

Mit der He 178 beginnt am 27. August 1939 – fünf Tage vor Kriegsausbruch – das Düsenzeitalter.

Das Düsentriebwerk

Entscheidender Schub

Nein, der „Düsentrieb" ist kein Werk des gleichnamigen Erfinders aus Entenhausen. Die Comicfigur „Daniel Düsentrieb" gab es noch nicht, als der Deutsche Hans von Ohain in den 30ern die Luftfahrt revolutionierte. Bis dahin waren Flugzeuge mit Kolbenmotoren unterwegs. Die erfüllten zwar den

Einen schriftlichen „Führerbefehl" zur Judenvernichtung gibt es indes nicht. Auf jener berüchtigten „Besprechung mit anschließendem Frühstück" am 20. Januar 1942 etwa, später nennt man sie nach dem Tagungsort „Wannseekonferenz", ist Hitler gar nicht selbst anwesend, sondern nur eine Reihe hoher Funktionäre um Reinhard Heydrich, den Chef des Reichssicherheitshauptamtes. Ohnehin ist zu diesem Zeitpunkt die Ermordung der Juden schon beschlossene Sache. Lediglich die Details der „Endlösung" und „Sonderbehandlung" gilt es noch einmal zusammenzufassen.

Traum vom Fliegen, machten ihn durch Lärm und Geruckel aber nicht eben zu einem sinnlichen Erlebnis. Das hatte auch von Ohain zu spüren bekommen, er notierte nach einem Flug: „Es war nicht so romantisch, wie ich erwartet hatte. Fliegen sollte doch etwas Elegantes sein." Zudem hatte diese Technik bei 700 km/h ihre Leistungsgrenze erreicht. Also machte sich von Ohain schon während seines Physikstudiums auf die Suche nach einem neuen Antrieb für Flugzeuge. Mit 24 meldete er ein Patent auf sein Verfahren an. Ein Düsentriebwerk saugt vorn Luft ein, komprimiert sie, treibt beim Verbrennen mit Kerosin die Schaufelräder einer Turbine, drückt den Abgasstrahl durch eine Düse – und erzeugt so den Schub. Finanziert wurden seine Forschungen durch den Flugzeugbauer Ernst Heinkel, der einem kleinen Team eine geheime Werkstatt einrichtete. So war von Ohain zwei Jahre schneller als der Engländer Frank Whittle, der zur gleichen Zeit an einem ähnlichen Aggregat arbeitete. Am 27. August 1939 hob das erste Düsenflugzeug der Welt ab – die „Heinkel He 178". Nach dem Zweiten Weltkrieg kam durch den neuen Antrieb der Flugverkehr in Schwung. Passagierflugzeuge waren dank der Düsentriebwerke mit rund 900 km/h fast doppelt so schnell wie die mit Kolbenmotoren. Heute treiben die Nachfahren des ersten Düsentriebwerks fast alle Verkehrsflugzeuge und Militärmaschinen an.

Was die Begriffe bedeuten? Der Wehrmacht folgen im Osten „SS-Einsatzgruppen", die Juden zu Hunderten erschießen, insgesamt über eine halbe Million. In den Städten werden sie in Ghettos gepfercht, manchmal bis zu 30 Menschen in einen Raum. Doch all das ist nur ein Vorspiel für den letzten Akt. In einer Hauptrolle dabei: Rudolf Höß. Im Mai 1940 wird er wieder befördert – zum Kommandanten des neuen Konzentrationslagers Auschwitz.

Seit Ende 1939 kursieren in den SS-Stäben Pläne, in Auschwitz ein

Lager zu errichten. Der Ort liegt günstig nahe eines Eisenbahnknotens. Im Frühjahr 1940 kommen die ersten Gefangenen. Schon in den ersten Wochen sterben Hunderte an Hunger, Krankheiten, werden erschossen, aber noch ist Auschwitz kein systematisches Vernichtungslager, noch ist der Tod mehr gewollter Nebeneffekt als Ziel.

ERST IM SOMMER 1941 GIBT HEINRICH HIMMLER dem Kommandanten Höß den Befehl, in dem Dorf Birkenau, drei Kilometer entfernt, ein Vernichtungslager zu errichten. Und der macht sich ans Werk, wie immer hörig und gewissenlos. „Wohl war dieser Befehl etwas Ungewöhnliches, etwas Ungeheuerliches. Doch die Begründung ließ mir diesen Vernichtungsvorgang richtig erscheinen. Ich hatte den Befehl bekommen und hatte ihn durchzuführen", schreibt er.

Dabei genießt Höß durchaus die Privilegien seines Postens. Mit Frau und fünf Kindern bewohnt er eine Villa neben dem Stammlager in Auschwitz. Hedwig Höß züchtet Blumen, pflegt den Garten, die Kinder spielen mit den beiden Pferden. Vom Papa erbetteln sie manchmal Zigaretten für die Häftlinge. Sonntags fährt man übers Land, planscht in einem kleinen Becken hinterm Haus oder im Fluss Sola.

Während der Woche widmet sich Höß den Tötungsmethoden. Der Keller von Block 11 in Auschwitz wird zum Versuchslabor. Schon seit ein paar Jahren experimentiert die SS mit Lastwagen, in die sie Abgase leitet, doch manchmal versagen die Motoren, dauert das Töten Stunden. Höß versucht es nun mit einem Ungeziefermittel: Zyklon B. Geschützt durch eine Gasmaske, beobachtet er selbst die ersten Versuche an russischen Kriegsgefangenen. Das Gas tötet schnell, Höß ist zufrieden. „So recht zum Bewusstsein ist mir diese erste Vergasung von Menschen nicht gekommen, ich war vielleicht zu sehr von dem ganzen Vorgang überhaupt beeindruckt", notiert er.

Ab Oktober 1941 rollen Züge regelmäßig in die Vernichtungslager. Die Reichsbahn pfercht die Todgeweihten in Güterwaggons – den Fahrpreis zahlen müssen sie oft trotzdem: 3. Klasse, Kinder unter zehn halber Tarif, unter vier umsonst, Gruppenkarten ab 400. Manchmal halten

KAUM EINER KOMMT HIER LEBEND WIEDER RAUS

Insassen des Konzentrationslagers Auschwitz am Zaun. Dieses Bild entstand, als russische Truppen im Januar 1945 das Lager erreichten.

die Züge stundenlang auf Bahnhöfen und Rangiergleisen, bis eine Lücke im Fahrplan gefunden ist. Ein Geheimnis sind sie nicht, so wenig wie die Judenmorde selbst. Über eine Million Deutsche arbeiten während des Krieges in den besetzten Gebieten, kommen dabei zumindest indirekt mit der Todesmaschinerie in Kontakt. Auch die Soldaten berichten in den Feldpostbriefen oft freimütig über die Massaker, rühmen sich manchmal sogar, wie ein Wiener Landser, mit Kameraden „circa 1000 Juden ins Jenseits befördert" zu haben.

FAST IMMER ENDEN DIE TRANSPORTE IM OSTEN. Hier, im „Generalgouvernement", dem besetzten, aber nicht annektierten Teil Polens, liegen die meisten Vernichtungslager. Treblinka, Sobibor, Belzec, Majdanek. Chelmno und vor allem Auschwitz, das einst polnische Oświęcim, gehören jetzt zum Reich. Ab Frühjahr 1943 stehen Höß dort vier neue Krematorien zur Verfügung, und der Massenmord wird zum Alltag. Selektion an der Rampe, 10 bis 20 Prozent Arbeitsfähige vorläufig ins Lager, der Rest zur Gaskammer, warten, bis die Kammer leer ist, auskleiden, der Hinweis, sich die Nummer des Kleiderhakens für später gut zu merken, Türen zu, das Gas, die Schreie, das verzweifelte Übereinanderklettern, der Tod.

EIN ARZT ÜBERPRÜFT DIE VERGASTEN. Aus dem Tagebuch des Dr. Johann Paul Kremer, SS-Hauptsturmführer: „5. September 1942. Abends gegen acht Uhr wieder bei einer Sonderaktion aus Holland. 6. September 1942. Heute Sonntag ausgezeichnetes Mittagessen: Tomatensuppe, halbes Huhn mit Kartoffeln und Rotkohl, Süßspeise und herrliches Vanilleeis. Abends um acht Uhr wieder zu Sonderaktion draußen."

Gut eineinhalb Jahre lang lodern die Krematorien fast ohne Pause. Manchmal, wenn es einfach zu viele Tote sind, werden die Leichen auf riesigen Scheiterhaufen verbrannt, und der süßliche Geruch verbrannten Fleischs ist kilometerweit zu riechen. Erst am 27. Januar 1945 befreien Soldaten der Roten Armee das Lager. Sie finden nur noch wenige halb verhungerte Gefangene. Mehrere zehntausend wurden zuvor in Todesmärschen nach Westen getrieben.

Am 8. Mai 1945 kapituliert Deutschland. In den Wirren der Nachkriegsmonate kann Rudolf Höß untertauchen und arbeitet als Bauer bei Flensburg. Fast so, wie er es als „Artamanen"-Jüngling einst vorhatte. Dort verhaften ihn im März 1946 Militärpolizisten. In der polnischen Gefangenschaft errechnet er für die Behörden die Zahl der Ermordeten, korrigiert sogar, pedantisch bis zuletzt, eigene frühere Aussagen nach unten, denn „die Möglichkeiten der Vernichtung hatten auch in Auschwitz ihre Grenzen". In den Verhörpausen schreibt er seine Autobiografie, nüchtern, ohne den Versuch einer Entschuldigung. Am 16. April 1947 wird der Kommandant von Auschwitz am Ort seines Verbrechens gehängt.

ENDE EINES WAHNS
Soldaten der Roten Armee hissen die sowjetische Flagge auf dem Reichstag. Berlin liegt in Trümmern. Der Krieg ist damit symbolisch beendet.

IN AUSCHWITZ STARBEN mehr als 1,1 Millionen Männer, Frauen und Kinder. Die Asche der Toten wurde auf Felder und Wiesen verstreut oder in Sola und Weichsel gekippt. Manchmal, wenn gerade kein Laster frei war, landeten die zerstaubten, grauen Reste von Leben auch einfach in Teichen neben den Krematorien. Dort, inmitten von Birken und Backsteintrümmern, liegen sie noch heute.

*

Die Menschen demoralisiert, die Städte in Trümmern. Deutschland wird zum Streitobjekt der Siegermächte. Im Westen soll mit der alten Wirtschaftsordnung eine neue Demokratie entstehen, der Osten soll Stalins Prinzipien folgen und zum Paradies der Werktätigen werden. 40 Jahre lang wird der Kampf der Systeme auf deutschem Boden ausgetragen. Bis in einer Novembernacht 1989 das für unmöglich Gehaltene geschieht.

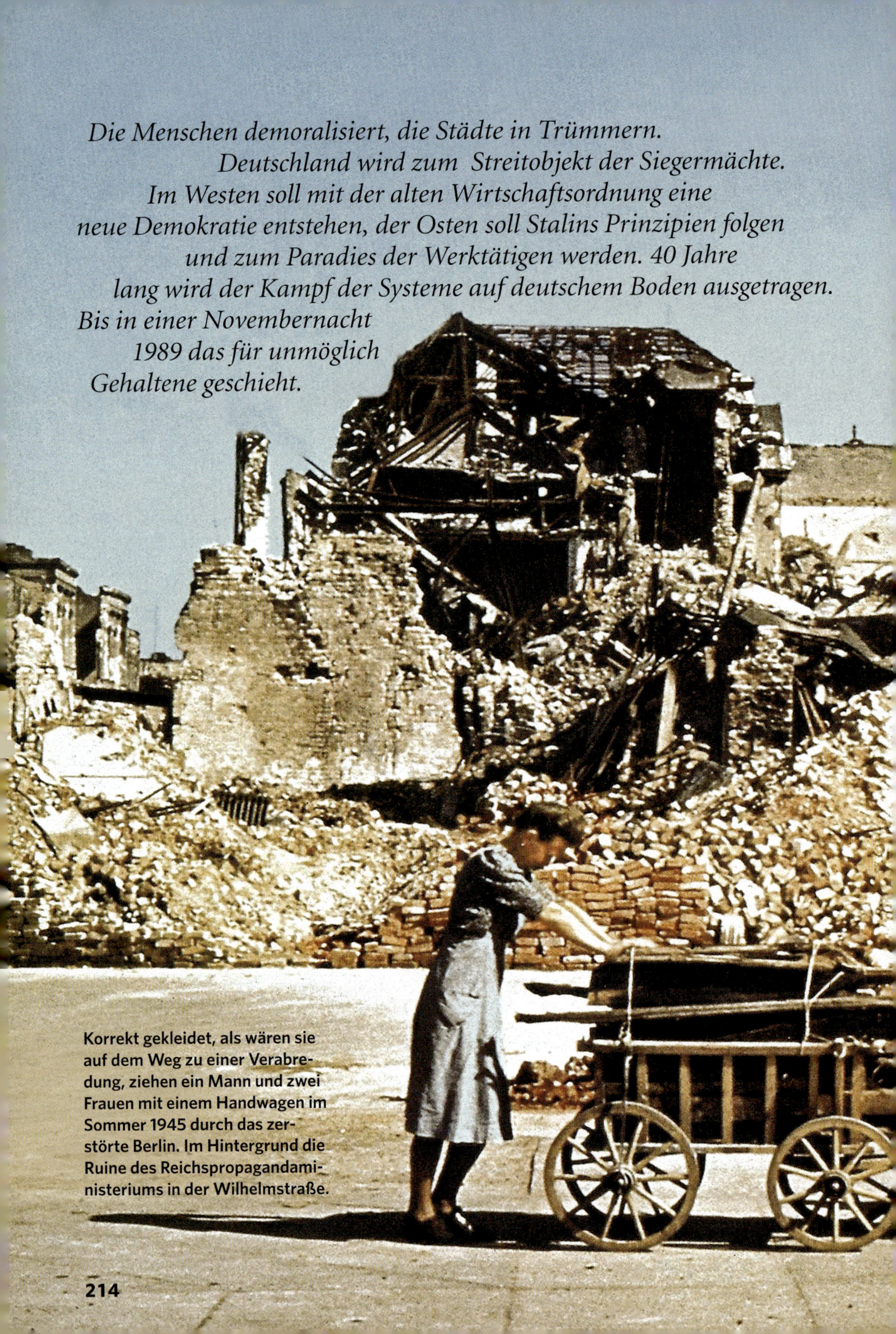

Korrekt gekleidet, als wären sie auf dem Weg zu einer Verabredung, ziehen ein Mann und zwei Frauen mit einem Handwagen im Sommer 1945 durch das zerstörte Berlin. Im Hintergrund die Ruine des Reichspropagandaministeriums in der Wilhelmstraße.

Besiegt, zerstört – geteilt

Die Kluft wächst *Während die Westdeutschen beginnen,*

Fußball-WM 1954 in Bern

Was in der Budesrepublik und in der DDR geschah

1945
Potsdamer Konferenz: Die Siegermächte einigen sich, Deutschland eine Zukunft auf demokratischer Grundlage zu geben

1947
Marshall-Plan: Europa erhält Hilfsmittel für 11, Deutschland für 1,5 Milliarden Dollar

1949
Gründung der Bundesrepublik Deutschland am 23. Mai, der DDR am 7. Oktober

1952
Moskau bietet einem neutralen Deutschland die Wiedervereinigung an, der Westen lehnt ab

1953
Ein Arbeiteraufstand in der DDR wird am 17. Juni blutig niedergeschlagen

1954
„Wunder von Bern“: Deutsche Fußballer werden mit einem 3:2 über Ungarn Weltmeister

1961
Beginn des Mauerbaus in Berlin am 13. August

Was anderswo geschah

1945
Am 25. Juni werden in San Francisco die Vereinten Nationen gegründet

1948
Gründung des Staates Israel. Die UN verabschieden die Erklärung der Menschenrechte

1949
Gründung der Nato und der Volksrepublik China

neuen Wohlstand zu genießen, mauert sich die DDR ein

REISELUST UND REPUBLIKFLUCHT

Ein deutsches Paar 1958 am Strand von Rimini an der Adria. Nach den Jahren des Wiederaufbaus rollt die Reisewelle Richtung Süden an. DDR-Grenzsoldaten tragen 1962 den Leichnam eines Mannes zurück in den Ostteil von Berlin. Er war beim Versuch, in den Westteil der Stadt zu gelangen, erschossen worden.

Flucht über Ungarns Grenze

1967
Bei Demonstrationen gegen den Schah von Persien wird in Berlin der Student Benno Ohnesorg erschossen. Beginn der 68er Revolte gegen das verkrustete System der BRD

1972
Viermächte-Abkommen und Ostverträge bekräftigen Politik der Annäherung. 1973 folgt der Grundlagenvertrag, 1974 nehmen die USA diplomatische Beziehungen zur DDR auf

1977
Höhepunkt des RAF-Terrors: Arbeitgeberpräsident Schleyer wird ermordet

1981
In Bonn demonstrieren 250 000 gegen Nachrüstung und Kriegsgefahr. „Die Grünen" werden gegründet

1989
Massenproteste in Leipzig gegen Fälschung der Kommunalwahlen. DDR-Bürger erzwingen Ausreise aus der Tschechoslowakei und Ungarn. Am 10. September wird dort die Grenze geöffnet. Am 9. November fällt die Mauer in Berlin

1957
„Sputnik"-Schock für den Westen: Die Sowjetunion schießt den ersten Satelliten (Modell Sputnik) in den Weltraum

1978
Wahl des Polen Karol Wojtyla zum Papst Johannes Paul II.

1985
Michail Gorbatschow wird Chef der sowjetischen KP und beginnt seinen Reformkurs

„Antifaschistischer Schutzwall“ *Bei dem Vers*

1961 erließ die Ulbricht-Regierung den Befehl, den Westteil Berlins auf einer Länge von 155 Kilometern einzumauern. Ein bis zu 100 Meter breiter „Todesstreifen“ um die Stadt sollte die Abwanderung der DDR-Bürger in den Westen verhindern. Als sich die Berliner Mauer nach 28 Jahren wieder öffnete, hatten 190 Menschen ihren Fluchtversuch mit dem Tod bezahlt. Wer lebendig gefasst wurde, musste für mindestens vier Jahre ins Gefängnis.

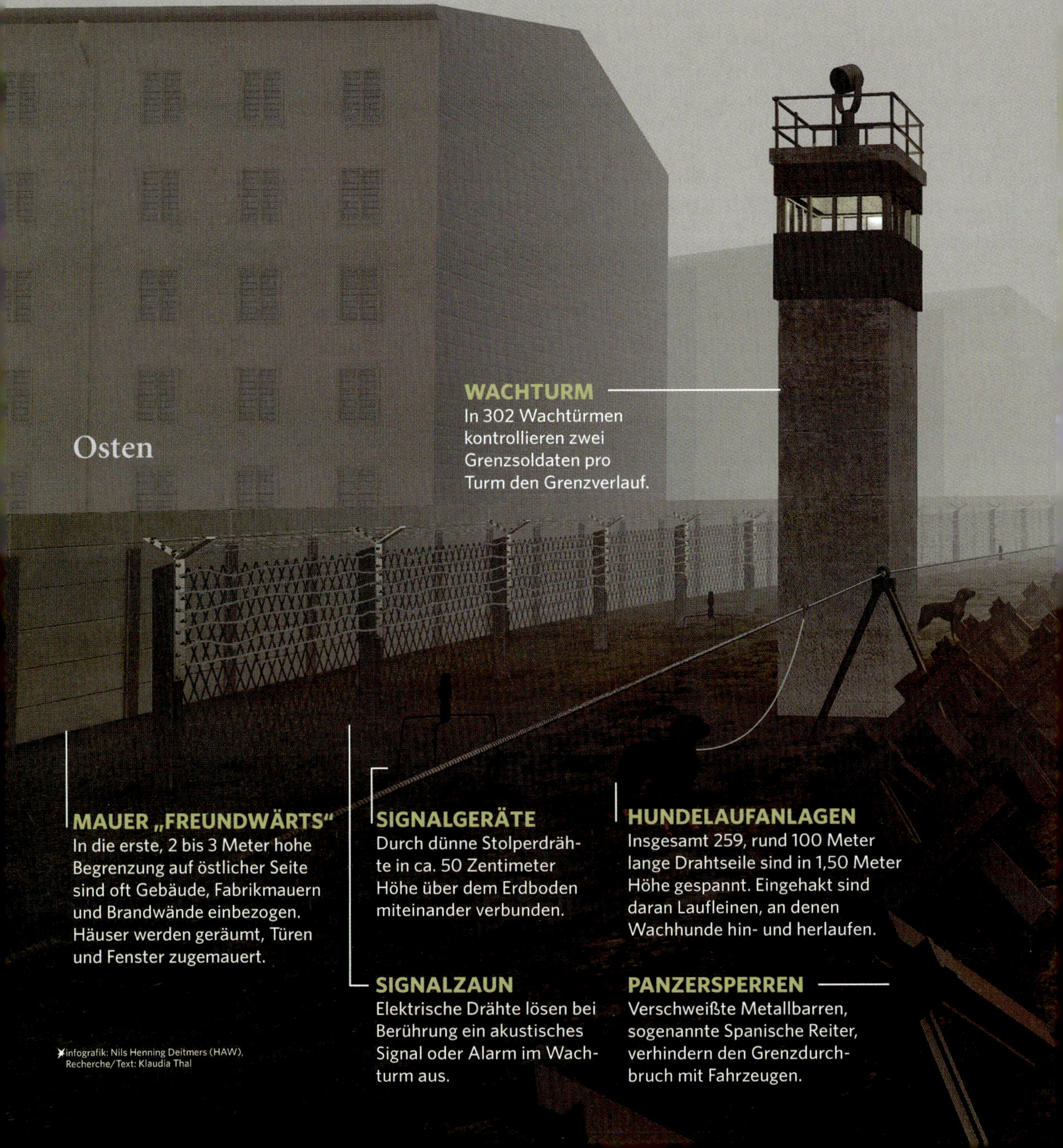
WACHTURM
In 302 Wachtürmen kontrollieren zwei Grenzsoldaten pro Turm den Grenzverlauf.
Osten
MAUER „FREUNDWÄRTS“
In die erste, 2 bis 3 Meter hohe Begrenzung auf östlicher Seite sind oft Gebäude, Fabrikmauern und Brandwände einbezogen. Häuser werden geräumt, Türen und Fenster zugemauert.
SIGNALGERÄTE
Durch dünne Stolperdrähte in ca. 50 Zentimeter Höhe über dem Erdboden miteinander verbunden.
SIGNALZAUN
Elektrische Drähte lösen bei Berührung ein akustisches Signal oder Alarm im Wachturm aus.
HUNDELAUFANLAGEN
Insgesamt 259, rund 100 Meter lange Drahtseile sind in 1,50 Meter Höhe gespannt. Eingehakt sind daran Laufleinen, an denen Wachhunde hin- und herlaufen.
PANZERSPERREN
Verschweißte Metallbarren, sogenannte Spanische Reiter, verhindern den Grenzdurchbruch mit Fahrzeugen.
Infografik: Nils Henning Deitmers (HAW), Recherche/Text: Klaudia Thal

uch, ihr Land zu verlassen, kommen fast 600 Bürger der DDR ums Leben

Die Mauer in Zahlen

13. 8. 1961 – 9. 11. 1989

Gesamtlänge Außenring: 155 km

Verschiedene Bau-Kombinationen: von Mauerstreifen (hier schematische Darstellung aus den 70er Jahren) bis zu Wassersperren an Grenzgewässern

Grenzpersonal: 11 059 Soldaten

Baukosten: ca. 830 000 DDR-Mark pro km Grenzzaun ab 1975

Geglückte Fluchtversuche: 5075

Der Berliner Mauerring und seine Grenzübergänge

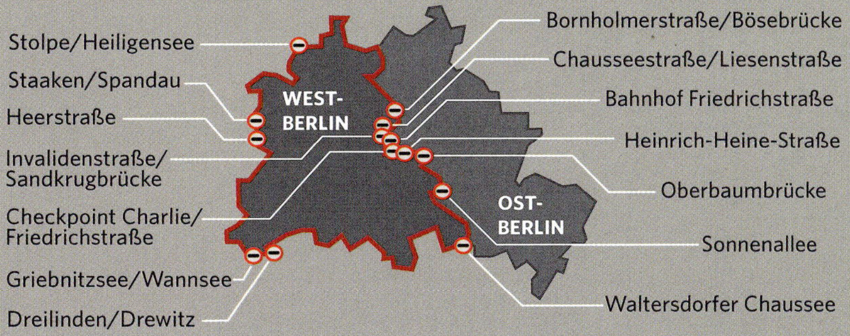

MAUER „FEINDWÄRTS"
Auf 106 der 155 Kilometer steht das, was als „Berliner Mauer" bekannt wird. Sie besteht aus 3,60 x 1,20 Meter breiten Einzelplatten aus Stahlbeton, jede 2,6 Tonnen schwer.

KOLONNENWEG
Der asphaltierte Weg ist durch Zufahrtswege in der hinteren Sperrmauer erreichbar. Zweier-Patrouillen gehen oder fahren langsam den Grenzstreifen ab. Die Teams werden ständig neu gemischt, um keine Vertraulichkeit unter den Soldaten aufkommen zu lassen.

LICHTTRASSE/ KONTROLLSTREIFEN
Alle 35 Meter beleuchten hohe Lichtmasten mit extra starken Halogenlampen den geharkten Sandstreifen, auf dem sich Fußspuren von Flüchtigen abzeichnen sollen. Tritt ein Grenzer auf den Sand, gilt das als versuchte Republikflucht.

KFZ-GRABEN
Der Betongraben hat nach Westen eine extra starke Neigung.

Zwei Staaten, zwei Sprachen *Hier Exhibitionist,*

infografik Axel Kock, Recherche Klaudia Thal Quelle: Putzger Historischer Welt

Historische Situation

Die Nachkriegszeit ist geprägt von Ost-West-Gegensatz und Kaltem Krieg. An der innerdeutschen Grenze treffen die feindlichen Blöcke aufeinander. Erst in den 70er Jahren leiten die Supermächte die Entspannungspolitik ein, in deren Folge sich auch das deutsch-deutsche Verhältnis entkrampft. Glasnost und Perestroika, die Reformpolitik des russischen Staatschefs Michail Gorbatschow seit Mitte der 80er Jahre, führt – unbeabsichtigt – zur Auflösung des Ostblocks.

Bevölkerung
In Westdeutschland leben 1946 43,7 Millionen Menschen, im Osten 18,4. Bis 1989 steigt die Einwohnerzahl im Westen auf 62,7, im Osten sinkt sie auf 16,4 Millionen. Etwa 5,2 Millionen Menschen wandern zu DDR-Zeiten in den Westen ab.

Berlin: Luftbrücke der USA 1948

Lebenserwartung
Die durchschnittliche Lebenserwartung steigt zwischen 1949 und 1989 von 68 (Frauen) bzw. 65 Jahren (Männer) auf 79 bzw. 73 Jahre. Die Lebenserwartung im Osten liegt seit 1975 um etwa drei Jahre niedriger als im Westen.

Lebensverhältnisse
Nahrungsmittellieferungen der Alliierten sichern nach dem Krieg das Überleben. Allerdings müssen die Menschen oft mit weniger als 1000 Kalorien pro Tag auskommen. Der Schwarzmarkt (Währung: Zigaretten) boomt; viele Menschen fahren zum Hamstern aufs Land. Im Westen folgt das „Wirtschaftswunder". Die Zahl der Personenwagen steigt von 500 000 im Jahr 1950 auf 30 Millionen 1990. Ab den 60er Jahren setzt sich die Fünftagewoche durch, in den 80er Jahren sinkt die durchschnittliche Arbeitszeit unter 40 Stunden. Die Zahl der Abiturienten und Studenten wächst: 1970 machen 11 Prozent eines Jahrgangs Abitur, 1990 sind es 34. Kehrseite des Kapitalismus: 1970 sind etwa 750 000 Menschen auf Sozialhilfe angewiesen, Mitte der 80er Jahre zwei Millionen. In der DDR wird die Lebensmittelrationierung erst 1958 aufgehoben. 1970 gibt es in zwei Dritteln der Haushalte Fernseher und in 56 Prozent Kühlschränke; Telefon und Auto bleiben meist unerfüllte Wünsche. Statt Arbeitslosigkeit herrscht Arbeitskräftemangel: 90 Prozent der Einwohner zwischen 15 und 64 Jahren sind beschäftigt.

Städte
Die deutschen Großstädte liegen bei Kriegsende in Schutt und Asche. 1939 lebten in Köln 750 000 Einwohner, 1946 nur 486 000. Vor allem durch den Zustrom von Flüchtlingen (9,6 Millionen) und

Rückkehrern steigen die Bevölkerungszahlen schnell wieder an, in Köln bis 1955 auf mehr als 700 000, bis 1977 auf über eine Million.

Regierungsform

Die Bundesrepublik Deutschland ist ein föderaler Bundesstaat mit parlamentarischer Demokratie. Alle vier Jahre wählen die Bürger die Abgeordneten des Bundestags; dieser wählt den Bundeskanzler. Die Verfassung der DDR sieht 1949 zunächst einen von Volks- und Länderkammer gewählten Präsidenten sowie einen Ministerpräsidenten vor. Tatsächlich tonangebend ist der Vorsitzende der Staatspartei SED – er hat absolutes Weisungs- und Kontrollrecht gegenüber allen Organen und Institutionen. 1968 wird die Verfassung entsprechend geändert: Kollektives Staatsoberhaupt ist nun der von der Volkskammer gewählte Staatsrat, der Ministerrat bildet die Regierung. Die Volkskammer ist Vollzugsorgan der SED-Beschlüsse.

Bauwerke

1949 gibt es für 14,6 Millionen Haushalte nur noch 9,4 Millionen Wohnungen. Bis 1960 werden mehr als vier Millionen neue Wohnungen gebaut, 60 Prozent davon Sozial-

Plattenbauten in Frankfurt/Oder

wohnungen. Im Westen entstehen zunächst Siedlungen an den Stadträndern, dann auch Wohnhochhäuser (z.B. Bremen Neue Vahr, Köln Chorweiler). In der DDR werden seit Ende der 50er Jahre Plattenbauten errichtet. Beton setzt sich als Baumaterial durch. Repräsentative Bauten im Westen: Schauspielhaus Bochum, Philharmonie Berlin, Neue Staatsgalerie Stuttgart. Im Osten: Gewandhaus Leipzig, Berliner Stalinallee. Baustile mischen sich, das Stadtbild wird bunt.

Sprache

Mit der Massenkultur nach US-Vorbild kommen englische Wörter in die deutsche Alltagssprache: Der Duden von 1961 verzeichnet erstmals Begriffe wie „Comics", „Fan", „Hobby", „Job", „o.k." oder „Quiz". In beiden deutschen Staaten entwickelt sich ein teilweise unterschiedlicher Wortgebrauch. „Christlich" oder „idealistisch“ etwa sind im Westen positiv besetzt, im Osten negativ, bei „kommunistisch“ oder „Revolution“ ist es umgekehrt. Zum Teil bilden sich unterschiedliche Begriffe heraus: Plaste/Plastik, Entblößer/Exhibitionist, Kombine/Mähdrescher. Und manche Wörter gibt es nur in der DDR, zum Beispiel „Bückware“ (Angebote unter dem Ladentisch) oder „Grilleta“ (Hamburger).

Minderheiten

In der BRD werden „Gastarbeiter“ aus Italien, Jugoslawien und der Türkei angeworben. Die Zahl der Ausländer steigt von 550 000 (1950) auf 1,2 (1964) und vier Millionen (1974). Die DDR wirbt „Vertragsarbeiter“ aus kommunistischen Staaten wie Polen, Nordvietnam, Mosambik, Kuba, Angola, China und Nordkorea an; 1989 sind es insgesamt 90 000.

Wissenschaft und Technik

1961 kommt die Antibabypille zunächst im Westen, vier Jahre später in der DDR auf den Markt; eine Revolution in der Familienplanung. 1966 gehen in Ost und West die ersten deutschen Atomkraftwerke ans Netz. Der Computer revolutioniert Verwaltung und Produktion.

Kulturelle Meilensteine

Die Zeit der Massenmedien: „Bild“-Zeitung, Illustrierte („Quick“, „Stern“) und politische Magazine („Spiegel“) erreichen enorme Auflagen. 1954 startet das „Erste Deutsche Fernsehen“, 1984 der erste werbefinanzierte Privatsender. Seit 1967 gibt es Farbfernsehen. Die Zeit des Massentourismus: Seit 1963 gibt es im Westen 18 Tage Mindesturlaub. Italien ist in den Sechzigern das Land der Träume, Camping kommt in Mode, später der Ferntourismus. In der DDR ist seit 1949 das Recht auf Urlaub in der Verfassung verankert, Reisen sind aber nur in einige Oststaaten möglich. Mit investigativen Recherchen erhellt Günter Wallraff in den 60er und 70er Jahren die Schattenseiten des Wohlstands in der Bundesrepublik.

Waffen

Atomwaffen prägen das Zeitalter: Schon 1955 stationieren die US-Streitkräfte Bomben und Sprengköpfe in Westdeutschland – erst zwei Jahre später erfährt die Öffentlichkeit davon. Auch die Sowjetunion stationiert im Stillen Atomwaffen in der DDR. Eine wachsende Bürgerbewegung (Ostermärsche) protestiert gegen die Atombewaffnung, Höhepunkt sind zu Beginn der 80er Jahre Demonstrationen gegen die Nachrüstung. Erst 1987 schließen Michail Gorbatschow und Ronald Reagan ein Abkommen, nach dem Mittelstreckenraketen verschrottet werden sollen.

Landwirtschaft und Ernährung

Bauernhöfe werden zu technisch hochgerüsteten Großbetrieben. Zwischen 1950 und 1990 müssen fast zwei Drittel der Bauern in der Bundesrepublik aufgeben. Seit den 50er Jahren gibt es Fast Food in Deutschland. Übergewicht wird zum Problem. Mit der Öko-Bewegung in den 80er Jahren („Müslis") nimmt das Interesse an Biolebensmitteln zu. In der DDR werden landwirtschaftliche Betriebe in „Produktionsgenossenschaften" oder „Volkseigenen Gütern" zusammengelegt, Privatbauern gibt es nicht mehr. Die Lebensmittelversorgung ist „kritisch stabil", Preise werden stark subventioniert.

Handel und Industrie

Schon 1959 wird die Bundesrepublik zweitgrößter Warenexporteur der Welt nach den USA. Die große Abhängigkeit vom Exportgeschäft bleibt typisch für die deutsche Wirtschaft. In der DDR sind 1972 alle Industrieunternehmen verstaatlicht. Der Schwerpunkt liegt nach sowjetischem Vorbild auf der Schwerindustrie.

Zeugnisse der Epoche:

Haus der Geschichte, Bonn
Mauerreste im Mauerpark, Bernauer Straße, Berlin
Museum Haus am Checkpoint Charlie, Berlin
Dokumentationszentrum Alltagskultur der DDR, Eisenhüttenstadt

Draußen roch es nach Braunkohlenrauch. Drinnen nach Plumpsklo. Die Toilette im Hausflur hatte zwar eine Porzellanschüssel, aber keine Wasserspülung. Weltniveau knapp verfehlt. Franz Konrath nahm diese Duftmischung schon lange nicht mehr wahr. Er war von einer zweistündigen Parteiversammlung frustriert nach Hause gekommen und notierte am 2. März 1981 in sein Tagebuch: „Es gibt keine ‚Fehlerdiskussion' – sie schadet dem Sozialismus. Keine Kritik an Mängeln – sie ist ‚feindlich'. Was Genosse Honecker sagt, muss man glauben! Wozu braucht man dann noch ein eigenes Hirn??"

WAR DIESE DDR NOCH SEIN LAND?, fragte sich der Schulleiter. War der „Erste Arbeiter-und-Bauern-Staat auf deutschem Boden" noch seine Welt, an deren Erschaffung er vor 35 Jahren brüderlich mit Herz und Hand teilgenommen hatte?

1946, mit 26 Jahren aus dem Krieg zurückgekommen, verwundet an Leib und Seele, hatte er sich zu seiner Frau nach Meißen durchgeschlagen. Franz Konrath und seine Familie stammten aus dem Sudetenland und mussten nun wie alle zwölf Millionen Heimatvertriebenen versu-

GRUPPENBILD DER SIEGERMÄCHTE

Der britische Premier Clement Attlee, US-Präsident Harry S. Truman und der sowjetische Diktator Josef Stalin (untere Reihe) bei der Potsdamer Konferenz im August 1945

SOWJETISCHE TRUPPEN IM STEINHAGEL

Jugendliche in Ost-Berlin greifen beim Aufstand am 17. Juni 1953 das Militär an

chen, im geschrumpften Deutschland westlich der Oder-Neiße-Linie ein neues Zuhause zu finden. Seine Frau Christel und die nicht einmal ein Jahr alte Tochter Dietlind – er hatte sie bis dahin noch nie gesehen – gehörten zu den Deutschen aus Nordböhmen, die im Sommer 1945 von den Tschechen nach Sachsen ausgewiesen worden waren.

Franz Konrath hatte das Kriegsende in einem Lazarett in Schleswig-Holstein erlebt. Er hätte versuchen können, seine Familie dorthin, in die britische Zone, nachkommen zu lassen. Doch er ging hinüber in den sowjetisch besetzten Teil Deutschlands. Er war überzeugt, nur dort, wo der Kommunismus herrsche, könne aus den Trümmern des Hitler-Reichs ein friedfertiges, gerechtes Vaterland entstehen.

Noch hungerten West und Ost gemeinsam. Noch blühte der Schwarzmarkt in den amerikanisch, britisch und französisch besetzten Gebieten genauso wie im sowjetisch beherrschten Teil Deutschlands. Konrath erhielt eine Stelle als Neulehrer im sächsischen Dittmannsdorf. Der Winter war eisig, Kohlen gab es kaum. Ihren neugeborenen Sohn schoben die Konraths abends in die Backröhre des langsam erkaltenden Küchenherds. Tagsüber versuchten sie, Lebensmittel zu hamstern. Doch da Junglehrer Konrath als Kämpfer für die Enteignung der Großbauern bekannt war, hielt sich der Erfolg in Grenzen. „Das, was die Schweine nicht mehr fressen, könnt ihr haben!", sagte ein Bauer und deutete auf einen Haufen matschiger Rüben.

WIE DIE ANDEREN STAATEN OSTEUROPAS trieb auch die Sowjetzone auf Stalins Geheiß die sozialistische Umgestaltung voran. Banken, Versicherungen, Großindustrie und Gutsbesitz über 100 Hektar wurden entschädigungslos „ins Volkseigentum überführt". Die Westmächte fürchteten, dass Moskau das Modell auf den ganzen Kontinent ausdehnen wollte, und hielten dagegen. Die drei Westzonen schlossen sich 1948 zu einem Wirtschafts- und Währungsgebiet zusammen, der Marshall-Plan der USA gab mit Lebensmittel- und Rohstofflieferungen die Initialzündung für ein rasantes ökonomisches Wachstum. Es sollte in den kommenden Jahren mit dem Etikett „soziale Marktwirtschaft" als Wirtschaftswunder bestaunt werden und das Bruttosozialprodukt pro Kopf in der Bundesrepublik zwischen 1950 und 1989 verfünffachen.

Im Osten gab es diese Starthilfe nicht. Vielmehr demontierte die Sowjetunion als Ersatz für die Verwüstungen der Hitler-Invasion fast die Hälfte der Industrieanlagen – bis hin zu Eisenbahnschienen. Bei zweispurigen Bahnstrecken wurde ein Gleispaar abgeschraubt und in die UdSSR verfrachtet.

Getreu der Doktrin vom Sieg der Arbeiterklasse wollte man die Wirtschaft nicht dem eigennützigen Streben ausbeuterischer Kapitalisten überlassen, man legte sie in die Hände der Arbeiter selbst. In der Praxis bedeutete das, dass die „Elite des Proletariats" bestimmte: die 1946 aus Kommunisten und Sozialdemokraten entstandene „Sozialistische Einheitspartei Deutschlands", abgekürzt SED.

Der Kampf der Systeme begann, und seine Front verlief mitten durch Deutschland. Als „Kalter Krieg" hatte er eine hysterische Note. „Imperialistischer Kapitalismus" gegen „kommunistischen Willkürstaat". Atomwaffen zum Schutz vor dem „Aggressor", der immer auf der anderen Seite stand. Zum Glück, trotz schrillster Töne, wussten beide Seiten, dass es gerade wegen des nuklearen Vernichtungspotenzials zum Äußersten nicht kommen durfte.

ALS ETWA DER OSTEN 1948/49 VERSUCHTE, West-Berlin einzukassieren, ging er über eine Hungerblockade nicht hinaus. Und die blieb dank der alliierten Luftbrücke erfolglos. Genauso hielten sich die Westmächte 1953 zurück, als am 17. Juni sowjetische Panzer in Ost-Berlin einen Massenstreik niederwalzten, der wegen der katastrophalen Wirtschaftslage ausgebrochen war. Zwar forderte Bundeskanzler Konrad Adenauer im Wahlkampf eine „Befreiung des Ostens". Doch mehr als ein „Tag der Deutschen Einheit", der im Lauf der Jahre zu einem beliebten Ausflugstag verblasste, war nicht die Folge.

DEUTSCHE DEMOKRATISCHE MUSTERFAMILIE

Da glauben sie noch, dass ihr Staat der bessere sein könnte: Franz und Christel Konrath in Dittmannsdorf mit ihren Töchtern Dietlind und Inge und ihrem Sohn Frieder in den 1960er Jahren

Da gab es schon zwei deutsche Staaten. 1949 hatten sich die drei Westzonen als „Bundesrepublik Deutschland“ konstituiert, der Osten wurde zur „Deutschen Demokratischen Republik“ ausgerufen. Die BRD vertrat den Anspruch, die einzig wahre, weil frei gewählte Vertretung auch der „Brüder und Schwestern im Osten“ zu sein. Die sah sich als einzigen Hort des Antifaschismus auf deutschem Boden und glaubte noch an eine gesamtdeutsche Sendung. Artikel 1 ihrer Verfassung: „Deutschland ist eine unteilbare demokratische Republik.“

Das Beharren auf einem geeinten Deutschland hüben wie drüben werteten allerdings politische Pragmatiker angesichts der Spaltung Europas als Wunschdenken. Der britische Staatsminister Selwyn Lloyd erklärte 1953, kurz nach dem Aufstand in Ost-Berlin: „Ein geteiltes Europa bedeutet ein geteiltes Deutschland. Deutschland wieder zu vereinigen, solange Europa geteilt ist, wäre gefahrvoll für uns alle.“

NOCH WAREN DIE ZWEI TEILE des politisch gespaltenen Landes nicht durch eine Mauer voneinander abgeriegelt. Der Westen lockte als Wirtschaftswunderland, in dem inzwischen die Volkswagen die Autobahnen beherrschten, im Urlaub reiste man über den Brenner ins „Tschianti“-Land Italien, und wer sich das noch nicht leisten konnte, der träumte wenigstens bei Rudi Schurickes „Caprifischern“ davon. Auch Franz Konrath fuhr westwärts zum Klassenfeind. Er besuchte in den 50er Jahren seine Verwandten, registrierte, dass es ihnen besser ging als seiner inzwischen fünfköpfigen Familie. Sein Bekenntnis zum sozialistischen Deutschland konnte das nicht erschüttern. Waren in der Bundesrepublik nicht schon wieder alte Nazis in Amt und Würden, die Oberländers, die Globkes, die Kiesingers?

Er schenkte seiner Schwester in Niederbayern ein Buch aus DDR-Produktion: „Heimat im Bayerischen Wald“, demzufolge Stalin von den Holzfällern wie ein Heiliger verehrt wurde. Die Schwester lachte sich tot – sie kannte ihre konservativen Waldler. Konraths achtjähriger Sohn Frieder, der ihn begleitete, hatte damals ein Schlüsselerlebnis, das ihm später, als er in der Nationalen Volksarmee Karriere machte, das Feind-

KONFIRMATIONSERSATZ

Jugendweihe 1992 in Berlin: In der atheistischen DDR wurde sie anstelle kirchlicher Aufnahmefeiern eingeführt

Jugendweihe

Das sozialistische Abendmahl

„Seid ihr bereit, für die große und edle Sache des Sozialismus zu arbeiten und zu kämpfen?", fragt der Redner. „Ja, das geloben wir!", antworten ihm die 14-jährigen Mädchen und Jungen. Nach ihrem Bekenntnis zur DDR bekommen sie nicht nur eine Urkunde und ein Buch – sie gehören jetzt zur Welt der Großen, sind erwachsen, werden gesiezt. Die Jugendweihe am Ende des achten Schuljahrs war in der DDR der Versuch, den Nachwuchs an die Partei und das sozialistische Gesellschaftssystem zu binden. Sie wurde 1955 bewusst als Ersatz für Konfirmation und Firmung eingeführt, denn die Kirche galt als ideologischer Gegner. Schon Mitte der 1960er Jahre gingen 97 Prozent der 14-Jährigen zur Jugendweihe. Die war zwar freiwillig, eine Nichtteilnahme konnte aber zu Nachteilen führen: Schüler wurden oftmals von Studium oder qualifizierten Berufen ausgeschlossen. Den meisten Jugendlichen ging es allerdings nicht um das Bekenntnis zur DDR. Sie freuten sich über ihre große Familienfeier – und über die Geschenke. Außerdem war das Jahr vor der Weihe spannend. In den zehn Jugendstunden ging es außer um Politik auch um Sexualität und andere Dinge des Erwachsenwerdens, dazu gab es Ausflüge, Betriebsbesichtigungen. Die positiven Erinnerungen der Eltern sorgen dafür, dass heute etwa 40 Prozent der Jugendlichen in den neuen Bundesländern noch immer zur Jugendweihe gehen. Natürlich nicht mehr mit einem Gelöbnis zum Sozialismus. Die Jugendweihe ist wieder das, was sie ursprünglich war, rund ein Jahrhundert vor Gründung der DDR. 1852 hatte sie der freikirchliche Pfarrer Eduard Baltzer eingeführt – als eine Jugendfeier für frei denkende Menschen.

bild trübte: „Da fuhren amerikanische Soldaten im Jeep vorbei, warfen uns Kaugummi zu, lachten und winkten, lauter Typen, die ich richtig mochte!"

SED-Genosse Konrath kehrte zurück nach Dittmannsdorf und machte sich wieder an die Verbesserung der Welt. Er fungierte als Schulleiter, Parteisekretär, örtlicher Leiter der Freien Deutschen Jugend (FDJ), der lokalen Theatergruppe und als – meist angefeindeter – Aktivist bei der Kollektivierung der Landwirtschaft. Seine Frau betreute die Kinderkrippe. „Das einzige Mal, wo Vati richtig Zeit für mich hatte, war bei meiner Jugendweihe", klagte Tochter Dietlind. „Für deren Gestaltung war er auch noch zuständig, da musste er sich praktisch von Amts wegen um mich kümmern."

Auf Plakate für Schulfeste pinselte er die gängigen Sprüche: „Wir brauchen den Frieden wie die Blumen das Licht!" Er ohrfeigte seinen halbwüchsigen Sohn, als der zu einem lobhudelnden Artikel im Parteiblatt „Neues Deutschland" spitz meinte: „Papier ist geduldig!" Der Schulleiter glaubte an die Weisheit der Partei, sie war ihm „Hirn der Klasse, Sinn der Klasse, Ruhm der Klasse".

Und er nahm schweigend den Personenkult in Kauf, mit dem sich der SED-Vorsitzende Walter Ulbricht in einem Gedicht feiern ließ: „Ein Mann wie ein Fels, ein Mann kühn und frei! Sohn seiner Klasse – er war immer dabei. Der Feind hat Hohn und Hass gespien. Und weil sie ihn hassen, lieben wir ihn. Unser Ruf den Feinden entgegenhalle: Walter Ulbricht, das sind wir alle!"

Konnte Konrath, wollte Konrath nicht sehen, dass dort, wo er sich abmühte, eine Diktatur die andere abgelöst hatte? (Auch wenn dieser totalitäre Staat wirklich versucht haben sollte, „eine gerechtere Gesellschaft zu gestalten", was eine klare Mehrheit der ehemaligen DDR-Bürger einer Umfrage zufolge noch Jahre nach der Wende glaubte.) Wolf Biermann formulierte unübertrefflich: „So gründlich haben wir geschrubbt mit Stalins hartem Besen, dass rot verschrammt der Hintern ist, der vormals braun gewesen."

DER VOLKSWAGEN DER DDR
Selbst auf einen Trabi mussten DDR-Bürger jahrelang warten

DIE DDR WAR KEIN BRUTALER TERRORSTAAT wie das Nazi-Regime, das Gegner gnadenlos physisch vernichtete. Doch er war eine Gesinnungsdiktatur, die Dissidenten wegen „staatsfeindlicher Hetze“ oder „öffentlicher Verunglimpfung“ jahrelang ins Gefängnis schickte. Zur Überwachung und Gängelung seiner 18 Millionen Bürger schuf sich das sozialistische Musterland einen Staatssicherheitsdienst mit zuletzt 90 000 festen und rund 150 000 „inoffiziellen Mitarbeitern“. Wohl noch nie in der Geschichte verschaffte ein Staat sich höhere Sicherheit vor seinem Volk.

Franz Konrath bemühte sich auch noch zu glauben, dass die Mauer in Berlin, die am 13. August 1961 das wichtigste Schlupfloch nach dem Westen verschloss, ein „antifaschistischer Schutzwall“ sei, der das Eindringen feindlicher Agenten verhindere. Bis dahin waren seit 1949 fast drei Millionen Menschen aus der DDR „abgehauen“. Das SED-Regime hatte handeln müssen, sollte die DDR nicht in absehbarer Zeit als Staat ohne Volk dastehen. Der Schießbefehl auf „Republikflüchtige“, die unter Lebensgefahr die Flucht versuchten, ist der wohl dunkelste Punkt der DDR-Geschichte. Im Lauf der Jahre fielen ihm fast 600 Menschen zum Opfer.

Am Tag des Mauerbaus war Konraths Tochter Dietlind zu Besuch bei ihren Großeltern im Allgäu. Die damals 16-Jährige fuhr sofort zurück: „Ohne meine Familie war mir bange.“ Die Grenzer waren verblüfft. Eine junge DDR-Bürgerin, die nicht raus-, sondern reinwollte! Ein paar Wochen später schickte die Partei Dietlinds Schule zum Ernteeinsatz an die Elbe. Dort waren Arbeitskräfte knapp geworden. Viele junge Menschen waren gerade noch rechtzeitig rüber ans andere Ufer geschwommen. „Also mussten wir Kartoffeln klauben, und dabei hörten wir im Kofferradio Westschlager. Connie Francis: ‚Die Liebe ist ein seltsames Spiel.‘ Wir schrieben den Text mit und sangen das Lied dann abends im Bett nach.“

DAS WAR NUN DIE DDR: ausgedünnt und abgeriegelt vom anderen Teil Deutschlands. Und doch dieses unerreichbare andere Deutschland immer vor Augen. Denn in zwei Dritteln ihres Gebiets konnte man Westfernsehen empfangen.

In der Bundesrepublik flaute das Interesse an den weggesperrten Brüdern und Schwestern im Osten jenseits von Sonntagsreden und auseinandergerissenen Familien deutlich ab. Hier war man mit sich selbst, den Notstandsgesetzen und der Studentenrevolte beschäftigt. Und wenn die Generation der 68er nach entnervendem Papierkrieg doch einmal den Weg in die DDR wagte, kehrte sie meist enttäuscht zurück. Ihre romantische Revolte, die auf Lustgewinn, Leistungsverweigerung und „Ho-Ho-Ho-Chi-Minh“ baute, vertrug sich nicht mit der sozialistischen Realität. Man war jedes Mal froh, wieder bundesdeutschen Boden zu betreten. Österreicher, die 1955 feierlich darauf verzichtet hatten, jemals wieder Deutsche zu sein, standen den meisten Bundesrepublikanern näher als die Menschen in der „sogenannten DDR“, wie der Staat im offizi-

GESTE DER DEMUT
Bundeskanzler Willy Brandt kniet am 7. Dezember 1970 vor dem Mahnmal des jüdischen Ghettos in Warschau nieder. Es war der Beginn der Aussöhnung mit Polen.

ösen West-Sprachgebrauch immer noch apostrophiert wurde. Denn Österreicher fuhren Volkswagen, lasen den „Playboy“ und trugen lange Haare wie man selbst auch.

DAS PATHOS DER PROPAGANDA, die vom soundsovielten Sieg in der „Ernteschlacht“ oder der „unverbrüchlichen Freundschaft mit den sozialistischen Bruderstaaten“ tönte, klang für Franz Konrath zunehmend hohler. Seine jüngste Tochter Inge durfte nicht ihr Lieblingsfach Biologie studieren. Als Lehrerkind kam sie aus einer Intellektuellenfamilie. Im Arbeiter-und-Bauern-Staat wurden begehrte Studienplätze vorrangig an Proletarierkinder vergeben. Sohn Frieder musste sich aus dem gleichen Grund bei der Nationalen Volksarmee verpflichten. Andernfalls hätte er nach dem Abitur nicht in seinem Wunschbereich Kfz-Mechanik, dem Proletarierberuf schlechthin, arbeiten können.

Tochter Dietlind war inzwischen Mutter geworden. Ihr Sohn war taubstumm. „Ich wollte über meine Großeltern ein Hörgerät aus Ame-

Keiner zahlte mehr in Zigaretten

DER BEGINN DES WIRTSCHAFTSWUNDERS
Kunden drängen sich 1948 vor einem Geschäft am Tag nach der Ausgabe der D-Mark.

Mit 40 D-Mark fing alles an

Der spätere Kanzler Ludwig Erhard ist nicht bloß der Architekt der Währungsreform. Er kennt auch die Tricks, um aus ihr einen Erfolg zu machen.

Haste mal 'nen Batzen? Oder 'nen Schilling? 'nen Gulden? Das neue deutsche Geld nach dem Zweiten Weltkrieg hätte einen dieser Namen tragen können, alles Vorschläge zur Währungsreform 1948. Doch es kam die „Deutsche Mark". Was zunächst nur als Arbeitstitel gedacht war, wurde die offizielle Einheit der Währung. Namensgeber war ein erst 26 Jahre alter Amerikaner, Edward Tenenbaum, damals Assistent des Finanzberaters der Militärregierung und zuständig für die Währungsreform.
Ludwig Erhard, der spätere Bundeskanzler, sorgte als Direktor für Wirtschaft mit einem Trick für den frühen Erfolg der D-Mark. Er sprach 1948 immer wieder von einer kommenden Währungsreform, sodass die Händler

fast alle Waren in ihre Lager packten statt in die Läden. Sie fürchteten den Wertverfall des alten Geldes und warteten ab. Am 20. Juni 1948 konnte dann jeder Bürger 40 D-Mark eintauschen. Die eben noch leeren Schaufenster waren am nächsten Tag prall gefüllt. Die neue D-Mark hatte sofort Kaufkraft und gewann damit auch das Vertrauen der Deutschen. Nur auf die Geschäftsleute waren die Bürger wütend, denn durch das Horten der Waren hatten viele satte Gewinne eingestrichen, während die Kunden durch die Abwertung des alten Gelds auch ihre Sparguthaben schrumpfen sahen: von 100 Reichsmark blieben nur 6,5 D-Mark.

Die neue Währung hatte zugleich eine politische Dimension: Die Reform, von der die Ostzone ausgeschlossen blieb, war ein entscheidender Schritt auf dem Weg zur Teilung Deutschlands, die ein Jahr später mit der Gründung von BRD und DDR festgeschrieben wurde.

Die Deutsche Mark startete parallel zum deutschen Wirtschaftswunder eine Erfolgsgeschichte. Im Vergleich zu früheren Währungen litt sie nur unter einer sehr leichten Inflation, wurde über die Jahre hinweg sogar zum stabilsten europäischen Zahlungsmittel neben dem Schweizer Franken. Das ging so weit, dass die Menschen zeitweilig nicht nur in Koblenz und Köln, sondern auch in Jugoslawien und anderen Staaten Osteuropas häufig mit D-Mark bezahlten. Sie war dort eine Art Zweitwährung, wegen der hohen Entwertung des heimischen Geldes. Die Ostmark der DDR konnte da nicht mithalten. Die Drohung „Kommt die D-Mark nicht zu uns, kommen wir zu ihr!" verleitete die Bundesregierung 1990 aus Angst vor massenhaftem Wegzug aus den neuen Bundesländern zu einer zügigen Währungsreform mit einem ökonomisch ungerechtfertigten Umtauschkurs von eins zu eins.

Die Deutschen hatten eine innige Beziehung zu ihrer Mark. Nach dem Krieg genauso wie beim Fall der Mauer erschien sie als Garant für Wohlstand und Sicherheit. Sie war den Menschen vertraut, sie war stark. Ihrem Nachfolger Euro begegneten die meisten Deutschen mit Skepsis. Gerade bei größeren Einkäufen rechnen viele Bundesbürger den Preis noch heute in die gute alte D-Mark um. Fünf Jahre nach ihrem Ende am 31. 12. 2001.

rika besorgen, das angeblich Wunderdinge vollbrachte. Die Einfuhr wurde mir untersagt. Uns wurde dafür ein Apparat aus dem Bruderland Ungarn zugeteilt. Der bewirkte nichts weiter als ein entsetzliches Rauschen im Ohr."

IM AUGUST 1968 BEENDETEN TRUPPEN des Warschauer Pakts den „Prager Frühling". Sein Ziel war ein „Sozialismus mit menschlichem Antlitz" gewesen. Familie Konrath hatte kurz zuvor Urlaub in der Tschechoslowakei gemacht, neben Ungarn das einzige für DDR-Bürger leicht zugängliche Land. Da Franz und Christel Konrath fließend Tschechisch sprachen, hatten sie intensiv mitbekommen, was für ein Enthusiasmus diese Reformbewegung trug. Nach SED-Lesart jedoch hatte es sich um einen „konterrevolutionären Umsturzversuch" gehandelt. „Ich glaube, das war der Knackpunkt, bei dem meinen Vater endgültig Zweifel an der Partei packten", so Tochter Inge.

Ideologisch konnte die DDR die Mehrzahl ihrer Bürger nicht mehr erreichen. Der neue kommunistische Mensch war nirgendwo in Sicht. „Helden der sozialistischen Arbeit" aus der Frühzeit wie der Bergmann Adolf Hennecke, der 1948 bei einer Schicht sein Arbeitssoll um 387 Prozent übertroffen hatte, wurden als Pappkameraden der Propaganda nur noch milde belächelt. Und die 150 verschiedenen Orden und Medaillen für vorbildliche Genossen bis hin zum „Verdienten Züchter" ebenfalls. Nun versuchte die Partei, die Werktätigen vermehrt durch materielle Fortschritte zu ködern. Dabei blieb ihr nichts anderes übrig, als auf den Klassenfeind zu schielen. Denn für die Bürger mit Antennen nach Westen auf dem Dach setzte die boomende Konsumwelt der Bundesrepublik den Maßstab.

AUSSER IN DEN NACHKRIEGSJAHREN hatte die DDR keinen Hunger gekannt. Zwar wurde schon mal die Leberwurst mit Sprotten „angereichert" (Hausfrauen protestierten wegen des fischigen Beigeschmacks), doch der Butterverbrauch in der DDR lag pro Kopf sogar über West niveau. Was fehlte, waren die Dinge des gehobenen Bedarfs. Ulbricht hatte sie als „Geltungskonsum“ abgetan. Doch genau danach verlangten die Menschen: nach Bananen und Apfelsinen beispielsweise, nicht weil sie nach Vitaminen gierten, es lockte die hohe Symbolkraft der Obstarten. „Sie standen für die westliche Verfügbarkeit des Reichtums der ganzen Welt. Und an diesem Reichtum wollten auch die DDR-Bürger teilhaben“, erkannten Konsumforscher.

Sie wollten Parfüm und schicke Mode, Autos vom Glanz eines VW Golf oder eines BMW, Farbfernseher und Telefon. Die Planwirtschaft mühte sich nach Kräften, die „Einheit von Wirtschafts- und Sozialpolitik“ zu erreichen – so nannte die Führung die staatliche Konsumbefriedigung. Fabriken, die vorher Kräne gebaut hatten, stellten auf Kühlschränke um. Eine eigene Jeansproduktion wurde etabliert. Doch auf einen Trabant oder Wartburg mussten die Käufer weiterhin Jahre warten, so wie auf den Telefonanschluss.

1971 WURDE WALTER ULBRICHT aus seinem Amt gedrängt, 1972 der Grundlagenvertrag zwischen den beiden deutschen Staaten unterzeichnet. Ulbrichts Nachfolger, Erich Honecker, erklärte die Bundesrepublik zum „imperialistischen Ausland“; damit gab die DDR endgültig den Anspruch auf, die Keimzelle für ein sozialistisches Gesamtdeutschland zu sein. Das Absingen der DDR-Nationalhymne war wegen der Zeile „Deutschland, einig Vaterland“ von nun an untersagt.

Zugunsten menschlicher Erleichterungen vor allem im Reiseverkehr zwischen West und Ost erkannte die Bundesrepublik umgekehrt die DDR de facto als souveränen zweiten deutschen Staat an. In den Jahrzehnten zuvor hatte sie noch die diplomatischen Beziehungen zu Ländern abgebrochen, die Botschaften in Ost-Berlin unterhielten. Die Zweiteilung Deutschlands war nun ein von beiden Seiten anerkanntes Faktum. Ein Zustand, an dem sich nach allgemeiner Einschätzung auf unabsehbare Zeit nichts ändern würde.

Die Normalisierung des verkrampften innerdeutschen Verhältnisses war für die SED eine zweischneidige Sache. Einerseits konnte sich ihr Staat endlich vollwertig fühlen. Andererseits machten die verstärkten

Kontakte das Wunschbild Bundesrepublik immer greifbarer und verlockender.

„Alles, was westlich war, kam uns toll vor", sagt Inge Konrath. „Wir sammelten leere Zigarettenschachteln oder Bierdosen aus dem Westen, wir füllten unser DDR-Haarwaschmittel in leere bundesdeutsche Shampoo-Flaschen um, und wem die Westverwandtschaft ein T-Shirt von Benetton schickte, der wurde auf jeder Party beneidet."

Unter Honeckers Führung versuchte die SED noch intensiver, den Abstand zum Lebensstandard in der Bundesrepublik zu verringern. Doch beim Streben nach „Weltniveau" lief nicht alles nach Plan. So kamen elektrische Schuhtrockner in Fülle auf den Markt, während es Reifen für Trabi und Wartburg oft nur im Intershop gegen harte Währung gab. Diese Läden waren der sichtbare Beweis für die hinkende Planwirtschaft. Hier war, gegen harte Devisen, erhältlich, was auch das Herz des sozialistischen Menschen begehrte: Westware.

Den Wettlauf mit dem Kapitalismus konnte die schwerfällige Planwirtschaft nicht gewinnen. Um die stark subventionierten Sozialleistungen und dazu ein einigermaßen hohes Konsumniveau aufrechtzuerhalten, verschuldete sich die DDR auf dem internationalen Finanzmarkt. Das bekannteste Darlehen war der von Franz Josef Strauß 1983 eingefädelte bundesdeutsche Milliardenkredit. Für die Rückzahlung musste das Regime die Investitionen im Land drosseln. Die Infrastruktur verfiel zusehends. So waren von 14 000 Kilometer Schienennetz Ende der 80er Jahre 2600 nur für Langsamfahrten geeignet. Und der Führung blieb nichts anderes übrig, als Güter, die eigentlich für den heimischen Markt gedacht waren, zu exportieren. Das Warenangebot im Lande verschlechterte sich wieder – sogar an Dichtungsringen für die Toilettenspülung herrschte Mangel. Die Unzufriedenheit wuchs. An Aufruhr aber dachte noch niemand. Die Menschen hatten sich in 40 Jahren SED-Staat eingerichtet in einer „Resignation, die zur Bejahung des Bestehenden neigte. Die Beherrschten hatten gelernt, sich in Genügsamkeit zu bescheiden", schrieb der DDR-Schriftsteller Günter de Bruyn im Rückblick.

1982 wollte Franz Konrath, inzwischen Witwer, zum 70. Geburtstag seiner Schwester nach Bayern fahren. Ein Anlass, der durch den Grund-

NACH 40 JAHREN LÄUFT DIE UHR AB FÜR DIE DDR
Wenige Wochen vor der Wende stehen der russische Präsident Michail Gorbatschow und Erich Honecker auf der Ehrentribüne zum 40. Jahrestag der Republik.

lagenvertrag abgedeckt war. Doch der Reiseantrag des Pädagogen wurde abgelehnt. „In Anbetracht der zugespitzten weltpolitischen Lage gibt es keine Genehmigung für Lehrer." Konrath fragte zurück: „Genosse, kannst du mir sagen, warum eine Reise von mir die weltpolitische Lage noch weiter zuspitzt?" Zu Hause notierte Konrath: „Hat man vor kritischen Erfahrungen Angst? Ehrliche Marxisten sollten Realitäten nicht fürchten." Bald darauf gab er nach fast 40 Jahren Zugehörigkeit sein SED-Parteibuch zurück. Er verlor seinen Schulleiter-Rang, wurde strafversetzt. Ein Jahr danach wechselte er als Rentner legal nach Hamburg.

VON DORT AUS KONNTE ER DEN AUFSTIEG GORBATSCHOWS in der UdSSR verfolgen, der das Ende des Sowjetimperiums bedeutete und damit auch den Untergang seiner alten Welt. Er konnte zwei Enkel im Westen begrüßen. Sie hatten in den letzten Jahren der DDR die Ausreise erzwungen. Der taubstumme Rico, Dietlinds ältestes Kind, hartnäckig und legal. Der Popfan Sylko, Sohn von NVA-Oberstleutnant Frieder, mit kalkulierter Provokation. Er hatte Grenzwächtern am Brandenburger Tor erklärt: „Ich will nach drüben." Es folgten Gefängnis und Frei-

DER WIRKLICHE TAG DER DEUTSCHEN EINHEIT

Zwei Tage nach Grenzöffnung am 9. November klettern Bürger beider deutscher Staaten auf die Mauer vor dem Brandenburger Tor.

kauf durch die BRD (die von 1964 bis 1989 insgesamt 33 000 Menschen für insgesamt 3,4 Milliarden Mark aus DDR-Haft auslöste). Von da an bekam der trotz zunehmend kritischer Distanz immer noch tadellose NVA-Offizier Frieder Konrath, der nie Westfernsehen geschaut, nie seine bundesrepublikanische Verwandtschaft getroffen und den Schießbefehl schon irgendwie in Ordnung gefunden hatte, jeden Monat Stasi-Besuch zur Überprüfung seiner Linientreue.

Rentner Franz Konrath erlebte die Massenflucht von DDR-Bürgern über die Tschechoslowakei und Ungarn am Fernseher. Wie auch die Leipziger Demonstrationen im Herbst 1989, die einen reformierten, menschlicheren Sozialismus forderten. Er sah den Auftritt Erich Honeckers am 7. Oktober zum vierzigjährigen Bestehen der DDR mit einem versteinerten Ehrengast Gorbatschow im Palast der Republik, bei dem

Honecker prophezeite: „Die DDR wird die Schwelle zum Jahr 2000 mit der Gewissheit überschreiten, dass dem Sozialismus die Zukunft gehört." Draußen skandierte die Menge: „Gorbi, Gorbi!" und „Wir sind das Volk!"

Einen Monat später, am 9. November 1989, fiel die Mauer.

*

Die Autoren

Teja Fiedler, Jahrgang 1943, studierte in München Germanistik und Geschichte und ging dann auf die Deutsche Journalistenschule. Anschließend war er bei der Süddeutschen Zeitung in München und beim Süddeutschen Rundfunk in Heidelberg und Stuttgart. Seit 1981 ist er beim *stern*, u.a. als Korrespondent in Rom, Washington, New York und in Mumbai (Bombay). Er verfasste für den *stern* zahlreiche Serien, u.a. „Mohammeds zornige Erben" (Geschichte der Islamischen Welt) und „Abenteuer Menschheit" (Erschließung der Welt durch den Homo sapiens). Außerdem ist Teja Fiedler Autor des Buches „Gebrauchsanweisung für Niederbayern", über den Landstrich, in dem er aufwuchs.

Marc Goergen, Jahrgang 1976, studierte Geschichte und Politikwissenschaft in Heidelberg und Paris und besuchte die Henri-Nannen-Journalistenschule in Hamburg. Anschließend arbeitete er bei *stern* Biografie. Seit 2005 ist er im Auslandsressort des *stern*. Neben seiner Arbeit im Ausland beschäftigen ihn auch immer wieder historische Themen, die als Serien im *stern* veröffentlicht wurden, unter anderem, zusammen mit Teja Fiedler, die „Geschichte der Päpste".

Bildnachweis

Action Press: S. 188 unten

AKG-Images: S. 6, 10/11, 12/13, 14 links unten, 15 rechts, 18, 21, 22, 24, 26, 31, 36, 37 (Erich Lessing), 40, 46/47, 48 oben, 56, 57, 60, 67, 77 unten rechts, 78/79, 87, 91, 94, 104, 105 unten, 110, 116, 125, 127, 132 oben, (Fürstlich Wiedisches Archiv) 133 oben (Fürstlich Wiedisches Archiv), 133 unten, 134/135, 139 (Erik Bohr), 141, 144, 147, 157, 160 unten, 161 unten rechts, 162 oben, 177, 180, 183 rechts, 186/187, 188 oben, 189, 192, 196, 198, 200, 203, 204, 213, 217 unten, 226 Anzenberger – Agentur für Fotografen: S. 174 (Daniele Mattioli)

AP: S. 221, 233

The Art Archive: S. 42

Bildagentur Huber: S. 19 unten

BPK: S. 49 unten, 58, 68, 76 unten, 102/103 (Staatliche Museen Berlin/ Nationalgalerie, Jörg P. Anders), 105 oben (Alfredo Dagli Orti), 114 (Alfredo Dagli Orti), 119 (Staatliche Museen Berlin/Nationalgalerie), 130/131 (Staatliche Museen Berlin/ Kunstbibliothek, Knud Petersen), 142 (Hans Joachim Bartsch), 155, 168

Brigdeman Art Library: S. 15 unten links, 32/33, 45, 54, 74/75, 76/77 oben, 92, 113, 151, 152 links

DPA: S. 97, 170, 208, 222 (ZB), 235

DDP: S. 73, 109

EPD: S. 85 (Norbert Neetz)

Getty-Images: S. 77 unten links

Interfoto: S. 23 unten, 35, 55, 88, 148, 149, 195

Keystone: S. 225

Sammlung Peter Hannes Lehmann: S. 165

Picture Allliance/Imago: S. 49 oben

Picture Press: S. 217 oben (Camera Press)

Sportimage: S. 207

SV-Bilderdienst: S. 158/159 (Scherl), 160 oben, 161 oben , 161 unten links (Scherl), 162 unten (Scherl), 183 links, 216 oben (G. Pfeiffer), 216 unten, 230
Sven Simon: S. 241
Roger Viollet: S. 25, 39, 71, 152 rechts, 230
UB TU Berlin: S. 138 (Plansammlung)
Ullstein Bild: S. 19 oben, 23 oben, 28/29, 48 unten, 59 (Archiv Gerstenberg), 63, 64, 81, 83, 99, 111, 132 unten, 153, 163, 167 links, 173, 179 (The Granger Collection), 211, 214/215, 236, 242 (Röhrbein)
W. M. Weber/TV-Yesterday: S. 167 rechts

Personenregister

M

N

O

W

Z